医療・福祉・年金相談の

現場で役立つ!

障害年金実務必携

特定社会保険労務士
加賀 佳子 著

日本法令®

はじめに

日本の公的年金制度は非常に複雑ですが、障害年金には、他の年金（老齢、遺族）とはまた違った難しさがあります。

制度の複雑さだけでなく、初診日や障害認定など、一般的な年金の知識だけでは対応できない部分が多々あることから、職業として年金相談を行う方の中にも、障害年金は苦手だという方がたくさんいらっしゃいます。

一方、医療機関などで患者さんの相談にあたる医療ソーシャルワーカーやケースワーカー等の方にとっては、年金制度の複雑さが、まず障壁になっていると伺います。

本書は、これら障害のある本人や家族など当事者の相談にあたる方が、相談の現場で使うことを念頭に、実践的な解説書となることを目指して作りました。

＊本書の特徴＊

障害年金に関する相談の初期対応としては、この１冊で対応できるよう、制度全般にわたる解説のほか、障害認定基準全般について記載（一部引用）し、項目ごとに、留意点や実務的な視点からの補足、解説をつけています。また、該当箇所をすばやく探せるよう、目次や索引を充実させたほか、本文中にもできる限り、関連項目のページ数を記載しています。比較的相談の多い項目にページを割き、相談の少ない項目は概要のみにとどめることで、持ち歩きやすいコンパクトなサイズになることも目指しました。

本書を、一般的な年金相談にあたる方のみでなく、医療機関や福祉施設等で、患者や利用者の生活相談にあたる方、障害年金を専門的に扱っている、あるいはこれから取り組みたい社会保険労務士や弁護士の方、企業の労務管理や従業員の手続き等を行う社会保険労務士の方、がん患者の就労支援の相談にあたる方、生命保険を扱う方、そして障害のあるご本人やご家族の方、もちろんそれ以外の方にも広く使っていただけると、とても嬉しいです。

＊本書の使い方＊

障害年金について理解を深めていただくため、まず全体に目を通していただくことをおすすめしますが、どこからでも読める構成になっていますので、必要な箇所のみ拾い読みしていただくのでも大丈夫です。

できれば、どのような項目がどのあたりに載っているか、目次だけでも目を通しておいていただければ、相談の際に、該当箇所を探しやすいと思います。

本書が、「知られていない」、「誤解の多い」障害年金の制度を少しでも多くの方に正しく知っていただき、障害年金を必要とする方に、必要な給付が届くことの一助になれば、著者として、これほど嬉しいことはありません。

2018 年 7 月

特定社会保険労務士　加賀 佳子

目次

Chapter 1
障害年金のしくみ

Chapter 2
初診日と障害認定日

Chapter 3
障害認定基準とポイント解説

Chapter 4 請求手続きと書類の留意点

Chapter 5 受給後の相談

Chapter 6
他の年金・制度との関係

Chapter 7
不服申立てと再請求

巻末資料

巻末書式

memo.

Chapter 1

障害年金のしくみ

公的年金の基本と障害年金の性質

日本の公的年金には、日本国内に住所のある20歳以上60歳未満の国民が全員加入する国民年金（基礎年金）と、会社員や公務員などが加入する厚生年金保険があります。これらは二階建て構造となっており、1階部分が国民年金（基礎年金）、2階部分が、基礎年金の上乗せとして、過去の報酬や加入期間に応じて支給される厚生年金保険です。厚生年金保険に加入している期間は、同時に国民年金に加入している期間にもなっています。

これら公的年金は、「老齢・死亡・障害」を保険事故としており、一定の要件に該当したときに給付を受けられる「社会保険」の制度です。

障害年金は、病気や怪我により一定の障害を負ったことで、仕事などの社会生活や、日常生活を送る上で困難がある場合に、生活保障として支給される年金です。

●60歳以上であっても任意加入できる場合があります。

●公務員や教職員等は、従来、加入する共済制度（国家公務員共済組合、地方公務員共済組合、私立学校教職員共済）から「共済年金」として年金給付が行われてきたため、厚生年金の適用除外とされていましたが、平成27年10月1日に施行された「被用者年金一元化」により、厚生年金保険に加入することになりました。ただし、一元化前に受給権が発生した共済年金は、一元化後も引き続き、一元化前の共済法の規定により支給されます。

障害年金受給のための３つの要件

日本の公的年金は、社会保険のしくみを取っています。そのため、障害年金は、一定の障害等級に該当すれば必ず受給できるものではなく、初診日にどの制度に加入していたか、保険料を納付していたかなど、いくつかの要件を満たしていることが受給の前提となります。また、初診日における年齢や、加入していた制度により、受給できる年金の種類も異なります。

●障害の原因となった傷病について、初めて医師または歯科医師の診療を受けた日（18ページ参照）

【障害年金受給のための３つの要件】

①初診日要件（加入要件）

②保険料納付要件

③障害程度要件

障害年金の種類と初診日（加入）要件

（１）障害基礎年金

初診日において、次のいずれかに該当する場合に対象となります。障害基礎年金は、１級か２級の障害等級に該当する場合のみ、支給されます。

- □ 国民年金の被保険者であること
- □ 過去に国民年金の被保険者であった人で、日本国内に住所を有し、かつ60歳以上65歳未満であること
- □ 20歳未満であること

●第１号被保険者:
日本国内に住所のある20歳以上60歳未満の人で、第２号被保険者・第３号被保険者に該当しない人

第２号被保険者:
厚生年金保険の被保険者

第３号被保険者:
第２号被保険者の被扶養配偶者で20歳以上60歳未満の人

●老齢基礎年金の繰上げ請求をしている場合を除きます。

●20歳前に初診日がある場合のみ、一定の所得制限があります(255ページ参照)。

（２）障害厚生年金

初診日において、厚生年金保険の被保険者である場合に支給されます。障害厚生年金には、１級から３級までの年金と、一時金である障害手当金があります。障害等級が１級か２級の場合は、障害基礎年金に上乗せされるかたちでの支給となります。

保険料納付要件

（1）保険料納付要件の基本

①　初診日が平成３年５月１日以降にある場合

次のいずれかを満たすことが必要です。

実務的には先に要件イを確認し、これを満たさない場合に要件アを確認します。

ア．初診日の前日において、初診日の属する月の前々月までの国民年金の被保険者期間のうち、保険料納付済期間と**保険料免除期間**（学生納付特例、若年者納付猶予を含む）を合計した期間が３分の２以上あること（原則）

一部免除の場合は、部分納付されている期間のみ対象となります。

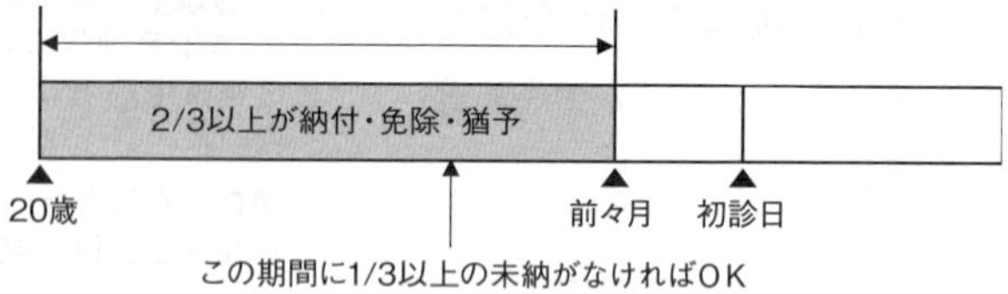

2/3以上が納付・免除・猶予

20歳　前々月　初診日

この期間に1/3以上の未納がなければＯＫ

イ．初診日の前日において、初診日の属する月の前々月までの**直近の１年間**に保険料の未納がないこと（平成38年３月31日までの特例）

初診日において国民年金の被保険者でない場合は、初診日の属する月の直近の被保険者であった月までの１年間に保険料の未納がないことが必要です。

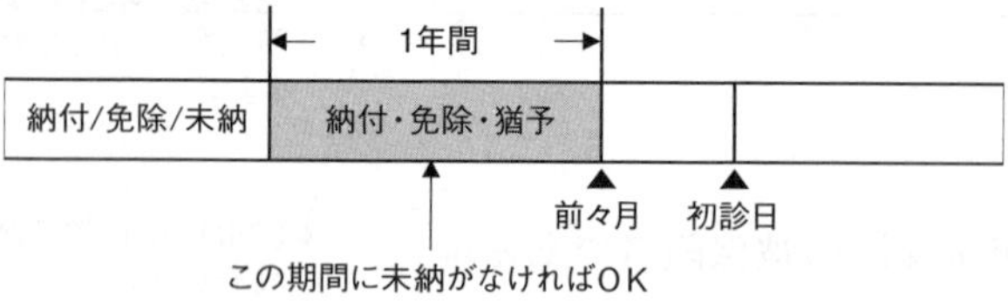

1年間

納付/免除/未納　納付・免除・猶予

前々月　初診日

この期間に未納がなければＯＫ

②　初診日が平成３年４月30日以前にある場合

次のいずれかを満たすことが必要です。

ア. 初診日の前日において、初診日の属する月前における直近の基準月（1月、4月、7月、10月）の前月までの国民年金の被保険者期間のうち、保険料納付済期間と保険料免除期間（学生納付特例、若年者納付猶予を含む）を合計した期間が3分の2以上あること（原則）

イ. 初診日の前日において、初診日の属する月前における直近の基準月（1月、4月、7月、10月）の前月までの直近の1年間に保険料の未納がないこと（平成38年3月31日までの特例）

③ 保険料納付要件確認の際の注意点

保険料納付要件は、あくまでも「初診日の前日」でみるとされている点に注意してください。**納付期限**を過ぎ、かつ初診日当日以降に納付や免除・猶予申請をした分は、障害年金の保険料納付要件をみる上では、納付扱いとされません。そのため、年金事務所等で納付要件を確認する際、国民年金の期間については、**納付日や免除・猶予申請日が確認できる記録**も取得して、確認する必要があります。

● 納付対象月の翌月末日

● 被保険者記録照会（納付Ⅰ・過不足納）／被保険者記録照会（免除）

（2）旧法の時期に初診日がある場合

昭和36年4月1日から昭和61年3月31日まで施行されていた国民年金法を、「**旧法**」といいます。この時期に初診日がある場合、時期により納付要件が異なりますので、相談を受ける際には注意が必要です。

● 旧法の納付要件については巻末資料を参照（317ページ）

（3）第３号被保険者期間

第３号被保険者となるには届出が必要です。この届出が遅れた場合、２年前までの期間は保険料納付済期間となりますが、それ以前の期間は「３号特例被保険者期間」となり、届出前に初診日がある傷病について障害年金の保険料納付要件をみる上では、納付扱いとされません。

①　年金確保支援法による例外

第３号被保険者期間に重複する第３号以外の被保険者期間が新たに判明し、年金記録が訂正された場合、届出により、その期間に引き続く第３号被保険者期間は保険料納付済期間として取り扱われます。

● 国民年金及び企業年金等による高齢期における所得の確保を支援するための国民年金法等の一部を改正する法律

②　３号不整合期間

実際には第１号被保険者期間となるにもかかわらず、必要な届出を行わなかったことにより年金記録上は第３号被保険者期間のままとなっている期間（３号不整合期間）のうち、２年より前の、保険料を時効により納付できなかった「未納期間」は、届出により「特定期間」とされます。特定期間は受給資格期間に算入できますが、手続きの効果は「届出をした日」に発生するため、障害の初診日以降に届出をした場合、特定期間を障害年金の受給資格期間に含めることができません。こうした状況に応じ、初診日の時期等により特例が設けられています（公的年金制度の健全性及び信頼性の確保のための厚生年金保険法等の一部を改正する法律）。

● 「時効消滅不整合期間に係る特定期間該当届」の手続き

● 次の場合、特定期間の手続きを行うと、初診日の前日にさかのぼって、未納期間が受給資格期間に算入されます。

- 初診日以後に記録訂正が行われた人で、初診日が法令の公布日（平成25年６月26日）から平成30年３月31日までの間にある場合
- 初診日より前に記録訂正が行われた人で、初診日が法令の公布日（平成25年６月26日）から平成25年９月30日までの間にある場合

（4）海外在住期間等の取扱い

次の期間のうち、国民年金に任意加入していなかった期間は、「被保険者期間」ではないため、保険料納付要件をみる期間から除外されます。

- □ 日本国籍があり、海外に居住していた期間
- □ 平成３年３月以前に国民年金任意加入の対象だった昼間部の**学生**期間
- □ 昭和61年３月以前に国民年金任意加入の対象だった**被用者年金制度**加入者の配偶者

●夜間制・通信制を除き、年金法上に規定された各種学校を含みます。

●厚生年金、各種共済組合

障害等級と年金額

（1）障害基礎年金の年金額（平成30年度）

①　基本の年金額

障害基礎年金は定額で、2級は780,900円に改定率をかけた金額、1級は2級の年金額の1.25倍です。改定率は年度ごとに決定されており、これを受けた平成30年度の年金額は次のとおりです。

１級：974,125円（+子の加算額）

２級：779,300円（+子の加算額）

②　子の加算

障害基礎年金の受給権者により生計を維持される

子が加算の対象となり、次のいずれかに該当する場合、人数に応じて基本年金額に加算されます。

□ 18歳に達した日以後最初の3月31日までの間にある未婚の子
□ 国民年金の障害等級1級または2級に該当する程度の障害の状態にある20歳未満の未婚の子

平成30年度の子の**加算額**は、次のとおりです。

(例)
障害等級2級の受給権者に、要件に該当する3人の子がいる場合の平成30年度年金額：
779,300円 +(224,300円×2) +74,800円 = 1,302,700円

1人目、2人目の子	：1人につき 224,300円
3人目以降	：1人につき 74,800円

(2) 障害厚生年金の年金額（平成30年度）

① 基本の年金額

障害厚生年金は、平均した**標準報酬額**や**被保険者期間の月数**による報酬比例です。障害等級が1級か2級の場合には、配偶者の加給年金額があります。また、3級の場合には最低保証額（下記は平成30年度額）があります。

被保険者の給与額(残業手当や通勤手当を含む税引き前の給与額)を一定の幅で区分した報酬月額に当てはめて決定したもので、毎月の厚生年金保険料や年金額の計算に用いられます。

被保険者月数が300月未満の場合は、300月とみなして計算されます。

1級：報酬比例の年金額×1.25(＋配偶者の加給年金額)
2級：報酬比例の年金額（＋配偶者の加給年金額）
3級：報酬比例の年金額（最低保障額 584,500円）

②　配偶者の加給年金額

１級または２級の障害厚生年金の受給権者により生計を維持される65歳未満の配偶者がいる場合に加算されます。平成30年度の加給年金額は224,300円です。なお、配偶者が**一定の老齢厚生年金**、退職共済年金（組合員期間20年以上）または障害年金を受けられる間は、配偶者加給年金額は支給停止されます。

●被保険者期間が20年以上または共済組合等の加入期間を除いた期間が40歳（女性の場合は35歳）以降15年以上の場合に限られます。

③　障害手当金

初診日から５年以内に**症状が固定**し、３級の障害よりやや程度の軽い障害が残ったときに支給される一時金です。金額は、３級の障害厚生年金額の２年分で、３級と同様、最低保障額があります。平成30年度の最低保障額による障害手当金額は、1,169,000円です。

●症状固定の要件等については34ページ参照

請求の種類

（1）障害認定日による請求

障害認定日に障害等級の１級から３級（障害基礎年金のみの場合は１級か２級）に該当する障害の状態にある場合の請求です。障害認定日で上記の障害等級に該当すると認められると、障害認定日が**受給権**発生日となり、その翌月分からの年金が支給されます。

●障害の程度の認定を行う日（34ページ参照）

●年金の支給を受ける基本的な権利（12ページ参照）

障害認定日請求は、請求の時期により、「本来請求」と「遡及請求」に分けられます。

① **本来請求**

障害認定日から１年以内に請求する場合をいいます。**障害認定日から３か月以内**の障害の状態で作成された診断書が必要です。

20歳前に初診日がある場合は、一部、取扱いが異なります（34ページ参照）。

② **遡及請求**

障害認定日から１年以上経過後に請求する場合をいいます。診断書は、障害認定日から３か月以内の障害の状態で作成されたものと、請求日以前３か月以内の障害の状態で作成されたものが必要です。

（2）事後重症請求

障害認定日に障害等級の１級から３級（障害基礎年金のみの場合は１級か２級）に該当する障害の状態になかった人が、障害の悪化により、65 歳に達する日の前日までに障害等級に該当する状態となった場合の請求です。請求日以前３か月以内の障害の状態で作成された診断書が必要で、障害等級に該当すると認められると、請求の受付日が受給権発生日となり、その翌月分からの年金が支給されます。

障害認定日の時点で、障害等級に該当する障害の状態にあっても、カルテがすでに廃棄されているなど、障害認定日の診断書が提出できない場合があります。事後重症請求は、こうした場合の救済にもなる請求方法です。

事後重症請求は、65 歳に達した日（65 歳の誕生日の前日）以降はできません。65歳の誕生日前々日までに請求することが必要です。また、老齢基礎年金の繰上げ請求をすると、年金上は65歳になったとみなされるため、事後重症請求ができなくなります。

（3）初めて1級または2級に該当したことによる請求

障害等級の１級または２級に該当しない程度の障害の状態にある人に、新たに別の傷病が生じ、65歳に達する日の前日までに、それぞれの傷病による障害を**併合**して、初めて１級または２級の障害の状態に該当した場合の請求です。

269ページ参照

この場合､新たに生じた傷病を「基準傷病」といい、初診日要件と保険料納付要件は、基準傷病でみます。１級か２級に該当すると認められると、請求日の翌月分からの年金が支給されます。

なお、受給権発生日は、「障害等級に該当することが確認できた日」（診断書の現症年月日等）です。この日が65歳の誕生日の前々日までにあれば、請求自体は65歳以降も可能です。

請求日が受給権発生日より１年以上経過する場合は､受給権発生日の障害の状態で作成された診断書と、請求日以前３か月以内の障害の状態で作成された診断書が必要です。

受給権と消滅時効

（1）年金の受給権（基本権）と支分権

年金の受給権とは、年金の給付を受ける基本的な権利で、請求により発生します。また、受給権の発生に基づき、**支払期**ごとに発生する年金を受ける権利を「支分権」といいます。基本権である受給権と、支分権の発生時期は、同一ではありません。受給権の発生時期は、**請求の種類**により異なります。

- 偶数月（2月／4月／6月／8月／10月／12月）が支払期で、その前月までの2か月分ずつが支給されます（初回の年金のみ、決定の時期により奇数月の支給となる場合があります）。
- 9ページ参照

（2）受給権の消滅時効

国民年金法や厚生年金保険法の規定によれば、受給権は、権利が発生してから５年を経過すると、時効で消滅することとされています。しかし、これがそのまま適用されると、障害認定日から５年を経過した時点で遡及請求ができなくなります。そこで、「やむを得ない事情により、時効完成前に請求をすることができなかった場合は、その理由を**書面**で申し立てることにより、基本権を時効消滅させない取扱いを行う」とされています。この取扱いにより、現実には、障害認定日が何年前にあっても、遡及請求が可能となっています。

- 障害認定日が5年以上前にある場合、年金請求時に「年金裁定請求の遅延に関する申立書」（巻末書式421ページを参照）を提出するよう求められています。

（3）支分権の消滅時効

一方、支払期ごとに発生する支分権は、５年で時効消滅します。そのため、たとえば障害認定日が10年前にある場合に遡及請求により等級認定されると、受給権は10年前にさかのぼって発生しますが、支分権の時効消滅により、実際に年金を受給できるのは年金請求前の5年分となります。

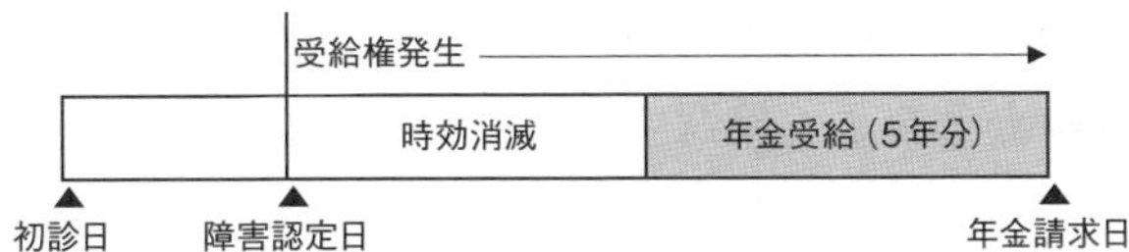

給付制限

（1）給付制限の規定

国民年金法と厚生年金保険法には、次の規定による保険給付の制限があります。

①故意に障害又はその直接の原因となった事故を生じさせた者の当該障害については、これを支給事由とする障害年金は、支給しない。

②故意の犯罪行為若しくは重大な過失により、又は正当な理由がなくて療養に関する指示に従わないことにより、障害若しくはその原因となった事故を生じさせ、又は障害の程度を増進させた者の当該障害については、これを支給事由とする給付は、その全部又は一部を行わないことができる。

（2）給付制限の適用

①　覚せい剤等の使用について

もともとあった精神の障害により判断能力が失われて覚せい剤等の違法薬物の使用に至った場合は、故意とはいえず、給付制限の対象にはならないものとされています。判断能力の有無の確認のため、覚せい剤等の使用に至った経緯などをよく確認することが重要です。

一方、過去に覚せい剤等の使用歴があり、その後精神障害を発症した場合、その精神障害と覚せい剤使用との間に医学的な因果関係が認められれば給付制限の対象となりますが、両者に医学的な因果関係が認められない場合には給付制限の対象となりません。因果関係の有無は、覚せい剤等の使用に至った経緯、覚せい剤等の使用歴、その後の中毒症状、病状などから慎重に判断されます。

②　自殺未遂による障害について

国の通知により、自殺は、故意の犯罪行為もしくは重大な過失に該当しないため、給付制限を受けないものであることが明示されています。

memo.

Chapter 2

初診日と障害認定日

Section 1

初診日の取扱い

初診日の重要性

障害年金を請求する上で、初診日は非常に重要な意味を持ちます。まず、**初診日（加入）要件**は、言葉のとおり初診日でみます。初診日における年齢や加入していた制度により、障害年金が受給できるかどうか、受給できる場合はどの年金を受給できるのかが決まります。**保険料納付要件**は、「初診日の前日」でみますので、まさしく受給できるかできないかの分かれ道です。また、**障害認定日**は、初診日が基準となって決まります。さらに、厚生年金を受給できる場合、厚生年金額は障害認定日により変わりますので、つまりは初診日が基準になります。

●3ページ参照
●4ページ参照
●34ページ参照

そのため、相談を受ける際、最初の段階で確認するのは、多くの場合、「初診日はいつなのか」ということになります。

障害年金の初診日とは

障害年金の制度上、初診日とは、「障害の原因となった傷病について、初めて医師又は歯科医師（以下「医師等」という。）の診療を受けた日をいう」とされています。

具体的には、次のような場合が例示されています。

- □ **初めて診療を受けた日**（治療行為または療養に関する指示があった日）
- □ 同一の傷病で転医があった場合は、一番初めに医師等の診療を受けた日
- □ 過去の傷病が**治癒**し同一傷病で再度発症している場合は、再度発症し医師等の診療を受けた日
- □ 傷病名が確定しておらず、対象傷病と異なる傷病名であっても、同一傷病と判断される場合は、他の傷病名の初診日が対象傷病の初診日
- □ じん肺症（じん肺結核を含む）については、じん肺と診断された日
- □ 障害の原因となった傷病の前に**相当因果関係**があると認められる傷病があるときは、最初の傷病の初診日が対象傷病の初診日
- □ 先天性の知的障害（精神遅滞）は出生日（＊１）
- □ 先天性心疾患、網膜色素変性症などは、具体的な症状が出現し、初めて診療を受けた日
- □ 先天性股関節脱臼は、完全脱臼したまま成育した場合は出生日が初診日、青年期以降になって変形性股関節症が発症した場合は、発症後に初めて診療を受けた日

● 障害年金を請求する障害の原因となる傷病の症状により初めて医師等を受診した日です。整骨院・鍼灸院等の受診は含みません。診療科は問われず、診断の有無や内容にかかわりません。

● 医学的には治癒していなくても、社会的に治癒したとみなされる、いわゆる「社会的治癒」も含まれます（22ページ参照）。

● 20ページ参照

（＊１）知的障害の初診日の取扱い

① 知的障害の場合、受診や療育手帳の有無にかかわらず、出生日が初診日となります。**受診状況等証明書**の取得は要しません。

② 知的障害を伴わない発達障害の場合は、原則どおり、初めて医師等を受診した日が初診日です。受診状況等証明書の取得も必要です。

● 24ページ参照

③ 知的障害と発達障害を併発している場合も、出生日が初診日と取り扱われます。ただし、知的障害の程度がごく軽度（知的障害単独では３級にも該当しない程度）の場合は、発達障害単独の取扱いと同様です。

相当因果関係

「前の疾病又は負傷がなかったならば、後の疾病が起こらなかったであろうと認められる場合は、相当因果関係ありとみて前後の傷病を同一傷病として取り扱う」とされています。ただし、通常、**「後の疾病」には負傷は含まれません**。

たとえば、障害により転倒して、その負傷の程度が重かったために新たな障害が生じた場合などが考えられます。この場合、転倒による障害は相当因果関係ありとはみられず、別傷病と取り扱われます。

相当因果関係の有無については、次のような例示がされています。

【「相当因果関係あり」として取り扱われることが多い例】

- □ 糖尿病と、糖尿病性網膜症、糖尿病性腎症、糖尿病性壊疽（糖尿病性神経障害、糖尿病性動脈閉鎖症）
- □ 糸球体腎炎（ネフローゼを含む）、多発性のう胞腎、慢性腎炎に罹患し、その後慢性腎不全を生じたものは、両者の期間が長いものであっても、相当因果関係ありとして取り扱われる。
- □ 肝炎と肝硬変
- □ 結核の化学療法による副作用として聴力障害を生じた場合
- □ 手術等による輸血により肝炎を併発した場合
- □ ステロイドの投薬による副作用で大腿骨頭無腐性壊死が生じたことが明らかな場合

□ 事故または脳血管疾患による精神障害がある場合

□ 肺疾患に罹患し手術を行い、その後、呼吸不全を生じたものは、肺手術と呼吸不全発生までの期間が長いものであっても、相当因果関係ありとして取り扱われる。

□ 転移性悪性新生物は、原発とされるものと組織上一致するか否か、転移であることを確認できたものは、相当因果関係ありとして取り扱われる。

【「相当因果関係なし」として取り扱われることが多い例】

□ 高血圧と、脳出血または脳梗塞

□ 近視と、黄斑部変性、網膜剥離または視神経萎縮

□ 糖尿病と、脳出血または脳梗塞

医学的には因果関係がありますが、障害認定基準における「相当因果関係」はないこととされています。

例示されている以外にも、相当因果関係の有無について、一定の傾向があるケースもあれば、判断しにくいケースもあり、疾患の特質、症状、経過などにより個別に判断されることとなります。(＊2)

(＊2) ポリオ後症候群(ポストポリオ)の取扱い

ポストポリオについては、ポリオがなければポストポリオを生じないという意味で因果関係があるものの、次のすべての要件を満たした場合は、ポリオに起因する疾病としては取り扱わない(ポストポリオについて初めて医師等の診療を受けた日を初診日とする)こととされています。

①新たな筋力低下および異常な筋の易疲労性があること

②ポリオの既往歴があり、少なくとも一肢にポリオによる弛緩性運動麻痺が残存していること

③ポリオ回復後ポストポリオを発症するまでに、症状の安

定していた期間（概ね 10 年以上）があること
④①の主たる原因が、他の疾患ではないこと

社会的治癒

「社会的治癒」とは、年金法や健康保険法など社会保険法上の概念で、傷病が医学的には治癒していないものの、症状が消失して通常の社会生活が可能となり、かつ、原則として投薬治療を必要とせず、外見上治癒したと見えるような状態が、ある程度の期間にわたって継続することと定義されています。障害年金で社会的治癒が認められた場合、その期間の後、再び症状が出て初めて医師等を受診した日が初診日と扱われます。つまり、**障害年金上の初診日が変わります**。

社会的治癒により初診日が変わる効果として、次のようなケースが考えられます。

- 医学的な初診日では保険料納付要件を満たさないが、社会的治癒後の初診日では保険料納付要件を満たし、障害年金が受給できる。
- 医学的な初診日は国民年金のみに加入していたが、社会的治癒後の初診日は厚生年金保険加入中の期間にあるため、厚生年金が受給できる。
- 医学的な初診日は20歳前にあるが、社会的治癒後の初診日は20歳後にあるため、所得制限がない。
- 初診日が後ろに変わることにより、障害認定日による請求ができることになり、遡及分も受給できる。
- 初診日が後ろに変わることにより、受給できる厚生年金の金額が高くなる。

社会的治癒が認められるために必要な期間は、具体的に何年と決まっているわけではありません。概ね5年程度がひとつの目安といわれていますが、あくまでも目安であり、実際にはこれより短くても認められる場合、長くても認められない場合があります。傷病の特質、経過、寛解期間の状況等から総合的に判断されることになります。

社会的治癒は、投薬治療をまったく必要としていなかった場合だけでなく、維持的・経過観察的な治療が継続していても認められる場合があります。また、少数ですが、軽度の障害が残っていても、社会的治癒が認められているケースもあります。

社会的治癒が認められるかどうかを判断するのは保険者ですので、請求時に提出する**病歴・就労状況等申立書**等には、医学的な初診日からすべて記入する必要があります。そのうえで、社会的治癒を主張する期間については、治療の必要がなかったこと、通常の社会生活を送っていたことなどがわかるように記入し、可能な限り、それらを裏付ける資料を添付します。また、年金請求書には、社会的治癒後の初診日を記入して提出します。

●請求者が、発症からの病状の経過、治療歴、就労状況、生活状況等について申し立てる書類（248ページ参照）

なお、社会的治癒は、あくまでも被保険者の救済のために考え出された概念であり、保険者の側がこれを持ち出して、被保険者に不利益な取扱いをすることはできないものとされています。

健康診断の取扱い

健康診断を受けた日は、原則、初診日と扱われません。ただし、初めて治療目的で医療機関を受診した日の証明が取れない場合であって、医学的見地からただちに治療が必要と認められる健診結果である場合については、健診日を証明する資料（人間ドックの結果など）を添え、請求者より、健診日を初診日とするよう申立てをすることにより、健診日を初診日と認めることとされています。

Section 2

初診日の証明が取れない場合

受診状況等証明書

初診の医療機関と診断書作成医療機関が異なる場合、初診日の証明として、所定の「**受診状況等証明書**」に初診の医療機関で記入していただき、請求時に添付することとされています。

初診医療機関と診断書作成医療機関が同じ場合は、診断書で初診日も証明できるため、受診状況等証明書を提出する必要はありません。

巻末資料を参照(390ページ)

ところが、カルテの法定保存期間が５年とされていることから、初診日が相当前にあり、すでにカルテが廃棄されているケース（＊1）も少なくありません。初診の医療機関にすでに記録がなく、受診状況等証明書を提出できない場合は、「**受診状況等証明書が添付できない申立書**」を作成し、あわせて、２番目に受診した医療機関に、最初の受診医療機関の名称や初診日が記入された医師等の証明（カルテの記載や、前医の診療情報提供書など）がないか確認します。ある場合は受診状況等証明書を記入していただき、前医に関する医師等の証明も添付して提出します。２番目の医療機関にも記録がない場合は、「受診状況等証明書が添付できない申立書」を提出し、同様に３番目の医療機関をあたります。この作業を、一番古い医師等の証明が添付できるまで繰り返すことになります。（＊2）

巻末資料を参照(391ページ)

しかし、どの医療機関にも、最初に受診した医療機関名や受診日の記載が残っていないという場合もあります。この場合、初診日をどのように証明するか、また、どこまで証明しなければならないかは、状況により異なります。初診日の証明の取扱いについては、平成27年に**通知**が発出されていますので、ここではこの通知に沿って、代表的なケースや方法について解説します。

「障害年金の初診日を明らかにすることができる書類を添えることができない場合の取扱いについて」(年管管発0928第6号)。巻末資料を参照(322ページ)

(＊1)受診日等の記録が残っている場合

カルテは廃棄されていても、医療機関のレセプトコンピュータ等に、受診者の氏名や受診日などの記録が残っている場合があります。この場合は通常、その記録からわかる範囲で受診状況等証明書に記入していただきます。

医療機関より「カルテが残っていないため証明はできません」と断られることも多いのですが、受診状況等証明書は必ずしもカルテの記載によらなければならないわけではなく、「診療録」「受診受付簿、入院記録」「その他（内容を記入)」「本人の申し立て(いつの申立てかを記入)」のうち、何をもとに記入したかを選択（または記入）する欄があります。

これらを医療機関に説明し、残っている記録からわかる部分のみ記入していただきたいことを丁寧にお願いすれば、作成いただけることがほとんどです。結果として、初診日や終診日のみが記入され、ほかはすべて「不詳」「不明」といった記載になることも少なくありません。それでも、傷病によっては**診療科の記載のみで初診日認定される場合**もあるほか、他の資料とあわせて提出することにより初診日認定されることは多く、初診年月日のみでも証明できるメリットは大きいといえます。

うつ病や躁うつ病、統合失調症などの精神障害では特に、症状や診断などの詳細はわからなくても、精神科や心療内科の受診であることのみで初診日認定される場合があります。一方、初診医療機関が内科等の場合、それのみで初診日認定されることはほとんどありません。

（＊2）２番目以降に受診した医療機関による資料

２番目以降に受診した医療機関による、初診医療機関の名称や初診日が記入された医師等の証明などの資料は、次の取扱いになることとされています。

① 請求の５年以上前に医療機関が作成した資料（診療録等）に本人申立ての初診日が記載されており、それをもとに作成された資料の場合は、その資料単独で初診日を認めることができる。

② 医療機関による資料の作成が、請求の５年以上前ではないが相当程度前である場合については、他の参考資料があわせて提出された場合には、初診日を認めても差し支えない。ただし、他の参考資料としては、第三者証明は不適当であり、お薬手帳、領収書、診察券など本人申立て以外の記録を根拠として初診日について推定することが可能となる資料が必要。

初診日認定に参考となる資料

初診日を確認する上で、参考資料として取り扱うこととされている資料は次のとおりです。写しを「受診状況等証明書が添付できない申立書」とあわせて提出します。

- ☐ 身体障害者手帳、精神障害者保健福祉手帳、療育手帳
- ☐ 身体障害者手帳等の申請時の診断書
- ☐ 生命保険、損害保険、労災保険の給付申請時の診断書
- ☐ 交通事故証明書
- ☐ 労災の事故証明書

●市区町村の担当課や福祉事務所に保管されていることがあります。

●生命保険や損害保険の診断書は、保険会社に残されていることがあります。

- □ 事業所の健康診断の記録
- □ インフォームド・コンセントによる医療情報サマリー
- □ 健康保険の給付記録
- □ 次の受診医療機関への紹介状
- □ 電子カルテ等の記録（氏名、日付、傷病名、診療科等が確認されたもの）
- □ お薬手帳、糖尿病手帳、領収書、診察券（可能な限り診察日や診療科がわかるもの）
- □ 第三者証明
- □ その他

●前節の「健康診断の取扱い」を参照してください（23ページ）。

●2番目以降の医療機関に紹介状が残されている場合、写しを受診状況等証明書に添付してもらいます。

「その他」として、たとえば、救急搬送の証明書、家計簿、手帳や日記、通知表の生活記録など、参考になりそうなものは可能な限り添付します。単独では証明が難しくても、他の資料とあわせることで、初診日を証明または推認する資料となり得ます。

第三者証明

（1）第三者証明の取扱い

「第三者証明」とは、「医療機関で診療を受けていたことについて第三者が申し立てることにより証明したもの」とされています。

20歳前に初診日がある場合、保険料の納付要件を問われないこと、給付内容が障害基礎年金のみであることから、少なくとも20歳より前に、障害の原因となった傷病で受診していたことが証明できればよいと

●「初診日に関する第三者からの申立書（第三者証明）」。巻末資料を参照（392ページ）

●ここでいう「第三者」とは、民法上の三親等以内の親族以外の人であることが必要とされています。民生委員、病院長、施設長、事業主、隣人等のほか、学校の教師、同級生、上司、同僚などが考えられます。

いうことになります。

一方、20歳以降に初診日がある場合は、保険料の納付要件が問われること、初診日に加入していた年金制度により給付内容が大きく異なることから、より厳密に初診日を特定しなければなりません。

そのため、次のとおり両者で取扱いが異なります。

① 20歳前に初診日がある場合

「初診日を証明する書類が第三者証明のみの場合であっても、第三者証明の内容を総合的に勘案して、請求者申立ての初診日を認めることができる」とされています。

第三者証明は、請求者の初診日頃または20歳前の時期の受診状況について、基本的に次のいずれかに該当する場合に申し立てるものであることが必要です。

ア. 直接的に見て認識していた。

イ. 請求者や請求者の家族等から、請求者の初診日頃または20歳前の時期に聞いていた。

ウ. 請求者や請求者の家族等から、請求時から**概ね5年以上前**に聞いていた。

概ね5年以内であっても、参考となる他の資料があわせて提出された場合で、他のさまざまな資料から本人申立ての初診日が正しいと合理的に推認できる場合には、第三者証明として認めることが可能とされています。この点は、20歳以降に初診日がある場合も同様です。

なお、20歳前に厚生年金に加入していた場合で、初診日が厚生年金加入期間にある場合は、20歳以降に初診日がある場合と同様の取扱いとなります。

② 20歳以降に初診日がある場合

「第三者証明とともに、初診日について**参考となる他の資料**の提出を求め、両資料の整合性等を確認の上、請求者が申し出た初診日を認めることができる」とされています。

診察券や入院記録などの初診日について客観性が認められる資料が必要であり、医療機関が作成した資料であっても、請求者の申立てによる初診日等を記載した資料は不適当とされています。

第三者証明は、請求者の初診日頃の受診状況について、基本的に次のいずれかに該当する場合に申し立てるものであることが必要です。

ア．直接的に見て認識していた。
イ．請求者や請求者の家族等から、請求者の初診日頃に聞いていた。
ウ．請求者や請求者の家族等から、請求時から概ね5年以上前に聞いていた。

（2）第三者証明の留意点

20歳前に初診日がある場合、20歳以降に初診日がある場合、双方に共通する留意点は、次のとおりとされています。

① 医療従事者による第三者証明

初診日頃に受診した医療機関の担当医師、看護師その他の**医療従事者による第三者証明**については、医師の証明と同等の資料として、ほかに参考資料がなくても、その証明のみで初診日が認められます。

医療従事者による第三者証明であっても、初診日頃の医療機関の受診状況を直接把握できない立場にあった医療従事者が、請求者の求めに応じ、請求者の申立てに基づいて行った第三者証明は認められません。

② 必要となる第三者証明の数

原則として複数の第三者証明があることが必要と

されていますが、複数の第三者証明を得られない場合、単数の第三者証明であっても、医療機関の受診に至る経緯や、医療機関でのやりとりなどが具体的に示されていて、相当程度信憑性が高いと認められるものであれば、第三者証明として認めることができることとされています。

③ **第三者証明の信憑性の確認**

第三者証明を提出するときは、可能な範囲で参考となる資料を提出することで、保険者は、それら資料との整合性や医学的判断等により第三者証明の信憑性を確認します。

第三者証明の内容に疑義が生じる場合や、第三者が実在するかどうかに疑義が生じる場合は、必要に応じて、第三者に対して電話等で確認を行うこととされています。

（3）第三者証明の確認事項

①第三者に関する項目

- □ 氏名
- □ 住所
- □ 電話番号
- □ 請求者との関係（初診日頃もしくは受診状況を聞いた頃の関係）

②請求者の初診日頃における医療機関の受診状況に関する項目

- □ 傷病名
- □ 初診の時期
- □ 医療機関名・所在地・診療科

③第三者から見た請求者の状況等に関する項目

- □ 発病から初診日までの症状の経過
- □ 初診日頃における日常生活上の支障度合い
- □ 医療機関の受診契機
- □ 医師からの療養の指示など受診時の状況
- □ 初診日頃の受診状況を知り得た状況

初診日が特定できない場合の取扱い（一定期間要件）

初診日を具体的に特定できなくても、参考資料により一定の期間内に初診日があると確認できる場合で、次に該当するときは、一定の条件のもと、本人申立ての初診日が認められることがあります。（＊3）

（1）初診日がある一定の期間中、同一制度に継続的に加入していた場合

一定の期間のすべてが20歳前または60歳以上65歳未満の未加入期間の場合、同一制度の加入期間として扱われます。この場合で、20歳前の未加入期間については、保険料納付要件を問われません。

初診日があると確認できる一定の期間がすべて国民年金の加入期間であるなど、同一制度の加入期間となっており、かつ、この期間中のどの時点においても保険料納付要件を満たしている場合は、本人申立ての初診日を認めることができるとされています。

（2）初診日がある一定の期間中、異なる制度に継続的に加入していた場合

初診日があると確認できる一定の期間がすべて国民

年金の加入期間と厚生年金保険の加入期間であるなど、異なる公的年金制度の加入期間となっており、かつ、この期間中のどの時点においても保険料納付要件を満たしている場合は、本人申立ての初診日について参考となる他の資料とあわせて初診日を認めることができることとされています。

ただし、本人申立ての初診日が国民年金の加入期間、20歳前または60歳以上65歳未満の未加入期間の場合には、いずれの場合も障害基礎年金を請求するものであることから、本人申立ての初診日について参考となる他の資料がなくても、初診日を認めることができることとされています。

（＊3）一定期間の確認のため参考とされる資料の例

【一定期間の始期に関する参考資料の例】

□ 請求傷病に関する異常所見がなく発病していないことが確認できる診断書等の資料（就職時に事業主に提出した診断書、人間ドックの結果など）

□ 請求傷病の起因および当該起因の発生時期が明らかとなる資料（交通事故が起因となった傷病であることを明らかにする医学的資料および交通事故の時期を証明する資料、職場の人間関係が起因となった精神疾患であることを明らかにする医学的資料および就職の時期を証明する資料など）

□ 医学的知見に基づいて一定の時期以前には請求傷病が発病していないことを証明する資料

【一定期間の終期に関する資料の例】

□ 請求傷病により受診した事実を証明する資料（2番目以降に受診した医療機関による受診状況等証明書など）

- □ 請求傷病により公的サービスを受給した時期を明らかにする資料（障害者手帳の交付時期に関する資料など）
- □ 20 歳以降であって請求傷病により受診していた事実および時期を明らかにする第三者証明

日付が特定できない初診日の取扱い

資料により、初診日のある年月までは特定できるものの、日付が特定できない場合は、当該月の末日が初診日と扱われます。

Section 3

障害認定日

障害認定日の原則

障害認定日とは、障害の程度の認定を行う日をいい、原則は次のとおりです。

①初診日から1年6か月を経過した日

②初診日から1年6か月経過前に傷病が治った（症状が固定した）場合（＊1）は、治った（症状が固定した）日

たとえば初診日が平成30年3月31日の場合、障害認定日は平成31年9月30日となります。

ただし、20歳前に初診日があり、初診日から1年6か月経過した日が20歳前にある場合は、**20歳に到達した日**が障害の程度を認定する日です。

20歳の誕生日の前日

（＊1）傷病が治った（症状が固定した）とは

障害認定基準では、「傷病が治った場合」について、「器質的欠損もしくは変形または機能障害を残している場合は、医学的に傷病が治ったとき、または、その症状が安定し、長期にわたってその疾病の固定性が認められ、医療効果が期待し得ない状態に至った場合をいう」と定義しています。

症状固定の有無は、非常に厳密に判断されています。

初診日から１年６か月経過前が障害認定日となる事例

次の日が、初診日から１年６か月経過前にある場合は、その日が障害認定日となります。

例示された日以外でも、「傷病が治った場合」に該当すれば、初診日から1年6か月を経過する前に障害認定日と認められることがあります。

- □ 咽頭全摘出：
  摘出した日
- □ 人工骨頭、人工関節を挿入置換した場合：
  挿入置換した日
- □ 切断または離断による肢体の障害：
  切断または離断した日（障害手当金は創面が治癒した日）
- □ 脳血管障害による機能障害：
  初診日から６か月経過後の症状固定日
- □ 在宅酸素療法：
  在宅酸素療法を開始した日（常時使用の場合）
- □ 人工弁、心臓ペースメーカー、植込み型除細動器（ICD）：
  装着日
- □ 心臓移植、人工心臓、補助人工心臓：
  移植日または装着日
- □ CRT（心臓再同期医療機器）、CRT-D（除細動器機能付き心臓再同期医療機器）：
  装着日
- □ 胸部大動脈解離や胸部大動脈瘤により人工血管（ステントグラフトを含む）を挿入置換した場合：
  挿入置換日

初診日から6か月を経過した日以降に、医学的観点から、それ以上の機能回復がほとんど望めないと認められる場合に認定されるもので、請求すれば必ず認められるものではありません。
また、初診日から6か月を経過するまでは、症状固定とは認められません。

□ 人工透析療法：

透析開始日から３か月を経過した日

□ 人工肛門造設、尿路変更術：

造設日または手術日から起算して６か月経過した日（＊2）

□ 新膀胱造設：

造設日（＊2）

□ 遷延性植物状態：

状態に至った日から起算して３か月を経過した日以後（＊3）

（＊2）複数に該当する場合の障害認定日

① 人工肛門を造設し、かつ新膀胱を造設した場合は、人工肛門の造設日から６か月経過した日または新膀胱を造設した日のいずれか遅い日（初診日から１年６か月以内の日に限る）となります。

② 人工肛門を造設し、かつ、尿路変更術を施した場合は、人工肛門の造設日または尿路変更術を行った日のいずれか遅い日から６か月を経過した日（初診日から１年６か月以内の日に限る）となります。

③ 人工肛門を造設し、かつ完全排尿障害の状態にある場合は、人工肛門の造設日または完全排尿障害の状態に至った日のいずれか遅い日から６か月を経過した日（初診日から１年６か月以内の日に限る）となります。

④ 上記いずれの場合も、当該日が初診日から１年６か月経過後の場合は、原則どおり、１年６か月経過日が障害認定日です。

（＊3）遷延性植物状態の場合の障害認定日

遷延性植物状態は、次の診断基準に該当し、かつ3か月以上継続しほぼ固定している状態において診断されます。

①自力で移動できない。
②自力で食物を摂取できない。
③糞尿失禁をみる。
④目で物を追うが認識できない。
⑤簡単な命令には応ずることもあるが、それ以上の意思の疎通ができない。
⑥声は出るが意味のある発語ではない。

障害認定日は、診断から3か月を経過した日ではなく、上記6項目に該当した日から3か月を経過した日以後に、医学的観点から、機能回復がほとんど望めないと認められる日（初診日から1年6か月を超える場合を除く）です。

Chapter 3

障害認定基準とポイント解説

Section 1

障害認定基準の適用

障害年金の各等級に該当する障害の状態は、**国民年金法施行令別表、厚生年金保険法施行令別表第１・第２**に定められていますが、障害の程度を認定するための、より具体的な基準として定められているのが、厚生労働省の通知である「障害認定基準」です。

障害認定基準は、平成14年4月に大きな改正が行われ、その後も医学的知見の変化等に基づき、順次見直しが行われています。障害状態の審査には、**請求等**の時点で運用されている基準が適用されます。

本章では、平成30年9月時点で運用されている障害認定基準から、節ごとに認定基準を引用し、認定要領の内容を記載したものに、適用疾患の例や留意点、ポイントなどを加えて解説します。

●巻末資料を参照(306ページ)

●年金請求、障害状態確認届(更新)、額改定請求、支給停止事由消滅届。
たとえば障害認定日後に障害認定基準が改正された場合、障害認定日に適用されていた基準ではなく、年金請求日の時点で適用されている基準が用いられます。

※本文中の表記や内容は、認定要領の原文から離れないように記載していますが、わかりやすくするため、一部表現を変える、順番を入れ替える、まとめるなどの加工をしています。相談を受ける方は、できるだけ該当箇所の原文にも目を通していただくことをおすすめします。なお、実務的な視点からの補足や解説は、側注やポイント解説に入れるかたちで区別しています。

※障害認定基準の原文は、日本年金機構のホームページよりダウンロード可能です。

http://www.nenkin.go.jp/service/jukyu/shougainenkin/ninteikijun/20140604.html

Section 2

障害認定に当たっての基本的事項

障害の程度

障害等級ごとの障害の状態の基本は、次のとおりとされています。

あくまでも「基本」であり、障害の種類や部位によって、適合しないものは多数あります。主に内部障害の場合の、一応の目安ととらえていただくのがよいかもしれません。

1級：

身体の機能の障害又は長期にわたる安静を必要とする病状が日常生活の用を弁ずることを不能ならしめる程度のものとする。この日常生活の用を弁ずることを不能ならしめる程度とは、他人の介助を受けなければほとんど自分の用を弁ずることができない程度のものである。

例えば、身のまわりのことはかろうじてできるが、それ以上の活動はできないもの又は行ってはいけないもの、すなわち、病院内の生活でいえば、活動の範囲がおおむねベッド周辺に限られるものであり、家庭内の生活でいえば、活動の範囲がおおむね就床室内に限られるものである。

2級：

身体の機能の障害又は長期にわたる安静を必要とする病状が、日常生活が著しい制限を受けるか又は日常生活に著しい制限を加えることを必要とする程度のものとする。この日常生活が著しい制限を受けるか又は日常生活に著しい制限を加えることを必要とする程度とは、必ずしも他人の助けを借りる必要はないが、日常生活は極めて困難で、労働により収入を得ることができない程度のものである。

例えば、家庭内の極めて温和な活動（軽食作り、下着程度の洗濯等）はできるが、それ以上の活動はできないもの又は行ってはいけないもの、すなわち、病院内の生活でいえば、活動の範囲がおおむね病棟内に限られるものであり、家庭内の生活でいえば、活動の範囲がおおむね家屋内に限られるものである。

３級：

労働が著しい制限を受けるか又は労働に著しい制限を加えることを必要とする程度のものとする。

また、「傷病が治らないもの」にあっては、労働が制限を受けるか又は労働に制限を加えることを必要とする程度のものとする。（「傷病が治らないもの」については、第３の第１章に定める障害手当金に該当する程度の障害の状態がある場合であっても３級に該当する。）

障害手当金：

「傷病が治ったもの」であって、労働が制限を受けるか又は労働に制限を加えることを必要とする程度のものとする。

上記に記載されているとおり、障害認定にあたっての各基準のうち、障害手当金に該当する障害の状態であって、「傷病が治らないもの」（症状が固定していない場合）は、３級に該当することとされており、障害厚生年金が受給できる場合、一時金である障害手当金ではなく３級の年金が支給されます。

●9ページ参照

認定の時期

障害の程度の認定時期は、次のとおりです。

●詳細は34ページ参照

①障害認定日

②事後重症による年金については年金請求書の受理日

③初めて１級または２級に該当したことによる年金については、**障害の程度が２級以上に該当した日**（65歳に達する日の前日までに該当したものに限る）

④障害手当金については、初診日から起算して５年を経過する日までの間において**傷病の治った日**

● 実務的には、「２級以上に該当することが確認できた日」（診断書の現症年月日等）です。

● 症状固定日

認定の方法

1 障害の程度の認定は、診断書および**Ｘ線フィルムなどの添付資料**により行われますが、診断書等のみでは認定が困難な場合や、傷病名と現症あるいは日常生活状況等との間に医学的知識を超えた不一致の点があり整合性を欠く場合には、再診断を求めるか、または療養の経過、日常生活状況等の調査等を行うなどし、具体的かつ客観的な情報を収集することとされています。また、原則として、本人の申立て等および記憶に基づく受診証明のみで認定が行われることはありません。

● 診断書以外に求められる添付書類は、疾患や障害の種類により異なります。

2 障害の程度の認定は、前掲の「障害の状態の基本」に加え、「障害等級認定基準」の各節により行われます。

また、複数の障害がある場合の認定は、「障害等級認定基準」のほか、「**併合等認定基準**」により行われます。

● 巻末資料を参照（372ページ）

ただし、第10節から第18節までの内科的疾患の併存している場合および各節の認定要領で特に定められている場合は、総合的に認定することとされています。

3 「**傷病が治らないもの**」で、障害の程度の認定時期以後概ね1年以内に、障害の状態の変動が明らかに予測されるときは、その予測される状態を勘案して認定が行われます。

●症状が固定していない場合

4 「障害等級認定基準」および「**併合等認定基準**」に明示されていない障害や程度については、その障害によって生じる障害の程度を医学的検査結果等に基づき判断し、最も近似している認定基準を準用して認定が行われます。

●巻末資料を参照(372ページ)

5 **「傷病が治らないもの」であって、3級の14号と認定されたもの**については、経過観察が行われ、症状が固定に達した場合、**3級の14号に該当しないものとされます**。

●障害手当金相当の障害の状態にあり、症状が固定していないため3級の年金と認定された場合をいいます。

●この場合、年金は支給停止となります。

Section 3

障害認定に当たっての基準
～第1節／眼の障害

【適用となる疾患例】

白内障、緑内障、ぶどう膜炎、眼球萎縮、視神経萎縮、角膜混濁、網膜脈絡膜萎縮症、網膜色素変性症、糖尿病性網膜症、網膜剥離、眼瞼痙攣、外傷　など

【診断書の種類】

眼の障害用（様式第120号の1）

- 眼の障害の認定基準は、平成25年6月に改正され、現行のものとなっています。
- 疾患例はごく一部で、認定基準に該当する障害が起こる疾患はすべて対象となります。他の障害の部分も同様です。

認定基準（引用）

<table>
<tr><th colspan="2">令 別 表</th><th>障害の程度</th><th>障 害 の 状 態</th></tr>
<tr><td colspan="2" rowspan="3">国年令別表</td><td>1 級</td><td>両眼の視力の和が 0.04 以下のもの</td></tr>
<tr><td rowspan="2">2 級</td><td>両眼の視力の和が 0.05 以上 0.08 以下のもの</td></tr>
<tr><td>身体の機能の障害が前各号と同程度以上と認められる状態であって、日常生活が著しい制限を受けるか、又は日常生活に著しい制限を加えることを必要とする程度のもの</td></tr>
<tr><td rowspan="7">厚年令</td><td>別表第1</td><td>3 級</td><td>両眼の視力が 0.1 以下に減じたもの</td></tr>
<tr><td rowspan="6">別表第2</td><td rowspan="6">障害手当金</td><td>両眼の視力が 0.6 以下に減じたもの</td></tr>
<tr><td>一眼の視力が 0.1 以下に減じたもの</td></tr>
<tr><td>両眼のまぶたに著しい欠損を残すもの</td></tr>
<tr><td>両眼による視野が２分の１以上欠損したもの又は両眼の視野が 10 度以内のもの</td></tr>
<tr><td>両眼の調節機能及び輻輳機能に著しい障害を残すもの</td></tr>
<tr><td>身体の機能に、労働が制限を受けるか、又は労働に制限を加えることを必要とする程度の障害を残すもの</td></tr>
</table>

認定要領

障害の区分

■ 眼の障害は、「視力障害」「視野障害」「その他の障害」に区分されています。

視力障害の認定要領

1 「両眼の視力」とは、それぞれの視力を別々に測定した数値であり、「両眼の視力の和」とは、左右それぞれの視力の測定値を合算した値です。

2 視力の測定は、万国式試視力表またはそれと同一原理によって作成された試視力表により行われます。また、試視力表の標準照度は200ルクスとされています。

3 屈折異常のあるものについては、矯正視力により認定されます。

「矯正視力」とは、眼科的に最も適正な常用し得る矯正眼鏡またはコンタクトレンズによって得られた視力をいいます。なお、眼内レンズを挿入したものについては、挿入後の矯正視力により認定されます。

4 屈折異常のあるものであっても、次のいずれかに該当する場合は、裸眼視力による認定となります。

①矯正が不能のもの
②矯正により**不等像視**を生じ、両眼視が困難となることが医学的に認められるもの
③矯正に耐えられないもの

●同じ物を見ても、左右で大きさが異なると感じる状態

5 視力が0.01に満たないもののうち、**明暗弁または手動弁のものは「視力0」として計算し、指数弁のものは「0.01」として計算されます**。

●明暗弁：
光を感じる場合
手動弁：
眼前に提示した手の動きがわかる場合
指数弁：
眼前で提示した指の数がわかる場合

視野障害の認定要領

1 視野の測定は、ゴールドマン視野計および自動視野計またはこれらに準ずるものによります。

2 ゴールドマン視野計による場合、中心視野にはⅠ／2の視標、周辺視野にはⅠ／4の視標を用います。

3 視野障害で2級に該当するのは、求心性視野狭窄または輪状暗点があり、次のいずれかに該当する場合です。

①Ⅰ／2の視標で両眼の視野がそれぞれ5度以内におさまるもの
②両眼の視野がそれぞれⅠ／4の視標で中心10度

以内におさまるもので、かつ、Ⅰ／2の視標で中心10度以内の8方向の残存視野の角度の合計が56度以下のもの（左右別々に8方向の視野の角度を求め、いずれか大きいほうの合計が56度以下のもの）

なお、ゴールドマン視野計のⅠ／4の視標での測定が不能な場合は、**求心性視野狭窄**の症状を有していれば、同等のものとして認定されます。

- 網膜色素変性症や緑内障などにより、視野の周辺部分から欠損が始まり、見えない部分が中心部に向かって進行するもの（認定要領の注書きより）

4 視野障害で**障害手当金**に該当する「両眼による視野が2分の1以上欠損したもの又は両眼の視野が10度以内のもの」とは、次の場合をいいます。

- 症状が固定していない場合は3級

①「両眼の視野が10度以内のもの」とは、求心性視野狭窄または輪状暗点があり、両眼の視野がそれぞれⅠ／4の視標で中心の残存視野が10度以内におさまるもののうち、Ⅰ／2の視標で中心10度以内の8方向の残存視野の角度の合計が57度以上のもの（左右別々に8方向の視野の角度を求め、いずれか大きいほうの合計が57度以上のもの）

②「両眼による視野が2分の1以上欠損したもの」とは、片眼ずつ測定し、それぞれの視野表を重ね合わせることで、測定した視野の面積が生理的限界の面積の2分の1以上欠損しているもの

②の場合、両眼の高度の**不規則性視野狭窄または半盲性視野欠損**等は該当しますが、それぞれの視野が2分の1以上欠損していても両眼での視野が2分の1以上の欠損とならない**交叉性半盲**等では該当しない場合もあります。また、中心暗点のみの場合は、原則、視野障害として認定は行われませんが、状態

- 不規則性視野狭窄：網膜剥離、緑内障等により、視野が不規則に狭くなるもの

  半盲性視野欠損：脳梗塞等による同名半盲で両眼の視野の左右のいずれか半分が欠損するもの

  （認定要領の注書きより）

- 下垂体腫瘍等による異名半盲で両眼の鼻側または耳側半分の視野が欠損するもの（認定要領の注書きより）

を考慮し認定することとされています。

その他の障害の認定要領

●視力障害・視野障害以外の「その他の障害」は、すべて障害手当金相当（症状が固定していない場合は3級）とされています。

1 「まぶたに著しい欠損を残すもの」とは、普通にまぶたを閉じた場合に角膜を完全に覆い得ない程度のものをいいます。

2 「調節機能及び輻輳機能に著しい障害を残すもの」とは、眼の調節機能および輻輳機能の障害のため、複視や眼精疲労による頭痛等が生じ、読書等が続けられない程度のものをいいます。

3 障害手当金に該当する「身体の機能に、労働が制限を受けるか、又は労働に制限を加えることを必要とする程度の障害を残すもの」とは、次のいずれかに該当する程度のものをいいます。

●症状が固定していない場合は3級

① 「まぶたの運動障害」のうち、眼瞼痙攣等で常時両眼のまぶたに著しい運動障害を残すことで、作業等が続けられない程度のもの

② 「眼球の運動障害」のうち、麻痺性斜視で複視が強固のため、片目に眼帯をしないと生活ができず、労働が制限される程度のもの

③ 「瞳孔の障害」のうち、散瞳している状態で、瞳孔の対光反射の著しい障害により、羞明（まぶしさ）を訴え、労働に支障をきたす程度のもの

障害が併存している場合

■ 視力障害、視野障害、まぶたの欠損障害、調節機能障害、輻輳機能障害、まぶたの運動障害、眼球の運動障害または瞳孔の障害が併存する場合は、**併合認定**の取扱いとなります。

● 併合等認定基準（巻末資料を参照（372ページ））

ポイント解説

視力障害・視野障害ともに、障害者手帳の等級と異なりますので、相談を受ける際には注意が必要です。

●巻末資料を参照(310ページ)

①視力障害

▶ 両眼の視力の和が 0.02 以上 0.04 以下の場合、障害者手帳の等級は２級ですが、障害年金では１級になります。

▶ 両眼の視力の和が 0.05 以上 0.08 以下の場合、障害者手帳の等級は３級ですが、障害年金では２級になります。

▶ 障害者手帳の４級～６級に該当する場合、数値により障害年金の３級か障害手当金になります。

②視野障害

▶ 障害者手帳の等級で２級か３級に該当する場合、障害年金では２級となります。

▶ 障害者手帳の等級で４級か５級に該当する場合、障害年金では障害手当金相当です。

Section 4
障害認定に当たっての基準 ～第２節／聴覚の障害

【適用となる疾患例】

感音性難聴、突発性難聴、混合性難聴、耳硬化症、聴神経腫瘍、髄膜炎、頭部外傷または音響外傷による内耳障害　など

【診断書の種類】

聴覚・鼻腔機能・平衡機能・そしゃく・嚥下機能・音声又は言語機能の障害用（様式第 120 号の2）

- 疾患例はごく一部で、認定基準に該当する障害が起こる疾患はすべて対象となります。他の障害の部分も同様です。

認定基準（引用）

<table>
<tr><th colspan="2">令 別 表</th><th>障害の程度</th><th>障 害 の 状 態</th></tr>
<tr><td colspan="2" rowspan="3">国年令別表</td><td>1　級</td><td>両耳の聴力レベルが100デシベル以上のもの</td></tr>
<tr><td rowspan="2">2　級</td><td>両耳の聴力レベルが90デシベル以上のもの</td></tr>
<tr><td>身体の機能の障害が前各号と同程度以上と認められる状態であって、日常生活が著しい制限を受けるか、又は日常生活に著しい制限を加えることを必要とする程度のもの</td></tr>
<tr><td rowspan="2">厚年令</td><td>別表第1</td><td>3　級</td><td>両耳の聴力が、40センチメートル以上では通常の話声を解することができない程度に減じたもの</td></tr>
<tr><td>別表第2</td><td>障害手当金</td><td>一耳の聴力が、耳殻に接しなければ大声による話を解することができない程度に減じたもの</td></tr>
</table>

認定要領

障害の程度の認定

■　聴力の障害による障害の程度は、純音による聴力レベル値（純音聴力レベル値）および語音による聴力検査値（語音明瞭度）により認定されます。

障害等級

■　各等級に該当する障害の状態をまとめると、次表のとおりです。

1級	2級	3級	障害手当金
両耳の平均純音聴力レベル値が100デシベル以上	両耳の平均純音聴力レベル値が90デシベル以上	両耳の平均純音聴力レベル値が70デシベル以上	一耳の聴力レベル値が80デシベル以上
	両耳の平均純音聴力レベル値が80デシベル以上で、かつ、最良語音明瞭度が30%以下	両耳の平均純音聴力レベル値が50デシベル以上で、かつ、最良語音明瞭度が50%以下	

※２級と３級は、上記のいずれかに該当する場合

●症状が固定していない場合は3級

聴力レベルの測定

1 聴力レベルは、**オージオメータ**によって測定するものとされています。

● JIS規格またはこれに準ずる標準オージオメータ（認定要領より）

2 聴力の障害により障害年金を受給していない場合で、1級に該当するときは、オージオメータによる検査結果のほか、聴性脳幹反応検査（ABR）などの**他覚的聴力検査**またはそれに相当する検査結果を添付する必要があります。

● 遅延促音検査、ロンバールテスト、ステンゲルテストなど

3 聴力レベル値は、話声域である周波数500、1000、2000ヘルツにおける純音の各デシベル値をa、b、cとして、算式に当てはめて算出します。

$$平均純音聴力レベル値 = \frac{a + 2b + c}{4}$$

a：周波数 500 ヘルツの音に対する純音聴力レベル値
b：周波数 1000 ヘルツの音に対する純音聴力レベル値
c：周波数 2000 ヘルツの音に対する純音聴力レベル値

なお、この算式により得た値が境界値に近い場合は、周波数4000ヘルツにおける純音のデシベル値をdとして、次式により算出した値を参考とします。

$$平均純音聴力レベル値 = \frac{a + 2b + 2c + d}{6}$$

d：周波数 4000 ヘルツの音に対する純音聴力レベル値

最良語音明瞭度の算出

■ 次式により算出した結果、**語音明瞭度**の最も高い値が最良語音明瞭度（語音弁別能）とされます。

$$語音明瞭度 = \frac{正答語音数}{検査語数} \times 100\ (\%)$$

語音明瞭度の検査は、次の要領によることとされています。

- ■録音器またはマイク付きオージオメータにより、通常の会話の強さで発声し、オージオメータの音量を適当に強めたり、弱めたりして最も適した状態で検査を行う。
- ■検査語は、語音弁別能力測定用語音集により、2秒から3秒に1語の割合で発声し、検査する。
- ■語音聴力表は、「57s式語表」または「67s式語表」とする。

（認定要領より）

障害が併存している場合

■ 聴力の障害（特に内耳の傷病による障害）と平衡機能障害が併存している場合は、**併合認定**の取扱いとなります。

併合等認定基準（巻末資料を参照（372ページ））

ポイント解説

① 聴力による障害は、人工内耳や補聴器を使用しない状態で測定された検査値により認定されます。

② １級から３級の「両耳の聴力」とされている部分は、左右それぞれの聴力が、いずれも認定基準に掲げられた数値に該当することが必要です。たとえば１級の基準は「両耳の聴力レベルが 100 デシベル以上のもの」とされていますが、この場合、左右どちらも 100 デシベル以上に該当する場合に１級となります。**左右の平均ではありません**ので注意してください。

● たとえば片側が105デシベル、片側が95デシベルの場合には、2級となります。

③ 障害者手帳との比較では、障害者手帳の２級と障害年金の１級、障害者手帳の３級と障害年金の２級が、それぞれ同じ基準となっています。

④ 先天性の聴覚障害により音声言語の表出ができない場合、中途聴覚障害により発音に障害が生じている場合も**併合認定**の対象になりますので、聴覚障害のみで１級に該当する場合を除き、音声・言語障害の状態についても診断書に記入してもらうことが重要です。

● 併合等認定基準(巻末資料を参照(372ページ))

Section 5

障害認定に当たっての基準 ～第3節／鼻腔機能の障害

【適用となる疾患例】
外傷による欠損　など

【診断書の種類】
聴覚・鼻腔機能・平衡機能・そしゃく・嚥下機能・音声又は言語機能の障害用（様式第120号の2）

● 疾患例はごく一部で、認定基準に該当する障害が起こる疾患はすべて対象となります。他の障害の部分も同様です。

認定基準（引用）

令 別 表	障害の程度	障 害 の 状 態
厚年令 別表第２	障害手当金	鼻を欠損し、その機能に著しい障害を残すもの

認定要領

1 障害手当金（症状が固定していない場合は３級）に該当する「鼻を欠損し、その機能に著しい障害を残すもの」とは、鼻軟骨部の全部または大部分を欠損し、かつ、鼻呼吸障害のあるものをいいます。

2 嗅覚脱失は、認定の対象になりません。

ポイント解説

「鼻を欠損し、その機能に著しい障害を残すもの」という文言は、**労災や、交通事故の後遺障害等級表**と同じですが、障害年金の場合、嗅覚脱失は認定の対象とならない点が、両者と異なります。

労災や後遺障害等級の認定基準では、「機能に著しい障害を残すもの」について、鼻呼吸困難または嗅覚脱失と定義しています。

Section 6

障害認定に当たっての基準 ～第４節／平衡機能の障害

【適用となる疾患例】

メニエール病、脊髄小脳変性症、脳幹または小脳の脳血管障害（脳梗塞、脳出血など）、脳腫瘍、多発性硬化症　など

【診断書の種類】

□ 聴覚・鼻腔機能・平衡機能・そしゃく・嚥下機能・音声又は言語機能の障害用（様式第 120 号の2）
□ 肢体の障害用（様式第 120 号の3）

● 疾患例はごく一部で、認定基準に該当する障害が起こる疾患はすべて対象となります。他の障害の部分も同様です。

認定基準（引用）

<table>
<tr><th colspan="2">令　別　表</th><th>障害の程度</th><th>障　害　の　状　態</th></tr>
<tr><td colspan="2">国年令別表</td><td>２　級</td><td>平衡機能に著しい障害を有するもの</td></tr>
<tr><td rowspan="2">厚
年
令</td><td>別表第１</td><td>３　級</td><td>神経系統に、労働が著しい制限を受けるか、又は労働に著しい制限を加えることを必要とする程度の障害を残すもの</td></tr>
<tr><td>別表第２</td><td>障害手当金</td><td>神経系統に、労働が制限を受けるか、又は労働に制限を加えることを必要とする程度の障害を残すもの</td></tr>
</table>

認定要領

平衡機能の障害の範囲

■ 平衡機能の障害には、原因が内耳性のものだけでなく、脳性のものも含まれます。

障害等級

1 2級に該当する「平衡機能に著しい障害を残すもの」とは、四肢体幹に器質的異常がない場合に、閉眼での起立・立位保持が不能または開眼で直線を歩行中に10メートル以内に転倒あるいは著しくよろめいて歩行を中断せざるを得ない程度のものをいいます。

2 3級に該当する状態は、中等度の平衡機能障害のために、労働能力が明らかに半減しているものとされています。この「中等度の平衡機能障害」とは、閉眼での起立・立位保持が不安定で、開眼で直線を10メートル歩いたとき、多少転倒しそうになったりよろめいたりするがどうにか歩き通す程度のものをいいます。

●症状が固定していない場合は3級

3 **障害手当金**に該当する状態は、めまいの自覚症状が強く、他覚所見として眼振その他平衡機能検査の結果に明らかな異常所見が認められ、かつ、労働が制限を受けるかまたは労働に制限を加えることを必要とする程度のものをいいます。

ポイント解説

平衡機能障害は内耳性と脳性に大別されており、診断書でいえば、「聴覚・鼻腔機能・平衡機能・そしゃく・嚥下機能・音声又は言語機能の障害用」（様式120号の2）と「肢体の障害用」（様式120号の3）のどちらにも記載欄があります。いずれか**適切なほう**を選択のうえ、医師に作成を依頼します。

● 障害が平衡機能障害単独の場合や、聴覚や言語機能などと併発している場合は、通常、様式120号の2を使用し、肢体の障害と併発している場合は、様式120号の3を使用します。
起因部位が小脳や脳幹で、肢体と言語機能などと併発しているケースなど、両方の診断書を提出する場合もあります。

Section 7

障害認定に当たっての基準～第5節／そしゃく・嚥下機能の障害

【適用となる疾患例】

腫瘍や外傷の切除等による顎（顎関節を含む）・口腔・咽頭・喉頭の欠損等、重症筋無力症、筋ジストロフィー、筋萎縮性側索硬化症（ALS） など

【診断書の種類】

聴覚・鼻腔機能・平衡機能・そしゃく・嚥下機能・音声又は言語機能の障害用（様式第 120 号の2）

- 疾患例はごく一部で、認定基準に該当する障害が起こる疾患はすべて対象となります。他の障害の部分も同様です。

認定基準（引用）

令　別　表		障害の程度	障　害　の　状　態
国年令別表		２　級	そしゃくの機能を欠くもの
厚年令	別表第１	３　級	そしゃくの機能に相当程度の障害を残すもの
	別表第２	障害手当金	そしゃくの機能に障害を残すもの

認定要領

そしゃく・嚥下機能の障害の範囲

■ そしゃく・嚥下機能の障害は、歯、顎（顎関節も含む）、口腔（舌、口唇、硬口蓋、頬、そしゃく筋等）、咽頭、喉頭、食道等の器質的・機能的障害（外傷や手術による変形、障害も含む）により食物の摂取が困難なもの、あるいは誤嚥の危険が大きいものとされています。

障害等級

1 障害の程度は、摂取できる食物の内容、摂取方法により次のとおり区分され、関与する器官・臓器の形態・機能、栄養状態等も十分考慮して総合的に認定することとされています。

2 ２級に該当する「そしゃく・嚥下の機能を欠くもの」とは、流動食以外は摂取できないもの、経口的に食物を摂取することができないもの、および経口的に食物を摂取することが極めて困難なもの（食餌が口からこぼれ出るため常に手・器物等でそれを防がなければならない状態、または、１日の大半を食事に費やさなければならない程度のもの）をいいます。

3 ３級に該当する「そしゃく・嚥下の機能に相当程度の障害を残すもの」とは、経口摂取のみでは十分な栄養摂取ができないために**ゾンデ栄養**の併用が必要なもの、または、全粥か軟菜以外は摂取できない程度のものをいいます。

経管栄養。主として鼻腔からカテーテルを胃内に挿入し、留置したままで栄養物を注入します。

4 **障害手当金**に該当する「そしゃく・嚥下の機能に障害を残すもの」とは、ある程度の常食は摂取できるが、そしゃく・嚥下が十分できないため、食事が制限される程度のものをいいます。

症状が固定していない場合は3級

認定上の留意点

1 歯の障害による場合は、補綴等の治療を行った結果により認定されます。

2 食道の狭窄、舌・口腔・咽頭の異常等により生じる嚥下の障害については、そしゃく機能の障害に準じ、摂取できる食物の内容により認定されます。

障害が併存している場合

■ **そしゃく機能の障害と嚥下機能の障害は、併合認定しない**こととされています。

そしゃく機能と嚥下機能の両方に障害がある場合は、摂取できる食物の内容等から総合的に認定されます。なお、併合認定については、併合等認定基準（巻末資料（372ページ））を参照。

ポイント解説

そしゃく・嚥下機能の障害と、音声又は言語機能の障害が併存する場合は、併合認定の取扱いとなります。

Section 8

障害認定に当たっての基準 ～第6節／音声又は言語機能の障害

【適用となる疾患例】

咽頭がん、喉頭がん、重症筋無力症、筋萎縮性側索硬化症（ALS）、脳血管障害（脳梗塞、脳出血など）、脳腫瘍、頭部外傷、聴覚障害　など

【診断書の種類】

聴覚・鼻腔機能・平衡機能・そしゃく・嚥下機能・音声又は言語機能の障害用（様式第 120 号の2）

- 音声又は言語機能の障害の認定基準は、平成 27 年６月に大きく改正され、主に失語症の「聞いて理解することの障害」の明示と、表現の明確化が行われました。診断書も、それまで表面の一部だけで認定されていたものが、裏面全体を用いる様式に変更されています。
- 疾患例はごく一部で、認定基準に該当する障害が起こる疾患はすべて対象となります。他の障害の部分も同様です。

認定基準（引用）

<table>
<tr><th colspan="2">令　別　表</th><th>障害の程度</th><th>障　害　の　状　態</th></tr>
<tr><td colspan="2">国年令別表</td><td>2　級</td><td>音声又は言語機能に著しい障害を有するもの</td></tr>
<tr><td rowspan="2">厚年令</td><td>別表第1</td><td>3　級</td><td>言語の機能に相当程度の障害を残すもの</td></tr>
<tr><td>別表第2</td><td>障害手当金</td><td>言語の機能に障害を残すもの</td></tr>
</table>

認定要領

音声又は言語機能の障害の区分

■「音声又は言語機能の障害」とは、発音に関わる機能または音声言語の理解と表出に関わる機能の障害をいい、次のとおり区分されています。

①構音障害または音声障害：

歯、顎、口腔（舌、口唇、口蓋等）、咽頭、喉頭、気管等の発声器官の形態異常や運動機能障害により、発音に関わる機能に障害が生じた状態

②失語症：

大脳の言語野の後天性損傷（脳血管障害、脳腫瘍、頭部外傷や脳炎など）により、いったん獲得された言語機能に障害が生じた状態

③聴覚障害による障害：

先天的な聴覚障害により音声言語の表出ができない状態や、中途の聴覚障害により発音に障害が生じた状態

障害等級

1　２級に該当する「音声又は言語機能に著しい障害を有するもの」とは、次のいずれかをいいます。

① 発音に関わる機能を喪失した状態

② 話すことや聞いて理解することのどちらかまたは両方がほとんどできないため、日常会話が誰とも成立しない状態

2 3級に該当する「言語の機能に相当程度の障害を残すもの」とは、話すことや聞いて理解することのどちらかまたは両方に多くの制限があるため、日常会話が、互いに内容を推論したり、たずねたり、見当をつけたりすることなどで部分的に成り立つ状態をいいます。

3 **障害手当金**に該当する「言語の機能に障害を残すもの」とは、話すことや聞いて理解することのどちらかまたは両方に一定の制限があるものの、日常会話が、互いに確認することなどで、ある程度成り立つ状態をいいます。

● 症状が固定していない場合は3級

構音障害・聴覚障害による障害等の評価

1 構音障害、音声障害または聴覚障害による障害については、発音不能な語音が評価の参考とされます。

2 発音不能な語音は、次の4種について確認するほか、語音発語明瞭度検査等が行われた場合は、その結果を確認することとされています。

①口唇音（ま行音、ぱ行音、ば行音等）
②歯音、歯茎音（さ行、た行、ら行等）
③歯茎硬口蓋音（しゃ、ちゃ、じゃ等）
④軟口蓋音（か行音、が行音等）

失語症の評価

1 失語症の障害の程度は、音声言語の表出および理解の程度について確認するほか、標準失語症検査等が行われた場合は、その結果を確認することとされています。

2 音声言語の障害の程度と比較して、文字言語（読み書き）の障害の程度が重い場合には、その症状も勘案し、総合的に認定が行われます。

喉頭全摘出手術の取扱い

1 手術の結果、発音に関わる機能を喪失した場合、２級と認定されます。

2 **障害の程度を認定する時期**は、喉頭全摘出手術を施した日（初診日から起算して１年６か月を超える場合を除く）です。

● 初診日から1年6か月経過後に喉頭全摘出手術が行われた場合は、原則どおり、1年6か月経過日が障害認定日です。

歯の障害の取扱い

■ 歯のみの障害による場合は、補綴等の治療を行った結果により認定されます。

障害が併存している場合

1 音声又は言語機能の障害（特に構音障害）と、そしゃく・嚥下機能の障害とは併存することが多く、この場合は**併合認定**の取扱いとなります。

● 併合等認定基準（巻末資料を参照(372ページ)）

2 音声又は言語機能の障害（特に失語症）と肢体の障害または精神の障害とは併存することが多く、この場合も併合認定となります。

ポイント解説

① 構音障害または音声障害は、気管カニューレなどの人工物の装着や、補助用具の使用をしない状態で認定されます。(＊)

② 聴覚障害による音声言語の障害がある場合、聴覚障害とは**併合認定**の取扱いとなります。

● 併合等認定基準(巻末資料に掲載(372ページ参照))

(＊) 人工物の装着や補助用具の使用について

① 気管カニューレや、類似のパイプなどを挿入しなければ発声できない場合は、2級と認定されることが、通知で定められています。

② 平成27年6月の障害認定基準改正時に、人工物を装着または補助用具を使用している場合の等級認定について検討された結果、次の4つの観点から検討し、すべてを満たすもののみ、装着または使用した状態で認定することとされました。

ア. 持続性(長時間安定して装着や使用が可能なもの)
イ. 障害の改善度合い（装着や使用により、障害の改善度合いが高いもの）
ウ. 使用時の負担度合い（装着や使用時の身体への負荷・負担が低く、利便性の高いもの）
エ. 普及度合い（一定程度普及が進み、装着や使用しやすいもの）

現時点で、音声又は言語機能の障害については、義歯を除き、これら４項目を満たすものはないであろうと考えられています。

Section 9

障害認定に当たっての基準
～第７節第１／肢体の障害（上肢の障害）

【適用となる疾患例】

上肢の切断、外傷性運動障害、脳腫瘍、頭部外傷後遺症、脊髄小脳変性症、脊髄損傷、パーキンソン病、多発性硬化症、筋萎縮性側索硬化症（ALS)、重症筋無力症、筋ジストロフィー、関節リウマチ　など

【診断書の種類】

肢体の障害用（様式第１２０号の３）

- 肢体の障害の認定基準は、平成24年９月に改正され、現行のものとなっています。
- 疾患例はごく一部で、認定基準に該当する障害が起こる疾患はすべて対象となります。他の障害の部分も同様です。
- 肢体の障害は、「上肢の障害」「下肢の障害」「体幹・脊柱の機能の障害」「肢体の機能の障害」の４つに区分され、それぞれ認定基準と認定要領が定められています。「上肢の障害」の認定要領は、「機能障害」「欠損障害」「変形障害」に区分されています。

認定基準（引用）

令　別　表	障害の程度	障　害　の　状　態
国年令別表	1　級	両上肢の機能に著しい障害を有するもの（以下「両上肢の用を全く廃したもの」という。）
		両上肢のすべての指を欠くもの（以下「両上肢のすべての指を基部から欠き、有効長が0のもの」という。）
		両上肢のすべての指の機能に著しい障害を有するもの（以下「両上肢のすべての指の用を全く廃したもの」という。）
	2　級	両上肢のおや指及びひとさし指又は中指を欠くもの（以下「両上肢のおや指及びひとさし指又は中指を基部から欠き、有効長が0のもの」という。）
		両上肢のおや指及びひとさし指又は中指の機能に著しい障害を有するもの（以下「両上肢のおや指及びひとさし指又は中指の用を全く廃したもの」という。）
		一上肢の機能に著しい障害を有するもの（以下「一上肢の用を全く廃したもの」という。）
		一上肢のすべての指を欠くもの（以下「一上肢のすべての指を基部から欠き、有効長が0のもの」という。）
		一上肢のすべての指の機能に著しい障害を有するもの（以下「一上肢のすべての指の用を全く廃したもの」という。）
		身体の機能の障害又は長期にわたる安静を必要とする病状が前各号と同程度以上と認められる状態であって、日常生活が著しい制限を受けるか、又は日常生活に著しい制限を加えることを必要とする程度のもの

令別表		障害の程度	障害の状態
厚年令	別表第1	3級	一上肢の3大関節のうち、2関節の用を廃したもの
			長管状骨に偽関節を残し、運動機能に著しい障害を残すもの
			一上肢のおや指及びひとさし指を失ったもの又はおや指若しくはひとさし指を併せ一上肢の3指以上を失ったもの（以下「一上肢のおや指及びひとさし指を近位指節間関節（おや指にあっては指節間関節）以上で欠くもの又はおや指若しくはひとさし指を併せ、一上肢の3指を近位指節間関節（おや指にあっては指節間関節）以上で欠くもの」という。）
			おや指及びひとさし指を併せ一上肢の4指の用を廃したもの
			身体の機能に、労働が著しい制限を受けるか、又は労働に著しい制限を加えることを必要とする程度の障害を残すもの
	別表第2	障害手当金	一上肢の3大関節のうち、1関節に著しい機能障害を残すもの
			長管状骨に著しい転位変形を残すもの
			一上肢の2指以上を失ったもの（以下「一上肢の2指以上を近位指節間関節（おや指にあっては指節間関節）以上で欠くもの」という。）
			一上肢のひとさし指を失ったもの（以下「一上肢のひとさし指を近位指節間関節以上で欠くもの」という。）
			一上肢の3指以上の用を廃したもの
			ひとさし指を併せ一上肢の2指の用を廃したもの
			一上肢のおや指の用を廃したもの
			身体の機能に、労働が制限を受けるか、又は労働に制限を加えることを必要とする程度の障害を残すもの

機能障害の認定要領

機能障害(上肢の関節等)による障害等級

上肢の関節等の機能障害により各等級に該当する障害の程度をまとめると、次表のとおりです。

	1級	2級	3級	障害手当金
両上肢	両上肢の機能に著しい障害を有するもの(両上肢の用を全く廃したもの)	両上肢の機能に相当程度の障害を残すもの	両上肢に機能障害を残すもの	
一上肢		一上肢の機能に著しい障害を有するもの(一上肢の用を全く廃したもの)	一上肢の機能に相当程度の障害を残すもの	一上肢に機能障害を残すもの
			一上肢の3大関節のうち、2関節の用を廃したもの	一上肢の3大関節のうち、1関節に著しい機能障害を残すもの
				前腕の他動可動域が健側の他動可動域の4分の1以下に制限されたもの

●関節の他動可動域と筋力等から認定されますが、弛緩性麻痺など他動可動域による評価が適切ではない障害については、主に日常生活動作の状態と筋力等により認定されます。

●日常生活動作の障害の程度が認定の中心となる場合、あるいは認定の参考とされる場合に、どのような状態がどの程度に該当するのか、認定要領では示されていませんが、第4「肢体の機能の障害」(118ページ参照)で示されている「身体機能の障害の程度と日常生活における動作の障害との関係」が目安になるものと考えられます。

ア.用を全く廃したもの:日常生活における動作のすべてが「一人で全くできない場合」またはこれに近い状態

イ.機能に相当程度の障害を残すもの:日常生活における動作の多くが「一人で全くできない場合」またはほとんどが「一人でできるが非常に不自由な場合」

ウ.機能障害を残すもの:日常生活における動作の一部が「一人で全くできない場合」またはほとんどが「一人でできてもやや不自由な場合」

●症状が固定していない場合は3級

1 １級に該当する障害の状態：

- 両上肢の機能に著しい障害を有するもの（＝両上肢の用を全く廃したもの）

☞両上肢の３大関節中それぞれ２関節以上の関節が、次のいずれかに該当する程度のもの
ア．不良肢位で強直しているもの
イ．関節の他動可動域が、「**肢体の障害関係の測定方法**」による参考可動域の２分の１以下に制限され、かつ、筋力が半減しているもの
ウ．筋力が著減または消失しているもの

● 巻末資料に掲載(330ページ参照)

2 ２級に該当する障害の状態：

- 一上肢の機能に著しい障害を有するもの（＝一上肢の用を全く廃したもの）

☞一上肢の３大関節中いずれか２関節以上の関節が、次のいずれかに該当する程度のもの
ア．不良肢位で強直しているもの
イ．関節の他動可動域が、健側の他動可動域の２分の１以下に制限され、かつ、筋力が半減しているもの
ウ．筋力が著減または消失しているもの

- 両上肢の機能に相当程度の障害を残すもの（たとえば、両上肢の３大関節中それぞれ１関節の他動可動域が、「**肢体の障害関係の測定方法**」による参考可動域の２分の１以下に制限され、かつ、筋力が半減しているもの）

● 巻末資料を参照(330ページ)

3 ３級に該当する障害の状態：

- 一上肢の３大関節のうち、２関節の用を廃したもの

☞一上肢の３大関節中いずれか２関節について、他動可動域が健側の他動可動域の２分の１以下に制限されたもの、またはこれと同程度の障害

を残すもの（たとえば、**常時**固定装具を必要とする程度の動揺関節）

● 起床より就寝まで

- 一上肢の機能に相当程度の障害を残すもの（たとえば、一上肢の３大関節中１関節が不良肢位で強直しているもの）
- 両上肢に機能障害を残すもの（たとえば、両上肢の３大関節中それぞれ１関節の筋力が半減しているもの）

4 **障害手当金**に該当する障害の状態：

● 症状が固定していない場合は3級

- 一上肢の３大関節のうち、１関節に著しい機能障害を残すもの

  ☞一上肢の３大関節中いずれか１関節について、他動可動域が健側の他動可動域の３分の２以下に制限されたもの、またはこれと同程度の障害を残すもの（たとえば、常時ではないが、固定装具を必要とする程度の動揺関節、習慣性脱臼）

- 一上肢に機能障害を残すもの（たとえば、一上肢の３大関節中１関節の筋力が半減しているもの）
- 前腕の他動可動域が健側の他動可動域の４分の１以下に制限されたもの

5 単独では障害等級に該当しないものの、**併合等認定基準**（併合判定参考表の12号）に該当するもの：

● 巻末資料に掲載（372ページ参照）

- 一上肢の３大関節のうち、１関節に機能障害を残すもの

  ☞一上肢の３大関節中いずれか１関節について、他動可動域が健側の他動可動域の５分の４以下に制限されたもの、またはこれと同程度の障害を残すもの（たとえば、固定装具を必要としない程度の動揺関節、習慣性脱臼）

6 共通事項：
両上肢に障害がある場合の認定にあたっては、一上肢のみに障害がある場合に比べ、日常生活における動作に制約が加わることから、その動作を考慮して総合的に認定することとされています。

機能障害（手指）による障害等級

手指の機能障害により各等級に該当する障害の程度をまとめると、次表のとおりです。

	1級	2級	3級	障害手当金
両上肢	両上肢のすべての指の機能に著しい障害を有するもの（「両上肢のすべての指の用を全く廃したもの」）	両上肢のおや指及びひとさし指又は中指の機能に著しい障害を残すもの（「両上肢のおや指及びひとさし指又は中指の用を全く廃したもの」）		
一上肢		一上肢のすべての指の機能に著しい障害を有するもの（「一上肢のすべての指の用を全く廃したもの」）	おや指及びひとさし指を併せ一上肢の4指の用を廃したもの	・一上肢の3指以上の用を廃したもの ・ひとさし指を併せ一上肢の2指の用を廃したもの ・一上肢のおや指の用を廃したもの

●症状が固定していない場合は3級

1 上肢の指の機能に著しい障害を有するもの（＝上肢の指の用を全く廃したもの）

☞指の著しい変形、麻痺による高度の脱力、関節の不良肢位強直、瘢痕による指の埋没または不良肢位拘縮等により、指があってもそれがないのとほとんど同程度の機能障害があるもの

2 両上肢のおや指及びひとさし指又は中指の機能に著しい障害を有するもの（＝両上肢のおや指及びひとさし指又は中指の用を全く廃したもの）

☞両上肢のおや指の用を全く廃した程度の障害があり、それに加えて、両上肢のひとさし指または中指の用を全く廃した程度の障害があり、そのため両手とも指間に物をはさむことはできても、一指を他指に対立させて物をつまむことができない程度の障害

3 指の用を廃したもの

☞次のいずれかに該当する状態をいいます。

ア．指の末節骨の長さの２分の１以上を欠くもの

イ．中手指節関節（MP）または近位指節間関節（PIP）（おや指の場合は指節間関節（IP））に著しい運動障害（他動可動域が健側の他動可動域の２分の１以下に制限されたもの）を残すもの

● 手指の関節については、ポイント解説を参照（95ページ）

人工骨頭または人工関節を挿入置換した場合の取扱い

1 一上肢の３大関節中１関節以上に人工骨頭または人工関節を挿入置換したものや、両上肢の３大関節

中１関節以上にそれぞれ人工骨頭または人工関節を挿入置換したものは３級と認定されます。

ただし、挿入置換してもなお、一上肢については「一上肢の用を全く廃したもの」程度以上に該当するとき、両上肢については「両上肢の機能に相当程度の障害を残すもの」程度以上に該当するときは、さらに上位等級となります。

2 **障害の程度を認定する時期**は、人工骨頭または人工関節を挿入置換した日（初診日から起算して１年６か月を超える場合を除く）です。

● 挿入置換した日が、初診日から1年6か月経過日後である場合は、原則どおり、1年6か月経過日が障害認定日です。

日常生活における動作

■ 上肢に関する日常生活上の動作は、概ね次のとおりです。

● 日常生活動作の評価の留意点については、第4「肢体の機能の障害」を参照（118ページ）

①さじで食事をする
②顔を洗う（顔に手のひらをつける）
③用便の処置をする（ズボンの前のところに手をやる）
④用便の処置をする（尻のところに手をやる）
⑤上衣の着脱（かぶりシャツを着て脱ぐ）
⑥上衣の着脱（ワイシャツを着てボタンをとめる）

欠損障害の認定要領

上肢の欠損障害により各等級に該当する障害の程度をまとめると、次表のとおりです。

	1級	2級	3級	障害手当金
両上肢	両上肢のすべての指を欠くもの	両上肢のおや指及びひとさし指又は中指を欠くもの		
一上肢		一上肢のすべての指を欠くもの	一上肢のおや指及びひとさし指を失ったもの又はおや指若しくはひとさし指を併せ一上肢の3指以上を失ったもの	・一上肢の2指以上を失ったもの ・一上肢のひとさし指を失ったもの

● 症状が固定していない場合は3級

1 「指を欠くもの」および「失ったもの」とは、それぞれ次の状態をいいます。

上肢の指を欠くもの

☞基節骨の基部から欠き、その有効長が0のもの

指を失ったもの

☞おや指については指節間関節（IP）、その他の指については近位指節間関節（PIP）以上で欠くもの

● 手指の関節については、ポイント解説を参照（95ページ）

2 **障害の程度を認定する時期**は、原則として、切断または離断をした日（初診日から起算して１年６か月を超える場合を除く）です。

ただし、障害手当金の対象となる症状固定日は、創面が治癒した日となります。

● 切断または離断をした日が、初診日から1年6か月経過日後である場合は、原則どおり、1年6か月経過日が障害認定日です。

変形障害の認定要領

1 ３級に該当する「**長管状骨**に**偽関節**を残し、運動機能に著しい障害を残すもの」とは、次のいずれかに該当するものをいいます。

① 上腕骨に偽関節を残し、運動機能に著しい障害を残すもの

② **橈骨および尺骨**の両方に偽関節を残し、運動機能に著しい障害を残すもの

- 上腕骨、大腿骨など四肢の棒状の長い骨。骨端部、骨幹端部、骨幹部に分かれています。
- 認定の対象となる偽関節は、骨幹部または骨幹端部に限られます。
- ポイント解説を参照（95ページ）

2 運動機能に著しい障害はないが、上腕骨、橈骨または尺骨に偽関節を残すもの（「一上肢に偽関節を残すもの」という）は、障害手当金（症状が固定していない場合は３級）に相当するものとされています。

3 **障害手当金**に該当する「長管状骨に著しい**転位変形**を残すもの」とは、次のいずれかに該当するものをいいます。

① 上腕骨に変形を残すもの

② 橈骨または尺骨に変形を残すもの

- 症状が固定していない場合は3級
- 「変形とは外部から観察できる程度（15度以上わん曲して不正ゆ合したもの）以上のものをいい、長管状骨の骨折部が良方向に短縮なくゆ着している場合は、たとえその部位に肥厚が生じたとしても、長管状骨の変形としては取り扱わない」とされています。（認定要領より）

関節可動域の測定方法、関節の運動および関節可動域等の評価

1 関節の運動に関する評価については、各関節の主要な運動が重視され、他の運動については参考とされます。

各関節の主要な運動は次のとおりです。

部位	主要な運動
肩関節	屈曲 ・ 外転
肘関節	屈曲 ・ 伸展
手関節	背屈 ・ 掌屈
前　腕	回内 ・ 回外
手　指	屈曲 ・ 伸展

2 関節可動域の評価は、原則として、健側の関節可動域と比較して患側の障害の程度が評価されます。

ただし、両側に障害を有する場合は、「**肢体の障害関係の測定方法**」による参考可動域が参考とされます。

巻末資料に掲載(330ページ参照)

3 各関節の評価は、単に関節可動域のみでなく、次の諸点を考慮したうえで評価されます。

①筋力
②巧緻性

③速さ
④耐久性

なお、他動可動域による評価が適切でないもの(たとえば、末梢神経損傷を原因として関節を可動させる筋が弛緩性の麻痺となっているもの)については、上記諸点を考慮し、日常生活における動作の状態から上肢の障害を総合的に認定することとされています。

ポイント解説

① 肢体の障害については、まず障害の部位、原因傷病やそれに伴う障害の態様などから、障害認定基準の該当箇所を特定し、当てはめて考える必要があります。たとえば、関節可動域と日常生活動作のどちらが認定の中心になるのかにより、相談の際に聞き取る内容も変わってきます。

② **日常生活動作の状態**は、杖や補助具などを使用しない状態での評価となります。また、一瞬「できる」としても、持続できない場合(実用性がない場合)は、「できる」とはいえませんので、注意が必要です。

『診断書を作成される医師のための障害年金と診断書』(社会保険研究所)には、次のように記載されています。

■瞬間的に可能でも実用性に乏しければ△×か×の評価
■両手で行う動作も片手で行う場合は、△×の評価

△×…1人でできるが非常に不自由な場合
×　…1人で全くできない場合

(「両手で行う動作も片手で行う場合」とは、たとえばひもを結ぶ、ボタンをとめるといった両手で行う動作について、片手が不自由なため、健側のみで行う場合を指します)

【手・手指の関節図】

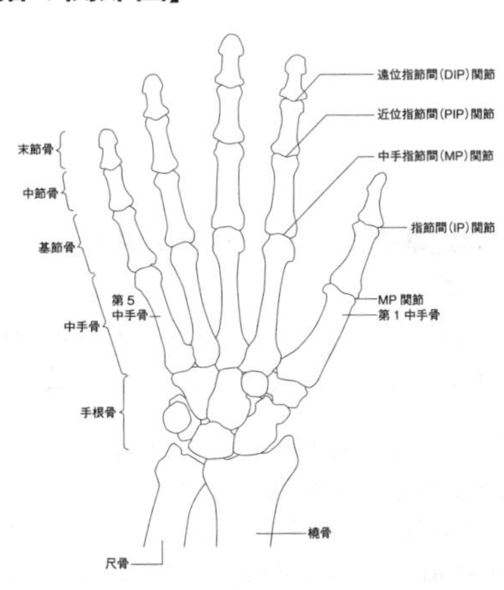

Section 10

障害認定に当たっての基準 ～第７節第２／肢体の障害（下肢の障害）

【適用となる疾患例】

下肢の切断、外傷性運動障害、脳腫瘍、頭部外傷後遺症、脊髄小脳変性症、脊髄損傷、パーキンソン病、多発性硬化症、筋萎縮性側索硬化症（ALS)、重症筋無力症、筋ジストロフィー、関節リウマチ、変形性股関節症　など

【診断書の種類】

肢体の障害用（様式第 120 号の3）

- 肢体の障害の認定基準は、平成 24 年９月に改正され、現行のものとなっています。
- 疾患例はごく一部で、認定基準に該当する障害が起こる疾患はすべて対象となります。他の障害の部分も同様です。
- 肢体の障害は、「上肢の障害」「下肢の障害」「体幹・脊柱の機能の障害」「肢体の機能の障害」の４つに区分され、それぞれ認定基準と認定要領が定められています。「下肢の障害」の認定要領は、「機能障害」「欠損障害」「変形障害」「短縮障害」に区分されています。

認定基準（引用）

<table>
<tr><th colspan="2">令　別　表</th><th>障害の程度</th><th>障　害　の　状　態</th></tr>
<tr><td colspan="2" rowspan="7">国年令別表</td><td rowspan="2">1　級</td><td>両下肢の機能に著しい障害を有するもの（以下「両下肢の用を全く廃したもの」という。）</td></tr>
<tr><td>両下肢を足関節以上で欠くもの</td></tr>
<tr><td rowspan="5">2　級</td><td>両下肢のすべての指を欠くもの（以下「両下肢の10趾を中足趾節関節以上で欠くもの」という。）</td></tr>
<tr><td>一下肢の機能に著しい障害を有するもの（以下「一下肢の用を全く廃したもの」という。）</td></tr>
<tr><td>一下肢を足関節以上で欠くもの</td></tr>
<tr><td>身体の機能の障害又は長期にわたる安静を必要とする病状が前各号と同程度以上と認められる状態であって、日常生活が著しい制限を受けるか、又は日常生活に著しい制限を加えることを必要とする程度のもの</td></tr>
<tr><td rowspan="11">厚年令</td><td rowspan="5">別表第1</td><td rowspan="5">3　級</td><td>一下肢の3大関節のうち、2関節の用を廃したもの</td></tr>
<tr><td>長管状骨に偽関節を残し、運動機能に著しい障害を残すもの</td></tr>
<tr><td>一下肢をリスフラン関節以上で失ったもの</td></tr>
<tr><td>両下肢の10趾の用を廃したもの</td></tr>
<tr><td>身体の機能に、労働が著しい制限を受けるか、又は労働に著しい制限を加えることを必要とする程度の障害を残すもの</td></tr>
<tr><td rowspan="6">別表第2</td><td rowspan="6">障害手当金</td><td>一下肢の3大関節のうち、1関節に著しい機能障害を残すもの</td></tr>
<tr><td>一下肢を3センチメートル以上短縮したもの</td></tr>
<tr><td>長管状骨に著しい転位変形を残すもの</td></tr>
<tr><td>一下肢の第1趾又は他の4趾以上を失ったもの（以下「一下肢の第1趾又は他の4趾を中足趾節関節以上で欠くもの」という。）</td></tr>
<tr><td>一下肢の5趾の用を廃したもの</td></tr>
<tr><td>身体の機能に、労働が制限を受けるか、又は労働に制限を加えることを必要とする程度の障害を残すもの</td></tr>
</table>

機能障害の認定要領

機能障害による障害等級

下肢の機能障害により各等級に該当する障害の程度をまとめると、次表のとおりです。

	1級	2級	3級	障害手当金
両下肢	両下肢の機能に著しい障害を有するもの（両下肢の用を全く廃したもの）	両下肢の機能に相当程度の障害を残すもの	両下肢に機能障害を残すもの	
一下肢		一下肢の機能に著しい障害を有するもの（一下肢の用を全く廃したもの）	一下肢の機能に相当程度の障害を残すもの	一下肢に機能障害を残すもの
			一下肢の3大関節のうち、2関節の用を廃したもの	一下肢の3大関節のうち、1関節に著しい機能障害を残すもの
足趾			両下肢の10趾の用を廃したもの	一下肢の5趾の用を廃したもの

●上肢と同様、関節の他動可動域と筋力等から認定されますが、弛緩性麻痺など他動可動域による評価が適切ではない障害については、主に日常生活動作の状態と筋力等により認定されます。

●症状が固定していない場合は3級

1 １級に該当する障害の状態：

- 両下肢の機能に著しい障害を有するもの（＝両下肢の用を全く廃したもの）

☞両下肢の３大関節中それぞれ２関節以上の関節が、次のいずれかに該当する程度のもの
ア．不良肢位で強直しているもの
イ．関節の他動可動域が、「**肢体の障害関係の測定方法**」による参考可動域の２分の１以下に制限され、かつ、筋力が半減しているもの
ウ．筋力が著減または消失しているもの
ただし、両下肢それぞれの膝関節のみが100度屈曲位の強直である場合のように、両下肢の３大関節中それぞれ１関節の用を全く廃するにすぎない場合であっても、その両下肢を歩行時に使用することができない場合には、「両下肢の用を全く廃したもの」と認定されます。

巻末資料を参照（330ページ）

2 ２級に該当する障害の状態：

- 一下肢の機能に著しい障害を有するもの（＝一下肢の用を全く廃したもの）

☞一下肢の３大関節中いずれか２関節以上の関節が、次のいずれかに該当する程度のもの
ア．不良肢位で強直しているもの
イ．関節の他動可動域が、健側の他動可動域の２分の１以下に制限され、かつ、筋力が半減しているもの
ウ．筋力が著減または消失しているもの
ただし、膝関節のみが100度屈曲位の強直である場合のように、１関節の用を全く廃するにすぎない場合であっても、その下肢を歩行時に使用することができない場合には、「一下肢の用を全く廃したもの」と認定されます。

- 両下肢の機能に相当程度の障害を残すもの（たとえば、両下肢の３大関節中それぞれ１関節の他動

可動域が、「**肢体の障害関係の測定方法**」による参考可動域の２分の１以下に制限され、かつ、筋力が半減しているもの）

● 巻末資料を参照（330ページ）

3 ３級に該当する障害の状態：

- 一下肢の３大関節のうち、２関節の用を廃したもの

  ☞一下肢の３大関節中いずれか２関節について、他動可動域が健側の他動可動域の２分の１以下に制限されたもの、またはこれと同程度の障害を残すもの（たとえば、**常時**固定装具を必要とする程度の動揺関節）

● 起床より就寝まで

- 一下肢の機能に相当程度の障害を残すもの（たとえば、一下肢の３大関節中１関節が不良肢位で強直しているもの）
- 両下肢に機能障害を残すもの（たとえば、両下肢の３大関節中それぞれ１関節の筋力が半減しているもの）
- 両下肢の 10 趾の用を廃したもの

  ☞「**足趾**の用を廃したもの」とは、次のいずれかに該当するものをいいます。

  ア．第１趾は、末節骨の２分の１以上、その他の４趾は遠位趾節間関節（DIP）以上で欠くもの

  イ．中足趾節関節（MP）または近位趾節間関節（PIP）（第１趾の場合は趾節間関節（IP））に著しい運動障害（他動可動域が健側の他動可動域の２分の１以下に制限されたもの）を残すもの

● 足趾の関節については、ポイント解説を参照（109ページ）

4 **障害手当金**に該当する障害の状態：

● 症状が固定していない場合は3級

- 一下肢の３大関節のうち、１関節に著しい機能障害を残すもの

☞一下肢の３大関節中いずれか１関節について、他動可動域が健側の他動可動域の３分の２以下に制限されたもの、またはこれと同程度の障害を残すもの（たとえば、常時ではないが、固定装具を必要とする程度の動揺関節、習慣性脱臼）

- 一下肢に機能障害を残すもの（たとえば、一下肢の３大関節中１関節の筋力が半減しているもの）
- **一下肢の５趾の用を廃したもの**

「足趾の用を廃したもの」は、3級の部分と同様です。

5 単独では障害等級に該当しないものの、**併合等認定基準**（併合判定参考表の12号）に該当するもの：

- 一下肢の３大関節のうち、１関節に機能障害を残すもの

☞一下肢の３大関節中いずれか１関節について、他動可動域が健側の他動可動域の５分の４以下に制限されたもの、またはこれと同程度の障害を残すもの（たとえば、固定装具を必要としない程度の動揺関節、習慣性脱臼）

巻末資料を参照(372ページ)

6 共通事項：
両下肢に障害がある場合の認定にあたっては、一下肢のみに障害がある場合に比べ、日常生活における動作に制約が加わることから、その動作を考慮して総合的に認定することとされています。

人工骨頭または人工関節を挿入置換した場合の取扱い

1 一下肢の３大関節中１関節以上に人工骨頭または

人工関節を挿入置換したものや、両下肢の３大関節中１関節以上にそれぞれ人工骨頭または人工関節を挿入置換したものは３級と認定されます。

ただし、挿入置換してもなお、一下肢については「一下肢の用を全く廃したもの」程度以上に該当するとき、両下肢については「両下肢の機能に相当程度の障害を残すもの」程度以上に該当するときは、さらに上位等級となります。

2 **障害の程度を認定する時期**は、人工骨頭または人工関節を挿入置換した日（初診日から起算して１年６か月を超える場合を除く）です。

●挿入置換した日が、初診日から1年6か月経過日後である場合は、原則どおり、1年6か月経過日が障害認定日です。

日常生活における動作

■ 下肢に関する日常生活上の動作は、概ね次のとおりです。

●日常生活動作の評価の留意点は、第4「肢体の機能の障害」を参照（118ページ）

①片足で立つ
②歩く（屋内）
③歩く（屋外）
④立ち上がる
⑤階段を上る
⑥階段を下りる

欠損障害の認定要領

下肢の欠損障害により各等級に該当する障害の程度をまとめると、次表のとおりです。

	1級	2級	3級	障害手当金
両下肢	両下肢を足関節以上で欠くもの	両下肢のすべての指を欠くもの（両下肢の10趾を中足趾節関節以上で欠くもの）		
一下肢		一下肢を足関節以上で欠くもの	一下肢をリスフラン関節以上で失ったもの	一下肢の第1趾又は他の4趾以上を失ったもの（一下肢の第1趾又は他の4趾を中足趾節関節以上で欠くもの）

●症状が固定していない場合は3級

1 「足関節以上で欠くもの」および「趾を欠くもの」とは、それぞれ次の状態をいいます。

足関節以上で欠くもの

☞ショパール関節以上で欠くもの

趾を欠くもの

☞中足趾節関節（MP）から欠くもの

●足部・足趾の関節については、ポイント解説を参照（109ページ）

2 **障害の程度を認定する時期**は、原則として、切断または離断をした日（初診日から起算して１年６か月を超える場合を除く）です。

ただし、障害手当金の対象となる症状固定日は、創面が治癒した日となります。

●切断または離断をした日が、初診日から1年6か月経過日後である場合は、原則どおり、1年6か月経過日が障害認定日です。

変形障害の認定要領

1　３級に該当する「**長管状骨**に**偽関節**を残し、運動機能に著しい障害を残すもの」とは、次のいずれかに該当するものをいいます。

①　大腿骨に偽関節を残し、運動機能に著しい障害を残すもの

②　脛骨に偽関節を残し、運動機能に著しい障害を残すもの

- 上腕骨、大腿骨など四肢の棒状の長い骨。骨端部・骨幹端部・骨幹部に分かれています。
- 認定の対象となる偽関節は、骨幹部または骨幹端部に限られます。

2　運動機能に著しい障害はないが、大腿骨または脛骨に偽関節を残すもの（「一下肢に偽関節を残すもの」という）は、障害手当金（症状が固定していない場合は３級）に相当するものとされています。

3　**障害手当金**に該当する「長管状骨に著しい**転位変形**を残すもの」とは、次のいずれかに該当するものをいいます。

①　大腿骨に変形を残すもの

②　脛骨に変形を残すもの（**腓骨**のみに変形を残すものについても、その程度が著しい場合はこれに該当する）

- 症状が固定していない場合は3級
- 「変形とは外部から観察できる程度（15度以上わん曲して不正ゆ合したもの）以上のものをいい、長管状骨の骨折部が良方向に短縮なくゆ着している場合は、たとえその部位に肥厚が生じたとしても、長管状骨の変形としては取り扱わない」とされています。（認定要領より）
- ポイント解説を参照（110ページ）

短縮障害の認定要領

1 一下肢が健側の長さの4分の1以上短縮した場合は、「一下肢の用を全く廃したもの」（2級）に該当するものとして認定されます。

2 一下肢が健側に比して10センチメートル以上または健側の長さの10分の1以上短縮した場合は、「一下肢の機能に相当程度の障害を残すもの」（3級）に該当するものとして認定されます。

3 一下肢を3センチメートル以上短縮した場合は、障害手当金（症状が固定していない場合は3級）となります。

- 下肢長の測定は、上前腸骨棘と脛骨内果尖端を結ぶ直線距離の計測によることとされています（巻末資料「肢体の障害関係の測定方法」を参照（330ページ））。（認定要領より）

関節可動域の測定方法、関節の運動および関節可動域等の評価

1 関節の運動に関する評価については、各関節の主要な運動が重視され、他の運動については参考とされます。

各関節の主要な運動は次のとおりです。

部位	主要な運動
股関節	屈曲　・　伸展
膝関節	屈曲　・　伸展
足関節	背屈　・　底屈
足　指	屈曲　・　伸展

2 関節可動域の評価は、原則として、健側の関節可動域と比較して患側の障害の程度が評価されます。

ただし、両側に障害を有する場合は、「**肢体の障害関係の測定方法**」による参考可動域が参考とされます。

● 巻末資料を参照(330ページ)

3 各関節の評価は、単に関節可動域のみでなく、次の諸点を考慮した上で評価されます。

①筋力
②巧緻性
③速さ

④耐久性

なお、他動可動域による評価が適切でないもの(たとえば、末梢神経損傷を原因として関節を可動させる筋が弛緩性の麻痺となっているもの)については、上記諸点を考慮し、日常生活における動作の状態から下肢の障害を総合的に認定することとされています。

ポイント解説

① 肢体の障害については、まず障害の部位、原因傷病やそれに伴う障害の態様などから、障害認定基準の該当箇所を特定し、当てはめて考える必要があります。たとえば、関節可動域と日常生活動作のどちらが認定の中心になるのかにより、相談の際に聞き取る内容も変わってきます。

② **日常生活動作の状態**は、**杖や補助具**などを使用しない状態での評価となります。また、一瞬「できる」としても、持続できない場合(実用性がない場合)は、「できる」とはいえませんので、注意が必要です。

- 屋内歩行の際に、壁や手すりなどを使用する必要がある場合、その状態も、診断書に記載してもらうことが重要です。
- 『診断書を作成される医師のための障害年金と診断書』(社会保険研究所)には、次のように記載されています。

■ 瞬間的に可能でも実用性に乏しければ△×か×の評価

△×…1人でできるが非常に不自由な場合
×　…1人で全くできない場合

【足部・足趾の関節図】

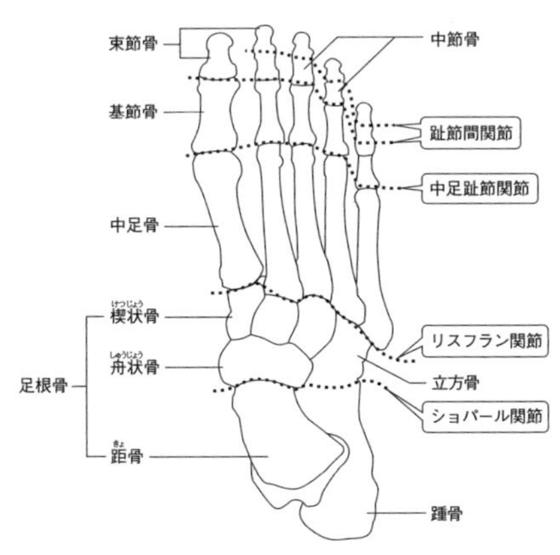

【足の関節図】

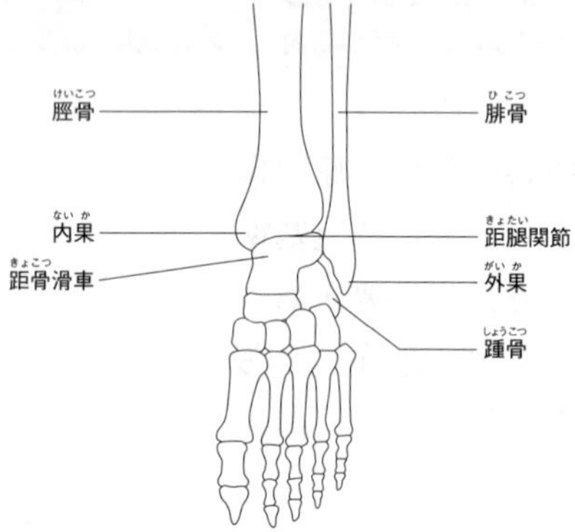

Section 11

障害認定に当たっての基準 ～第7節第3／肢体の障害（体幹・脊柱の機能の障害）

【適用となる疾患例】

脊髄性小児麻痺、脳性麻痺、脊髄損傷、脊柱の脱臼骨折、強直性脊椎炎、脊柱管狭窄症、腰椎椎間板ヘルニア　など

【診断書の種類】

肢体の障害用（様式第120号の3）

- 肢体の障害の認定基準は、平成24年9月に改正され、現行のものとなっています。
- 疾患例はごく一部で、認定基準に該当する障害が起こる疾患はすべて対象となります。他の障害の部分も同様です。
- 肢体の障害は、「上肢の障害」「下肢の障害」「体幹・脊柱の機能の障害」「肢体の機能の障害」の４つに区分され、それぞれ認定基準と認定要領が定められています。

認定基準（引用）

<table>
<tr><th colspan="2">令 別 表</th><th>障害の程度</th><th>障 害 の 状 態</th></tr>
<tr><td colspan="2" rowspan="4">国年令別表</td><td rowspan="2">1 級</td><td>体幹の機能に座っていることができない程度又は立ち上がることができない程度の障害を有するもの</td></tr>
<tr><td>身体の機能の障害又は長期にわたる安静を必要とする病状が前各号と同程度以上と認められる状態であって、日常生活の用を弁ずることを不能ならしめる程度のもの</td></tr>
<tr><td rowspan="2">2 級</td><td>体幹の機能に歩くことができない程度の障害を有するもの</td></tr>
<tr><td>身体の機能の障害又は長期にわたる安静を必要とする病状が前各号と同程度以上と認められる状態であって、日常生活が著しい制限を受けるか、又は日常生活に著しい制限を加えることを必要とする程度のもの</td></tr>
<tr><td rowspan="2">厚年令</td><td>別表第1</td><td>3 級</td><td>脊柱の機能に著しい障害を残すもの</td></tr>
<tr><td>別表第2</td><td>障害手当金</td><td>脊柱の機能に障害を残すもの</td></tr>
</table>

体幹の機能の障害の認定要領

体幹の機能障害は、高度体幹麻痺を後遺した脊髄性小児麻痺、脳性麻痺等によって生じるものとされています。

「体幹の機能の障害」としての認定対象が限定的である点に留意してください。身体障害者手帳の等級は「体幹」と「脊柱」に区分されていないため、「体幹機能障害」とされていても、障害年金の認定基準では「脊柱の機能の障害」で認定される傷病も多くあります。わかりにくい部分ですので、注意が必要です。

1　１級に該当する「体幹の機能に座っていることができない程度の障害を有するもの」とは、腰掛、正座、あぐら、横すわりのいずれもができないものをいい、「体幹の機能に立ち上がることができない程度の障害を有するもの」とは、臥位または座位から自力のみで立ち上がれず、他人、柱、杖、その他の器物の介護または補助により初めて立ち上がることができる程度の障害をいいます。

2　２級に該当する「体幹の機能に歩くことができない程度の障害を有するもの」とは、室内においては、杖、松葉杖、その他の補助用具を必要とせず、起立移動が可能であるが、野外ではこれらの補助用具の助けを借りる必要がある程度の障害をいいます。

脊柱の機能の障害の認定要領

脊柱の機能障害は、脊柱の脱臼骨折または強直性脊椎炎等によって生じるものとされ、過重機能障害と運動機能障害に区分されています。

過重機能障害

■ 脊柱の支持機能の障害で、日常生活および就労に及ぼす影響が大きいため重視する必要があるとされています。

２級に該当する「日常生活が著しい制限を受けるか、又は日常生活に著しい制限を加えることを必要とする程度のもの」とは、日常生活における動作が一人でできるが非常に不自由な場合、またはこれに近い状態をいいます。

運動機能障害

1 基本的には前屈・後屈運動のみの測定で可としますが、脊柱全体の運動機能をみる必要がある場合は回旋･側屈を測定し、認定することとされています。

2 ３級に該当する「脊柱の機能に著しい障害を残すもの」とは、脊柱または背部・軟部組織の明らかな器質的変化のため、脊柱の他動可動域が**参考可動域**の２分の１以下に制限されたものをいいます。

● 巻末資料「肢体の障害関係の測定方法」を参照（330ページ）

3 **障害手当金**に該当する「脊柱の機能に障害を残すもの」とは、脊柱の他動可動域が参考可動域の４分の３以下に制限されている程度のものや、頭蓋・上位頸椎間の著しい異常可動性が生じたものをいいます。

● 症状が固定していない場合は3級

4 傷病の部位がゆ合して、その部位のみについてみると運動不能であっても、他の部位が代償して、脊柱に運動障害は軽度あるいはほとんど認められない場合が多いため、脊柱全体の運動機能、すなわち、日常生活における動作を考慮し認定を行うこととされています。

日常生活における動作

■ 日常生活における動作は、概ね次のとおりです。

①ズボンの着脱（どのような姿勢でもよい）
②靴下を履く（どのような姿勢でもよい）
③座る（正座、横すわり、あぐら、脚なげ出し）
④深くおじぎ（最敬礼）をする
⑤立ち上がる

神経機能障害との関係

■　単に脊柱の運動障害のみでなく、随伴する神経系統の障害を含め、総合的に認定が行われます。

ポイント解説

① 肢体の障害については、まず障害の部位、原因傷病やそれに伴う障害の態様などから、障害認定基準の該当箇所を特定し、当てはめて考える必要があります。たとえば、関節可動域と日常生活動作のどちらが認定の中心になるのかにより、相談の際に聞き取る内容も変わってきます。

② **日常生活動作の状態**は、杖や補助具などを使用しない状態での評価となります。また、一瞬「できる」としても、持続できない場合(実用性がない場合)は、「できる」とはいえませんので、注意が必要です。

『診断書を作成される医師のための障害年金と診断書』(社会保険研究所)には、次のように記載されています。

■瞬間的に可能でも実用性に乏しければ△×か×の評価

△×…1人でできるが非常に不自由な場合
× …1人で全くできない場合

Section 12

障害認定に当たっての基準 ～第７節第４／肢体の障害（肢体の機能の障害）

【適用となる疾患例】

脳血管障害（脳梗塞、脳出血など)、脳腫瘍、頭部外傷後遺症、脊髄小脳変性症、脊髄損傷、パーキンソン病、多発性硬化症、筋萎縮性側索硬化症（ALS)、重症筋無力症、筋ジストロフィー、関節リウマチ　など

【診断書の種類】

肢体の障害用（様式第 120 号の3）

- 肢体の障害の認定基準は、平成 24 年９月に改正され、現行のものとなっています。
- 疾患例はごく一部で、認定基準に該当する障害が起こる疾患はすべて対象となります。他の障害の部分も同様です。
- 肢体の障害は、「上肢の障害」「下肢の障害」「体幹・脊柱の機能の障害」「肢体の機能の障害」の４つに区分され、それぞれ認定基準と認定要領が定められています。

認定基準（引用）

令別表		障害の程度	障害の状態
国年令別表		1級	身体の機能の障害又は長期にわたる安静を必要とする病状が前各号と同程度以上と認められる状態であって、日常生活の用を弁ずることを不能ならしめる程度のもの
国年令別表		2級	身体の機能の障害又は長期にわたる安静を必要とする病状が前各号と同程度以上と認められる状態であって、日常生活が著しい制限を受けるか、又は日常生活に著しい制限を加えることを必要とする程度のもの
厚年令	別表第1	3級	身体の機能に、労働が著しい制限を受けるか、又は労働に著しい制限を加えることを必要とする程度の障害を残すもの

認定要領

1 肢体の障害が上肢および下肢などの広範囲にわたる障害（脳血管障害、脊髄損傷等の脊髄の器質障害、進行性筋ジストロフィー等）の認定には、本節が適用されます。

2 障害の程度は、関節可動域、筋力、巧緻性、速さ、耐久性を考慮し、日常生活における動作の状態から身体機能を総合的に認定することとされています。

なお、他動可動域による評価が適切でないもの(たとえば、末梢神経損傷を原因として関節を可動させる筋が弛緩性の麻痺となっているもの)については、筋力、巧緻性、速さ、耐久性を考慮のうえ、日常生活における動作の状態から総合的に認定が行われます。

3 各等級に相当するとされる状態が、次のとおり例示されています。

障害の程度	障害の状態
1級	1. 一上肢及び一下肢の用を全く廃したもの 2. 四肢の機能に相当程度の障害を残すもの
2級	1. 一上肢及び一下肢の機能に相当程度の障害を残すもの 2. 四肢に機能障害を残すもの
3級	一上肢及び一下肢に機能障害を残すもの

（注） 肢体の機能の障害が両上肢、一上肢、両下肢、一下肢、体幹及び脊柱の範囲内に限られている場合には、それぞれの認定基準と認定要領によって認定すること。

なお、肢体の機能の障害が上肢及び下肢の広範囲にわたる場合であって、上肢と下肢の障害の状態が相違する場合には、障害の重い肢で障害の程度を判断し、認定すること。

4 日常生活における動作と身体機能との関連は、概ね次のとおりです。

【手指の機能】

①つまむ（新聞紙が引き抜けない程度）

②握る（丸めた週刊誌が引き抜けない程度）

③タオルを絞る（水をきれる程度）

④ひもを結ぶ

【上肢の機能】

①さじで食事をする

②顔を洗う（顔に手のひらをつける）

③用便の処置をする（ズボンの前のところに手をやる）

④用便の処置をする（尻のところに手をやる）

⑤上衣の着脱（かぶりシャツを着て脱ぐ）

⑥上衣の着脱（ワイシャツを着てボタンをとめる）

【下肢の機能】

①片足で立つ

②歩く（屋内）

③歩く（屋外）

④立ち上がる

⑤階段を上る

⑥階段を下りる

なお、手指の機能と上肢の機能とは切り離して評価されるのではなく、手指の機能は、上肢の機能の一部として取り扱われます。

5 身体機能の障害の程度と、日常生活における動作の障害との関係（参考）は、次のとおりです。

①「用を全く廃したもの」：

日常生活における動作のすべてが「一人で全くできない場合」またはこれに近い状態

②「機能に相当程度の障害を残すもの」：

日常生活における動作の多くが「一人で全くできない場合」または日常生活における動作のほとんどが「一人でできるが非常に不自由な場合」

③「機能障害を残すもの」：

日常生活における動作の一部が「一人で全くできない場合」またはほとんどが「一人でできてもやや不自由な場合」

6 障害の部位と、各等級に該当する日常生活動作の障害の程度を整理すると、下表のようになります。

	一上肢及び一下肢の障害	四肢の障害
1級	「用を全く廃したもの」(日常生活動作のすべてが「一人で全くできない場合」またはこれに近い状態)	「機能に相当程度の障害を残すもの」(日常生活動作の多くが「一人で全くできない場合」またはほとんどが「一人でできるが非常に不自由な場合」
2級	「機能に相当程度の障害を残すもの」(日常生活動作の多くが「一人で全くできない場合」またはほとんどが「一人でできるが非常に不自由な場合」)	「機能障害を残すもの」(日常生活動作の一部が「一人で全くできない場合」またはほとんどが「一人でできてもやや不自由な場合」)
3級	「機能障害を残すもの」(日常生活動作の一部が「一人で全くできない場合」またはほとんどが「一人でできてもやや不自由な場合」)	

ポイント解説

① 肢体の障害については、まず障害の部位、原因傷病やそれに伴う障害の態様などから、障害認定基準の該当箇所を特定し、当てはめて考える必要があります。たとえば、関節可動域と日常生活動作のどちらが認定の中心になるのかにより、相談の際に聞き取る内容も変わってきます。

② **日常生活動作の状態**は、**杖や補助具**などを使用しない状態での評価となります。また、一瞬「できる」としても、持続できない場合(実用性がない場合)は、「できる」とはいえませんので、注意が必要です。

● 屋内歩行の際に、壁や手すりなどを使用する必要がある場合、その状態も、診断書に記載してもらうことが重要です。

●『診断書を作成される医師のための障害年金と診断書』(社会保険研究所)には、次のように記載されています。

■ 瞬間的に可能でも実用性に乏しければ△×か×の評価
■ 両手で行う動作も片手で行う場合は、△×の評価

△×…1人でできるが非常に不自由な場合
× …1人で全くできない場合

(「両手で行う動作も片手で行う場合」とは、たとえばひもを結ぶ、ボタンをとめるといった両手で行う動作について、片手が不自由なため、健側のみで行う場合を指します)

Section 13

障害認定に当たっての基準 ～第８節／精神の障害

【適用となる疾患例】

うつ病、躁うつ病（双極性障害）、統合失調症、てんかん、知的障害、発達障害（自閉スペクトラム症／自閉症スペクトラム障害（ASD）、注意欠如・多動症／注意欠如･多動性障害（ADHD）、限局性学習症／限局性学習障害（SLD）など）、脳血管障害（脳梗塞、脳出血など）、頭部外傷後遺症、認知症　など

【診断書の種類】

精神の障害用（様式第 120 号の４）

- 平成 23 年９月に知的障害を中心とする認定基準の改正が行われ、この時に発達障害についても定義されました。
- 平成 25 年６月の認定基準改正により、高次脳機能障害について定義されました。
- 平成 28 年９月より、適正に認定を行うための「精神の障害に係る等級判定ガイドライン 」が運用されています。ポイント解説で詳しく解説していますので、あわせてご確認ください（139 ページ）。
- 疾患例はごく一部で、認定基準に該当する障害が起こる疾患はすべて対象となります。他の障害の部分も同様です。

認定基準（引用）

<table>
<tr><th colspan="2">令 別 表</th><th>障害の程度</th><th>障 害 の 状 態</th></tr>
<tr><td colspan="2" rowspan="2">国年令別表</td><td>1 級</td><td>精神の障害であって、前各号と同程度以上と認められる程度のもの</td></tr>
<tr><td>2 級</td><td>精神の障害であって、前各号と同程度以上と認められる程度のもの</td></tr>
<tr><td rowspan="3">厚年令</td><td rowspan="2">別表第1</td><td rowspan="2">3 級</td><td>精神に、労働が著しい制限を受けるか、又は労働に著しい制限を加えることを必要とする程度の障害を残すもの</td></tr>
<tr><td>精神に、労働が制限を受けるか、又は労働に制限を加えることを必要とする程度の障害を有するもの</td></tr>
<tr><td>別表第2</td><td>障害手当金</td><td>精神に、労働が制限を受けるか、又は労働に制限を加えることを必要とする程度の障害を残すもの</td></tr>
</table>

精神の障害の程度は、その原因、諸症状、治療及びその病状の経過、具体的な日常生活状況等により、総合的に認定するものとし、日常生活の用を弁ずることを不能ならしめる程度のものを１級に、日常生活が著しい制限を受けるか又は日常生活に著しい制限を加えることを必要とする程度のものを２級に、労働が著しい制限を受けるか又は労働に著しい制限を加えることを必要とする程度の障害を残すもの、及び労働が制限を受けるか又は労働に制限を加えることを必要とする程度の障害を有するものを３級に、また、労働が制限を受けるか又は労働に制限を加えることを必要とする程度の障害を残すものを障害手当金に該当するものと認定する。

精神の障害は、多種であり、かつ、その症状は同一原因であっても多様である。

したがって、認定に当たっては具体的な日常生活状況等の生活上の困難を判断するとともに、その原因及び経過を考慮する。

精神の障害の区分

精神の障害は、認定要領で次のとおり区分され、それぞれ障害等級に該当する状態が一部例示されています。

①統合失調症、統合失調症型障害及び妄想性障害
②気分（感情）障害
③症状性を含む器質性精神障害
④てんかん
⑤知的障害
⑥発達障害

なお、症状性を含む器質性精神障害またはてんかんで、妄想、幻覚等がある場合は、「統合失調症、統合失調症型障害及び妄想性障害並びに気分（感情）障害」に準じて取り扱われます。

統合失調症、統合失調症型障害及び妄想性障害並びに気分（感情）障害の認定要領

1 各等級に相当すると認められる状態の例示は次のとおりです。

障害の程度	障　害　の　状　態
1級	1　統合失調症によるものにあっては、高度の残遺状態又は高度の病状があるため高度の人格変化、思考障害、その他妄想・幻覚等の異常体験が著明なため、常時の援助が必要なもの 2　気分（感情）障害によるものにあっては、高度の気分、意欲・行動の障害及び高度の思考障害の病相期があり、かつ、これが持続したり、ひんぱんに繰り返したりするため、常時の援助が必要なもの
2級	1　統合失調症によるものにあっては、残遺状態又は病状があるため人格変化、思考障害、その他妄想・幻覚等の異常体験があるため、日常生活が著しい制限を受けるもの 2　気分（感情）障害によるものにあっては、気分、意欲・行動の障害及び思考障害の病相期があり、かつ、これが持続したり又はひんぱんに繰り返したりするため、日常生活が著しい制限を受けるもの
3級	1　統合失調症によるものにあっては、残遺状態又は病状があり、人格変化の程度は著しくないが、思考障害、その他妄想・幻覚等の異常体験があり、労働が制限を受けるもの 2　気分（感情）障害によるものにあっては、気分、意欲・行動の障害及び思考障害の病相期があり、その病状は著しくないが、これが持続したり又は繰り返し、労働が制限を受けるもの

2 認定にあたっては、次の点に考慮して慎重に行うこととされています。

> ①統合失調症は予後不良の場合もあり、障害等級に該当する場合が多いが、罹患後数年ないし十数年の経過中に症状の好転を見ることもあり、また、その反面急激に増悪し、その状態を持続することもあるため、発病時からの療養および症状の経過を十分考慮する。
>
> ②気分（感情）障害は、本来、症状の著名な時期と症状の消失する時期を繰り返すものであるため、現症のみによって認定することは不十分であり、症状の経過及びそれによる日常生活活動等の状態を十分考慮する。

3 **人格障害**は、原則として認定の対象とならないものとされています。

●人格障害（パーソナリティ障害）と診断されている場合でも、神経症と同様、臨床症状により、認定対象となることがありますので注意が必要です。特に境界性人格障害では、認定される場合が多くあります。

4 神経症は、その症状が長期間持続し、一見重症なものであっても、原則として認定の対象とならないとされています。ただし、臨床症状から判断して**精神病の病態**を示しているものについては、統合失調症または気分（感情）障害に準じて取り扱われます。この場合、精神病の病態がICD-10による病態区分のどの区分に属す病態であるかが考慮されます。

●ICD-10（国際疾病分類第10版）のF2（統合失調症、統合失調症型障害および妄想性障害）またはF3（気分（感情）障害）を指します。神経症の診断で、これらの症状もある場合には、診断書の備考欄に、その病態とICD-10コードを記入してもらいます。

症状性を含む器質性精神障害の認定要領

1 「症状性を含む器質性精神障害」(高次脳機能障害を含む)とは、先天異常、頭部外傷、変性疾患、新生物、中枢神経等の器質障害を原因として生じる精神障害に、膠原病や内分泌疾患を含む全身疾患による中枢神経障害等を原因として生じる症状性の精神障害を含むものです。

なお、アルコール、薬物等の精神作用物質の使用による精神及び行動の障害(以下、「精神作用物質使用による精神障害」という)もこの項に含まれます。

2 各等級に相当すると認められる状態の例示は次のとおりです。

障害の程度	障　害　の　状　態
1級	高度の認知障害、高度の人格変化、その他の高度の精神神経症状が著明なため、常時の援助が必要なもの
2級	認知障害、人格変化、その他の精神神経症状が著明なため、日常生活が著しい制限を受けるもの
3級	1　認知障害、人格変化は著しくないが、その他の精神神経症状があり、労働が制限を受けるもの 2　認知障害のため、労働が著しい制限を受けるもの
障害手当金	認知障害のため、労働が制限を受けるもの

3 脳の器質障害について、精神障害と神経障害を区別して考えることは、その多岐にわたる臨床症状から不能であり、原則としてそれらの諸症状を総合して、全体像から総合的に判断して認定することとされています。

4 **精神作用物質使用による精神障害**については、次のとおりとされています。

●国民年金法や厚生年金保険法の給付制限があり、認定されるケースはごく限定的です（14ページ参照）。

①アルコール、薬物等の精神作用物質の使用により生じる精神障害について認定するものであって、精神病性障害を示さない急性中毒および明らかな身体依存の見られないものは、認定の対象とならない。

②精神作用物質使用による精神障害は、その原因に留意し、発病時からの療養及び症状の経過を十分考慮する。

5 「高次脳機能障害」とは、脳損傷に起因する認知障害全般を指し、日常生活または社会生活に制約があるものが認定の対象となります。主な症状としては、失語、失行、失認のほか、記憶障害、注意障害、遂行機能障害、社会的行動障害などがあります。

なお、障害の状態は、代償機能やリハビリテーションにより好転も見られることから、療養および症状の経過を十分考慮することとされています。

また、失語の障害については、「第６節／音声又は言語機能の障害」の認定要領により認定されます。

てんかんの認定要領

1 てんかん発作の特徴と留意点は、次のように示されています。

> ①てんかん発作は、部分発作、全般発作、未分類てんかん発作などに分類されるが、具体的に出現する臨床症状は多彩である。
>
> ②発作頻度に関しても、薬物療法によって完全に消失するものから、難治性てんかんと呼ばれる発作の抑制できないものまで様々である。
>
> ③てんかん発作は、その重症度や発作頻度以外に、発作間欠期においても、それに起因する様々な程度の精神神経症状や認知障害などが、稀ならず出現することに留意する必要がある。

2 各等級に相当すると認められる状態の例示は次のとおりです。

障害の程度	障　害　の　状　態
1級	十分な治療にかかわらず、てんかん性発作のA又はBが月に1回以上あり、かつ、常時の援助が必要なもの
2級	十分な治療にかかわらず、てんかん性発作のA又はBが年に2回以上、もしくは、C又はDが月に1回以上あり、かつ、日常生活が著しい制限を受けるもの
3級	十分な治療にかかわらず、てんかん性発作のA又はBが年に2回未満、もしくは、C又はDが月に1回未満あり、かつ、労働が制限を受けるもの

（注1）発作のタイプは以下の通り
A：意識障害を呈し、状況にそぐわない行為を示す発作
B：意識障害の有無を問わず、転倒する発作
C：意識を失い、行為が途絶するが、倒れない発作
D：意識障害はないが、随意運動が失われる発作

（注2）てんかんは、発作と精神神経症状及び認知障害が相まって出現することに留意が必要。また、精神神経症状及び認知障害については、「症状性を含む器質性精神障害」に準じて認定すること。

3 認定にあたっては、発作の重症度（意識障害の有無、生命の危険性や社会生活での危険性の有無など）や発作頻度に加え、発作間欠期の精神神経症状や認知障害の結果、日常生活動作がどの程度損なわれ、そのためにどのような社会的不利益を被っているのかという、社会的活動能力の損減を重視した観点から認定することとされています。

また、さまざまなタイプのてんかん発作が出現し、発作間欠期に精神神経症状や認知障害を有する場合には、治療および病状の経過、日常生活状況等により、さらに上位等級に認定されることがあります。

4 てんかんとその他認定の対象となる精神疾患が併存している場合、併合（加重）認定の取扱いは行われず、諸症状からの総合的な認定となります。

●併合等認定基準（巻末資料を参照（372ページ））

5 抗てんかん薬の服用や外科的治療によって、てんかん発作が抑制されている場合は、原則として認定の対象になりません。

知的障害の認定要領

1 「知的障害」とは、知的機能の障害が発達期（概ね18歳まで）にあらわれ、日常生活に持続的な支障が生じているため、何らかの特別な援助を必要とする状態にあるものをいいます。

2 各等級に相当すると認められる状態の例示は次のとおりです。

障害の程度	障害の状態
1級	知的障害があり、食事や身のまわりのことを行うのに全面的な援助が必要であって、かつ、会話による意思の疎通が不可能か著しく困難であるため、日常生活が困難で常時援助を必要とするもの
2級	知的障害があり、食事や身のまわりのことなどの基本的な行為を行うのに援助が必要であって、かつ、会話による意思の疎通が簡単なものに限られるため、日常生活にあたって援助が必要なもの
3級	知的障害があり、労働が著しい制限を受けるもの

3 認定にあたっては、知能指数のみに着眼することなく、日常生活のさまざまな場面における援助の必要度を勘案して総合的に判断することとされています。

発達障害の認定要領

1 「発達障害」とは、**自閉症、アスペルガー症候群その他の広汎性発達障害、学習障害、注意欠陥多動性障害**その他これに類する脳機能の障害であって、その症状が通常低年齢において発現するものをいいます。

PSM-5（アメリカ精神医学会作成の「精神疾患の診断と統計のためのマニュアル第5版」）による疾患名や区分の変更がありますが、ここでは認定要領の原文に沿って記載しています（障害認定基準ではICD-10に基づく分類が用いられています）。

2 発達障害については、たとえ知能指数が高くても、社会生活やコミュニケーション能力の障害により、対人関係や意思疎通を円滑に行うことができないために、日常生活に著しい制限を受けることに着目して認定を行うこととされています。

3 発達障害は通常低年齢で発症する疾患ですが、知的障害を伴わない場合で、発達障害の症状により初めて受診した日が20歳以降であった場合は、当該受診日が初診日とされます。

4 各等級に相当すると認められる状態の例示は次のとおりです。

障害の程度	障　害　の　状　態
1級	発達障害があり、社会性やコミュニケーション能力が欠如しており、かつ、著しく不適応な行動がみられるため、日常生活への適応が困難で常時援助を必要とするもの

2級	発達障害があり、社会性やコミュニケーション能力が乏しく、かつ、不適応な行動がみられるため、日常生活への適応にあたって援助が必要なもの
3級	発達障害があり、社会性やコミュニケーション能力が不十分で、かつ、社会行動に問題がみられるため、労働が著しい制限を受けるもの

認定要領の共通事項（てんかんを除く）

1　認定の対象となる精神疾患が併存している場合、**併合（加重）認定**の取扱いは行われず、諸症状からの総合的な認定となります。

●併合等認定基準（巻末資料を参照（372ページ））

2　日常生活能力等の判定にあたっては、身体的機能および精神的機能を考慮のうえ、社会的な適応性の程度によって判断するよう努めることとされています。

3　就労との関係については、次のように定義されています。

> ①統合失調症、統合失調症型障害及び妄想性障害並びに気分（感情）障害、症状性を含む器質性精神障害
>
> ☞現に仕事に従事している者については、労働に従事していることをもって、直ちに日常生活能力が向上したものと捉えず、その療養状況を考慮するとともに、仕事の種類、内容、就労状況、仕事場で受けている援助の内容、他の従業員との意思疎通の状況等を十分確認したうえで日常生活能力を判断すること。
>
> ②知的障害、発達障害
>
> ☞就労支援施設や小規模作業所などに参加する者に限らず、雇用契約により一般就労をしている者であっても、援助や配慮のもとで労働に従事している。

したがって、労働に従事していることをもって、直ちに日常生活能力が向上したものと捉えず、現に労働に従事している者については、その療養状況を考慮するとともに、仕事の種類、内容、就労状況、仕事場で受けている援助の内容、他の従業員との意思疎通の状況等を十分確認したうえで日常生活能力を判断すること。

ポイント解説

平成28年9月より、適正に認定を行うための「精神の障害に係る等級判定ガイドライン」(以下「等級判定ガイドライン」と表記)が運用されています。ここでは、主にこのガイドラインに基づき解説します。

巻末資料を参照(341ページ)

障害等級の目安

診断書の「日常生活能力の程度」の5段階評価と、「日常生活能力の判定」の7項目(＊1)の評価を数値化した平均値を、次ページ「障害等級の目安」に当てはめたものが、等級の目安とされます。この等級の目安は等級認定の参考とされますが、総合評価の結果、目安と異なる認定結果になる場合もあります。

(＊1)日常生活能力の7項目

日常生活能力の7項目は、①適切な食事、②身辺の清潔保持、③金銭管理と買い物、④通院と服薬、⑤他人との意思伝達及び対人関係、⑥身辺の安全保持及び危機対応、⑦社会性――です。

診断書では、この7項目について、それぞれ次の4段階で評価することとなっています。

①できる
②自発的に(またはおおむね)できるが時には助言や指導を必要とする
③(自発的かつ適正に行うことはできないが)助言や指導があればできる
④助言や指導をしてもできない若しくは行わない

〔表〕障害等級の目安

判定平均＼程度	(5)	(4)	(3)	(2)	(1)
3.5 以上	1級	1級 又は 2級			
3.0 以上 3.5 未満	1級 又は 2級	2級	2級		
2.5 以上 3.0 未満		2級	2級 又は 3級		
2.0 以上 2.5 未満		2級	2級 又は 3級	3級 又は 3級非該当	
1.5 以上 2.0 未満			3級	3級 又は 3級非該当	
1.5 未満				3級非該当	3級非該当

《表の見方》

1. 「程度」は、診断書の記載項目である「日常生活能力の程度」の５段階評価を指す。
2. 「判定平均」は、診断書の記載項目である「日常生活能力の判定」の４段階評価について、程度の軽いほうから１～４の数値に置き換え、その平均を算出したものである。
3. 表内の「３級」は、障害基礎年金を認定する場合には「２級非該当」と置き換えることとする。

ポイントと留意点

①共通事項

▶ **標準的な治療**を行ったうえで、なお症状が継続している場合に、その状態で認定されるのが原則ですが、通院や薬物治療が困難な場合は、その理由等が考慮されます。

● 薬物治療を行っている場合は、その目的や処方薬の種類、処方量、服薬状況なども考慮されます。

▶ 診断書の「**日常生活能力の判定**」は、「単身で生活するとしたら可能かどうか」で判断することとされています。したがって、各項目の評価は、単純に動作としてできるかどうかではなく、自発性や計画性などを含めた幅広い観点からのものになります（＊2）。実際にどのようなことが難しく、どのような**援助**を受けているか（あるいは必要としているか）は、認定の際に重視されます。

▶ 就労の有無は、認定上、非常に重視されますが、就労していることのみをもって障害年金が支給されないわけではありません。仕事の種類や内容、仕事の状況、仕事場で受けている援助の内容、他の従業員との意思疎通の状況などのほか、勤務期間（安定的に就労できているか）、勤務時間や勤務日数、遅刻や欠勤などの勤怠状況、通勤手段や所要時間、就労の影響（就労以外の場面での日常生活能力の低下など）から総合的に判断されます。

▶ 等級判定ガイドラインとともに、「**日常生活及び就労に関する状況について（照会）**」という照会書式が新設されました。これは、認定医による審査の段階で必要と判断された場合に、「照会」というかたちで提出を求められる書類で、一人暮らしをしている場合と就労している場合は特に、この書類が届く傾向にあります。審査の途中で届くことにより、決定までの期間も長くなりますので、それを防ぐためにも、日常生活や就労の状況を審査側に詳細に伝えるためにも、請求をする段階で自ら提出しておく方法もあります。

●「日常生活能力の判定」と「日常生活能力の程度」について、どのような状態がどの評価に該当するかは、等級判定ガイドラインとともに作成された「障害年金の診断書（精神の障害用）記載要領」に記載されています。巻末資料に掲載していますので、参考にしてください（355ページ）。

日頃の診察の中で、日常生活の状態について詳しく話すことは、ほとんどないと思われます。そのため、医師に診断書を作成していただくときは、日常生活の状態をメモなどにして、医師に伝えることが重要です。

●ここでいう「援助」とは、身体介助を指すのではなく、注意や声かけを含めた幅広いものです。

●巻末資料を参照（410ページ）

(＊2) 日常生活能力の判定

具体的には、次のような点を考えてみていただきます。気分障害や、統合失調症の陰性症状などの場合は、意欲や体力の低下、思考抑制などの影響も考慮します。

【適切な食事】

□食事の摂り方（声かけがなくても、適切な時間に適当量の食事を摂ることができるか、極端な偏食や過食、食欲不振がないかなど）
□調理、配膳、片づけ（包丁やガスコンロの使用、手順や各作業の段取り、意味の理解など）
□計画性（献立が立てられるか、自分で食べたいものを選ぶことができるかなど）
□調達（外食、社員食堂等の利用、弁当の購入ができるかなど）。

【身辺の清潔保持】

□入浴、洗面、歯磨き、髭剃り、整髪など（声かけなしでできるか、身体の隅々まで洗えているか、洗髪や歯磨きがきちんとできているか、髭剃りの力加減や、剃り残しなくできるかどうかなど）
□トイレの使用（便器などを汚さず使用できるか、汚した場合に後始末できるか、排便の始末がきちんとできているか、トイレットペーパーの使用量が適切かなど）
□衣服の選択（季節やTPOを考えて衣服を選べるか）、寒暖による調節（声をかけられなくても着たり脱いだりできるか）、着替え（自ら着替えを行うか、点検や声かけが必要かなど）
□掃除や片づけ（自室の掃除や片づけができるか、ゴミの分別やゴミ出しができるかなど）。

【金銭管理と買い物】

□お金の理解（お金の概念や流れ、仕組み、金額の大小や価値など）
□金銭管理（給与やひと月単位での生計費の管理ができるかなど）
□買い物（食べたいものや欲しいものだけではなく、必要な品物を判断して買い物できるか、予算の範囲で計算しながら買い物できるか、小銭を使えるかなど）
□浪費（躁状態での散財、あるだけ使ってしまうなど）

【通院と服薬】

□通院（通院の必要性の理解や判断、自発的な通院が可能か、医師に病状を説明できるか、医師の指示等を理解し守れるか、受付での手続きや問診票の記入が可能かなど）

□服薬（服薬の必要性の理解、服薬時間や服薬量の判断などができるか、飲み間違いなどの危険がないか、拒薬がないかなど）

【他人との意思伝達及び対人関係】

□会話（自分の意思や用件を相手にわかるように伝えられるか、相手の話を聞いて理解できるか、本人への用件の伝え方はどのように工夫しているかなど）

□対人関係（対人関係の構築、他人との距離感や相手の気持ちの理解、配慮ができるかなど）

□集団的な行動（集団のルールを理解し守れるか、場に合わない言動がないかなど）

【身辺の安全保持及び危機対応】

□道具や乗り物の利用、危険性の理解（火の始末、刃物の使用、戸締りなどが適切にできるか、乗り物を安全に利用できるか、周囲に注意を払いながら歩行できるかなど）

□危機回避（通常と異なる事態への対応ができるかなど）

【社会性】

□手続き等（社会生活に必要な事柄や基本的なルールの理解、手続き、行政機関や銀行等の利用ができるかなど）

□公共機関の利用（公共交通機関や公共の施設の利用ができるか、マナーが守れるかなど）

②「統合失調症、統合失調型障害及び妄想性障害」・「気分（感情）障害」

▶ 現在の症状のみでなく、発病時からの症状の経過や、最近１年程度の症状の変動状況（気分障害はこれらに加えて病相期間や頻度)、予後の見通しなども考慮されます。

▶ 人格障害や神経症は、原則として認定の対象にならないこととされていますが、臨床症状から「**精神病の病態を示しているもの**」については、その状態により認定の対象となり得ます。

● ICD-10（国際疾病分類第10版）による病態区分が考慮されますので、神経症等と精神症状が併存している場合は、診断書に併記してもらいます。

③症状性を含む器質性精神障害

▶ 高次脳機能障害を含み、先天異常、頭部外傷や変性疾患、中枢神経障害等を原因とする症状性の精神障害などが対象になります。

▶ アルコール、薬物等の使用による精神障害も含まれますが、**国民年金法や厚生年金保険法の給付制限**がありますので、実際のところ、認定されるケースはごく限定的です。

● 13ページ参照

▶ 高次脳機能障害のうち、失語症については、**「音声又は言語機能の障害」の認定要領**により認定され、高次脳機能障害全般と**併合認定**されます。

● 75ページ参照

● 併合等認定基準（巻末資料を参照（372ページ））

④てんかん

▶ てんかんは、等級判定ガイドラインの適用外とされています。

▶ 薬物療法や外科的治療により発作が抑制されている場合は、原則として認定の対象となりません。十分な治療によっても発作が抑制できない場合に、発作の重症度や頻度等により等級認定されます。

▶ 発作間欠期に精神神経症状や認知障害がある場合、それらを含め総合的に認定が行われます。

⑤知的障害と発達障害

▶ 知的障害の場合、出生日を初診日とすることと取り扱われています。そのため初診日の証明の提出は必要とされず、20歳前に受診していなかった場合でも、**20歳前傷病**となります。誤解の多い部分ですので、注意してください。

● 255ページ参照

▶ 発達障害で知的障害を伴わない場合（3級に該当しない程度の知的障害がある場合も含む)、初診日は、原則どおり、初めて医師等を受診した日となります。初めて受診した日が20歳以降であれば20歳前傷病とならず、保険料納付要件等が問われます。また、厚生年金加入中であれば、厚生年金が受給できます。

▶ 知的障害では、**知能指数、療育手帳の有無や区**

● 知能指数による判定区分は、概ね次のとおりと定められています。

■ IQ51～70：軽度
■ IQ36～50：中度
■ IQ21～35：重度
■ IQ20以下：最重度

分が考慮されるものの、それのみに着眼することなく、日常生活のさまざまな場面における援助の必要度から認定を行うこととされています。軽度の知的障害では認定されないということもありません。

- ▶「不適応行動」（＊3）を伴う場合には、認定の上で考慮することとされています。
- ▶ 発育・養育歴、教育歴、専門機関による発達支援等の状況や、幼少期の状況も考慮されます。
- ▶ 就労している場合でも、その内容が保護的環境下での専ら単純かつ反復的な業務であったり、発達障害で執着が強く、臨機応変な対応が困難であること等により常時の管理・指導が必要であったりする場合は、２級の可能性を検討することとされています。

（＊3）「不適応行動」とは

「障害年金の診断書（精神の障害用）記載要領」には、次のような行動が「不適応行動」として例示されています。

- □自分の身体を傷つける行為
- □他人や物に危害を及ぼす行為
- □周囲の人に恐怖や強い不安を与える行為（迷惑行為や突発的な外出など）
- □著しいパニックや興奮、こだわり等の不安定な行動（自分でコントロールできない行為で、頻発して日常生活に支障が生じるもの）

Section 14

障害認定に当たっての基準 ～第９節／神経系統の障害

【適用となる疾患例】

脳血管障害（脳梗塞、脳出血など）、脊髄血管障害、脳腫瘍、脊髄腫瘍、糖尿病、パーキンソン病、多発性硬化症、頭部外傷、脊髄損傷　など

【診断書の種類】

□ 肢体の障害用（様式第 120 号の３）
□ 精神の障害用（様式第 120 号の４）
□ 血液・造血器・その他の障害用（様式第 120 号の７）

● 疾患例はごく一部で、認定基準に該当する障害が起こる疾患はすべて対象となります。他の障害の部分も同様です。

認定基準（引用）

<table>
<tr><th colspan="2">令別表</th><th>障害の程度</th><th>障害の状態</th></tr>
<tr><td colspan="2" rowspan="2">国年令別表</td><td>1 級</td><td>身体の機能の障害又は長期にわたる安静を必要とする病状が前各号と同程度以上と認められる状態であって、日常生活の用を弁ずることを不能ならしめる程度のもの</td></tr>
<tr><td>2 級</td><td>身体の機能の障害又は長期にわたる安静を必要とする病状が前各号と同程度以上と認められる状態であって、日常生活が著しい制限を受けるか、又は日常生活に著しい制限を加えることを必要とする程度のもの</td></tr>
<tr><td rowspan="4">厚年令</td><td rowspan="2">別表第1</td><td rowspan="2">3 級</td><td>身体の機能に、労働が著しい制限を受けるか、又は労働に著しい制限を加えることを必要とする程度の障害を残すもの</td></tr>
<tr><td>神経系統に、労働が著しい制限を受けるか、又は労働に著しい制限を加えることを必要とする程度の障害を残すもの</td></tr>
<tr><td rowspan="2">別表第2</td><td rowspan="2">障害手当金</td><td>身体の機能に、労働が制限を受けるか、又は労働に制限を加えることを必要とする程度の障害を残すもの</td></tr>
<tr><td>神経系統に、労働が制限を受けるか、又は労働に制限を加えることを必要とする程度の障害を残すもの</td></tr>
</table>

認定要領

認定上の留意点

1 肢体の障害の認定は、「第７節／肢体の障害」の認定要領に基づいて行われます。

81ページ～参照

2 脳の器質障害については、神経障害と精神障害を区別して考えることは、その多岐にわたる臨床症状から不能であり、原則としてそれらの諸症状を総合し、全体像から総合的に判断して認定が行われます。

具体的には、「第８節／精神の障害」のうち、器質性精神障害の部分を参照してください(130ページ参照)。

疼痛による認定と障害等級

■ 疼痛は、原則として認定の対象とならないこととされています。ただし、四肢その他の神経の損傷によって生じる灼熱痛、脳神経および脊髄神経の外傷その他の原因による神経痛、根性疼痛、悪性新生物に随伴する疼痛、糖尿病性神経障害による激痛等の場合は、疼痛発作の頻度、強さ、持続時間、疼痛の原因となる他覚的所見等により、次のとおり取り扱われます。

ア．軽易な労働以外の労働に常に支障がある程度のもの：

3級と認定

イ．一般的な労働能力は残存しているが、疼痛により時には労働に従事することができなくなり、就労可能な職種の範囲が相当な程度に制限されるもの：

障害手当金に該当するものとして認定

●症状が固定していない場合は3級

障害認定日の取扱い

■ 神経系の障害により次のいずれかの状態を呈している場合は、原則として初診日から1年6か月を経過した日以前であっても障害認定日として取り扱われます。

①脳血管障害により機能障害を残しているときは、初診日から6か月経過した日以後に、医学的観点から、それ以上の機能回復がほとんど望めないと認められるとき

②現在の医学では、根本的治療方法がない疾病であり、今後の回復は期待できず、初診日から6か月経過した日以後において気管切開下での人工呼吸器（レスピレーター）使用、胃ろう等の恒久的な措置が行われており、日常の用を弁ずることができない状態であると認められるとき

ポイント解説

① 神経系統の疾患による障害は、肢体・精神の障害など多岐にわたり、ほとんどはそれらの認定要領に基づいて認定が行われています。使用する診断書も、障害の種類や病態により異なります。

② 脳血管障害により機能障害を残している場合と、気管切開下での人工呼吸器（レスピレーター）使用や胃ろう等の恒常的な措置が行われている場合について、**障害認定日の特例**が定められています。

● 初診日から1年6か月経過前が障害認定日となる事例（35ページ参照）

Section 15

障害認定に当たっての基準 ～第10節／呼吸器疾患による障害

【適用となる疾患例】

肺結核、じん肺、気管支喘息、慢性閉塞性肺疾患（COPD）、間質性肺炎、肺がん　など

【診断書の種類】

呼吸器疾患の障害用（様式第120号の5）

- 呼吸器疾患は、「肺結核」「じん肺」「呼吸不全」に区分されています。
- 疾患例はごく一部で、認定基準に該当する障害が起こる疾患はすべて対象となります。他の障害の部分も同様です。

認定基準（引用）

令 別 表	障害の程度	障 害 の 状 態
国年令別表	1 級	身体の機能の障害又は長期にわたる安静を必要とする病状が前各号と同程度以上と認められる状態であって、日常生活の用を弁ずることを不能ならしめる程度のもの
	2 級	身体の機能の障害又は長期にわたる安静を必要とする病状が前各号と同程度以上と認められる状態であって、日常生活が著しい制限を受けるか、又は日常生活に著しい制限を加えることを必要とする程度のもの
厚年令 別表第１	3 級	身体の機能に、労働が制限を受けるか、又は労働に制限を加えることを必要とする程度の障害を有するもの

呼吸器疾患による障害の程度は、自覚症状、他覚所見、検査成績（胸部Ｘ線所見、動脈血ガス分析値等）、一般状態、治療及び病状の経過、年齢、合併症の有無及び程度、具体的な日常生活状況等により総合的に認定するものとし、当該疾病の認定の時期以後少なくとも１年以上の療養を必要とするものであって、長期にわたり安静を必要とする病状が、日常生活の用を弁ずることを不能ならしめる程度のものを１級に、日常生活が著しい制限を受けるか又は日常生活に著しい制限を加えることを必要とする程度のものを２級に、また、労働が制限を受けるか又は労働に制限を加えることを必要とする程度のものを３級に該当するものと認定する。

また、呼吸器疾患による障害の認定の対象は、そのほとんどが慢性呼吸不全によるものであり、特別な取扱いを要する呼吸器疾患として肺結核・じん肺・気管支喘息があげられる。

肺結核の認定要領

認定上の留意点

1 肺結核による障害の程度は、病状判定および機能判定により認定されます。

2 肺結核の病状による障害の程度は、自覚症状、他覚所見、検査成績（胸部X線所見、動脈血ガス分析値等)、排菌状態（喀痰等の塗抹、培養検査等)、一般状態、治療および病状の経過、年齢、合併症の有無および程度、具体的な日常生活状況等により総合的に認定されます。

3 肺結核および肺結核後遺症の機能判定による障害の程度は、「呼吸不全」の認定要領により行われます。

4 加療による胸郭変形は認定の対象となりませんが、肩関節の運動障害を伴う場合には、「**上肢の障害**」として、その程度に応じて**併合認定**されます。

●「第7節第1／肢体の障害（上肢の障害）」(81ページ参照)

●併合等認定基準（巻末資料を参照(372ページ))

障害等級

■ 病状判定により各等級に相当すると認められる状態の例示は次のとおりです。

障害の程度	障害の状態
1級	認定の時期前6月以内に常時排菌があり、胸部X線所見が日本結核病学会病型分類（以下「学会分類」という。）のⅠ型（広汎空洞型）又はⅡ型（非広汎空洞型）、Ⅲ型（不安定非空洞型）で病巣の拡がりが3（大）であるもので、かつ、長期にわたる高度の安静と常時の介護を必要とするもの
2級	1　認定の時期前6月以内に排菌がなく、学会分類のⅠ型若しくはⅡ型又はⅢ型で病巣の拡がりが3（大）であるもので、かつ、日常生活が著しい制限を受けるか又は日常生活に著しい制限を加えることを必要とするもの 2　認定の時期前6月以内に排菌があり、学会分類のⅢ型で病巣の拡がりが1（小）又は2（中）であるもので、かつ、日常生活が著しい制限を受けるか又は日常生活に著しい制限を加えることを必要とするもの
3級	1　認定の時期前6月以内に排菌がなく、学会分類のⅠ型若しくはⅡ型又はⅢ型で、積極的な抗結核薬による化学療法を施行しているもので、かつ、労働が制限を受けるか、又は労働に制限を加えることを必要とするもの 2　認定の時期前6月以内に排菌があり、学会分類Ⅳ型であるもので、かつ、労働が制限を受けるか、又は労働に制限を加えることを必要とするもの

※「抗結核剤による化学療法」とは、少なくとも2剤以上の抗結核剤により、積極的な化学療法を施行しているものをいいます。

合併症の取扱い

■　肺結核に他の結核または他の疾病が合併している場合は、その合併症の軽重、治療法、従来の経過等を勘案したうえ、具体的な日常生活状況等を考慮するとともに、**認定基準第２「１　障害の程度」**および本節「１　認定基準」を踏まえて、総合的に認定することとされています。

●障害の状態の基本（41ページ参照）

じん肺の認定要領

認定上の留意点

1 じん肺による障害の程度は、病状判定および機能判定により認定されます。

2 じん肺の病状による障害の程度は、胸部X線所見、呼吸不全の程度、合併症の有無および程度、具体的な日常生活状況等により総合的に認定されます。

3 じん肺の機能判定による障害の程度は、「呼吸不全」の認定要領により行われます。

障害等級

■ 病状判定により各等級に相当すると認められる状態の例示は次のとおりです。

障害の程度	障　害　の　状　態
1級	胸部X線所見がじん肺法の分類の第4型であり、大陰影の大きさが1側の肺野の1／3以上のもので、かつ、長期にわたる高度の安静と常時の介護を必要とするもの

2級	胸部X線所見がじん肺法の分類の第4型であり、大陰影の大きさが1側の肺野の1/3以上のもので、かつ、日常生活が著しい制限を受けるか又は日常生活に著しい制限を加えることを必要とするもの
3級	胸部X線所見がじん肺法の分類の第3型のもので、かつ、労働が制限を受けるか又は労働に制限を加えることを必要とするもの

呼吸不全の認定要領

呼吸不全の病態と原因疾患の範囲

1 「呼吸不全」とは、原因のいかんを問わず、動脈血ガス分析値、特に動脈血 O_2 分圧と動脈血 CO_2 分圧が異常で、そのために生体が正常な機能を営み得なくなった状態をいいます。

2 認定の対象となる病態は、主に慢性呼吸不全とされています。

3 慢性呼吸不全を生じる疾患は、閉塞性換気障害（肺気腫、気管支喘息、慢性気管支炎等）、拘束性換気障害（間質性肺炎、肺結核後遺症、じん肺等）、心血管系異常、神経・筋疾患、中枢神経系異常など多岐にわたり、肺疾患のみが対象疾患ではありません。

主要症状

■ 呼吸不全の主要症状として、咳、痰、喘鳴、胸痛、労作時の息切れ等の自覚症状と、チアノーゼ、呼吸促迫、低酸素血症等の他覚所見があります。

検査成績

■ 検査成績として、動脈血分析値、予測肺活量１秒率および必要に応じて行う運動負荷肺機能検査等があります。

検査成績の参考値

■ 動脈血分析値および予測肺活量１秒率の異常の程度の参考値が、次のとおり示されています。なお、動脈血ガス分析値の測定は、安静時に行うものとされています。

A 表　動脈血ガス分析値

区分	検査項目	単位	軽度異常	中等度異常	高度異常
1	動脈血 O_2 分圧	Torr	70 ～ 61	60 ～ 56	55 以下
2	動脈血 CO_2 分圧	Torr	46 ～ 50	51 ～ 59	60 以上

（注）病状判定に際しては、動脈血 O_2 分圧値を重視する。

B 表　予測肺活量１秒率

検査項目	単位	軽度異常	中等度異常	高度異常
予測肺活量１秒率	%	40 ～ 31	30 ～ 21	20 以下

一般状態区分

■ 障害の程度を一般状態区分表で示したものは次のとおりです。

区分	一　般　状　態
ア	無症状で社会活動ができ、制限を受けることなく、発病前と同等にふるまえるもの
イ	軽度の症状があり、肉体労働は制限を受けるが、歩行、軽労働や座業はできるもの 例えば、軽い家事、事務など
ウ	歩行や身のまわりのことはできるが、時に少し介助が必要なこともあり、軽労働はできないが、日中の50%以上は起居しているもの
エ	身のまわりのある程度のことはできるが、しばしば介助が必要で、日中の50%以上は就床しており、自力では屋外への外出等がほぼ不可能となったもの
オ	身のまわりのこともできず、常に介助を必要とし、終日就床を強いられ、活動の範囲がおおむねベッド周辺に限られるもの

呼吸不全による障害等級

■ 呼吸不全により各等級に相当すると認められる状態の例示は次のとおりです。

障害の程度	障　害　の　状　態
1級	A表及びB表の検査成績が高度異常を示すもので、かつ、一般状態区分表のオに該当するもの

2級	A表及びB表の検査成績が中等度異常を示すもので、かつ、一般状態区分表のエ又はウに該当するもの
3級	A表及びB表の検査成績が軽度異常を示すもので、かつ、一般状態区分表のウ又はイに該当するもの

なお、呼吸不全の障害の程度の判定にあたっては、A表の動脈血ガス分析値が優先されますが、その他の検査成績等も参考とし、認定時の具体的な日常生活状況等を把握して、総合的に認定することとされています。

慢性気管支喘息の認定方法と障害等級

1 慢性気管支喘息については、症状が安定している時期においての症状の程度、使用する薬剤、酸素療法の有無、検査所見、具体的な日常生活状況等を把握して、総合的に認定することとされています。

2 各等級に相当すると認められる状態の例示は次のとおりです。

障害の程度	障害の状態
1級	最大限の薬物療法を行っても発作強度が大発作となり、無症状の期間がなく一般状態区分表のオに該当する場合であって、予測肺活量1秒率が高度異常（測定不能を含む）、かつ、動脈血ガス分析値が高度異常で常に在宅酸素療法を必要とするもの

2級	呼吸困難を常に認める。常時とは限らないが、酸素療法を必要とし、一般状態区分表のエ又はウに該当する場合であって、プレドニゾロンに換算して1日10mg相当以上の連用、又は5mg相当以上の連用と吸入ステロイド高用量の連用を必要とするもの
3級	喘鳴や呼吸困難を週1回以上認める。非継続的なステロイド薬の使用を必要とする場合があり、一般状態区分表のウ又はイに該当する場合であって、吸入ステロイド中用量以上及び長期管理薬を追加薬として2剤以上の連用を必要とし、かつ、短時間作用性吸入β_2刺激薬頓用を少なくとも週に1回以上必要とするもの

（注1）上記表中の症状は、的確な喘息治療を行い、なおも、その症状を示すものであること。

また、全国的に見て、喘息の治療が必ずしも専門医（呼吸器内科等）が行っているとは限らず、また、必ずしも「喘息予防・管理ガイドライン2009（JGL2009）」に基づく治療を受けているとは限らないことに留意が必要。

（注2）喘息は疾患の性質上、肺機能や血液ガスだけで重症度を弁別することには無理がある。このため、臨床症状、治療内容を含めて総合的に判定する必要がある。

（注3）「喘息＋肺気腫（COPD）」あるいは、「喘息＋肺線維症」については、呼吸不全の基準で認定する。

在宅酸素療法にかかる取扱い

1 常時（24時間）の在宅酸素療法を施行中のもので、かつ、軽易な労働以外の労働に常に支障がある程度のものは3級と認定されます。なお、臨床症状、検査成績および具体的な日常生活状況等によっては、さらに上位等級となります。

2 障害の程度を認定する時期は、在宅酸素療法を開始した日（初診日から起算して1年6か月を超える

● 在宅酸素療法を開始した日が、初診日から1年6か月経過日後である場合は、原則どおり、1年6か月経過日が障害認定日です。

場合を除く）となります。

肺血管疾患にかかる取扱い

■ 原発性肺高血圧症や慢性肺血栓塞栓症等の肺血管疾患については、前記Ａ表および認定時の具体的な日常生活状況等によって、総合的に認定されます。

慢性肺疾患にかかる取扱い

1 慢性肺疾患により非代償性の肺性心を生じている場合は３級と認定されます。なお、治療および病状の経過、検査成績、具体的な日常生活状況等によっては、さらに上位等級となります。

2 慢性肺疾患では、それぞれ個人の順応や代償という現象があり、また他方では、多臓器不全の病状も呈してくることから、呼吸機能検査成績が必ずしも障害の程度を示すものとはいえないことに留意します。

肺手術後の初診日の取扱い

■ 肺疾患に罹患し手術を行い、その後、呼吸不全を生じた場合は、肺手術と呼吸不全発生までの期間が長いものであっても、相当因果関係があるものと認められます。

＜参考＞　「喘息予防・管理ガイドライン２００９（ＪＧＬ２００９）」より抜粋

１　喘息治療のステップ

		治療ステップ１	治療ステップ２	治療ステップ３	治療ステップ４
長期管理薬	基本治療	吸入ステロイド薬 （低用量）	吸入ステロイド薬 （低～中用量）	吸入ステロイド薬 （中～高用量）	吸入ステロイド薬 （高用量）
		上記が使用できない場合以下のいずれかを用いる ＬＴＲＡ テオフィリン徐放製剤（症状が稀であれば必要なし）	上記で不十分な場合に以下いずれか一剤を併用 ＬＡＢＡ （配合剤の使用可） ＬＴＲＡ テオフィリン徐放製剤	上記に下記のいずれか１剤、あるいは複数を併用 ＬＡＢＡ （配合剤の使用可） ＬＴＲＡ テオフィリン徐放製剤	上記に下記の複数を併用 ＬＡＢＡ （配合剤の使用可） ＬＴＲＡ テオフィリン徐放製剤 上記のすべてでも管理不良の場合は下記のいずれかあるいは両方を追加 抗IgE抗体[2)] 経口ステロイド薬[3)]
	追加治療	ＬＴＲＡ以外の 抗アレルギー薬[1)]	ＬＴＲＡ以外の 抗アレルギー薬[1)]	ＬＴＲＡ以外の 抗アレルギー薬[1)]	ＬＴＲＡ以外の 抗アレルギー薬[1)]
発作治療[4)]		吸入ＳＡＢＡ	吸入ＳＡＢＡ	吸入ＳＡＢＡ	吸入ＳＡＢＡ
未治療の状態で対象となる症状		（軽症間欠型相当） ・症状が週1回未満 ・症状は軽度で短い ・夜間症状は月に2回未満	（軽症持続型相当） ・症状が週1回以上、しかし毎日ではない ・月1回以上日常生活や睡眠が妨げられる ・夜間症状は月2回以上	（中等症持続型相当） ・症状が毎日ある ・短時間作用性吸入β_2刺激薬がほぼ毎日必要 ・週１回以上日常生活や睡眠が妨げられる ・夜間症状が週１回以上	（重症持続型相当） ・治療下でもしばしば増悪 ・症状が毎日ある ・日常生活が制限される ・夜間症状がしばしば

ＬＴＲＡ：ロイコトリエン受容体拮抗薬
ＬＡＢＡ：長時間作用性β_2刺激薬
ＳＡＢＡ：短時間作用性β_2刺激薬

１）　抗アレルギー薬とは、メディエーター遊離抑制薬、ヒスタミンH_1拮抗薬、トロンボキサンA_2阻害薬、Ｔｈ２サイトカイン阻害薬を指す。
２）　通年性吸入抗原に対して陽性かつ血清総IgE値が30～700IU/mLの場合に適用となる。
３）　経口ステロイド薬は短時間の間欠的投与を原則とする。他の薬剤で治療内容を強化し、かつ短時間の間欠投与でもコントロールが得られない場合は、必要最小量を維持量とする。
４）　軽度の発作までの対応を示し、それ以上の発作については喘息予防・管理ガイドライン2009　7－2「急性増悪（発作）への対応（成人）」を参照

※　予防･管理に用いる薬剤には、長期管理薬（コントローラー）と急性発作の治療に用いる（リリーバー）があり、これらの薬剤をそれぞれのステップに応じて使用する。コントローラーは抗炎症薬と長時間作用性気管支拡張薬であり、リリーバーは短時間作用性気管支拡張薬と全身性ステロイド薬である

2　コントロール状態の評価

	コントロール良好 （すべての項目が該当）	コントロール不十分 （いずれかの項目が該当）	コントロール不良
喘息症状 （日中および夜間）	なし	週１回以上	コントロール不十分の項目が３つ以上当てはまる
発作治療薬の使用	なし	週１回以上	
運動を含む活動制限	なし	あり	
呼吸機能 （FEV_1およびPEF）	正常範囲内	予測値あるいは自己最高値の８０％未満	
PEFの日（週）内変動	２０％未満	２０％以上	
増悪	なし	年に１回以上	月に１回以上＊

＊増悪が月に１回以上あれば他の項目が該当しなくてもコントロール不良と評価する。

3　各吸入ステロイド薬の吸入器の種類

	pMDI （加圧噴霧式定量吸入器）	DPI （ドライパウダー吸入器）
BDP（ベクロメタゾンプロピオン酸エステル）	BDP-HFA （キュバール）	なし
FP（フルチカゾンプロピオン酸エステル）	FP-HFA （フルタイドエアー）	FP-DPI（フルタイドディスカス、フルタイドディスクヘラー）
SM（サルメテロールキシナホ酸塩）との配合剤	FP/SM　HFA （アドエアエアー）	FP/SM DPI （アドエアディスカス）
BUD（ブデソニド）	なし	BUD-DPI（パルミコートタービュヘイラー）
FM（ホルモテロールフマル酸塩水和物）との配合剤	なし	BUD/FM（シムビコートタービュヘイラー）
CIC（シクレソニド）	CIC-HFA （オルベスコ）	なし
MF（モメタゾンフランカルボン酸エステル）	なし	MF-DPI（アズマネックスツイストヘラー）

4　各吸入ステロイド薬の治療ステップ別推奨量

薬剤名	治療ステップ１～２ 低用量	治療ステップ３ 中用量	治療ステップ４ 高用量
BDP-HFA	100～200μg/日	200～400μg/日	400～800μg/日
FP-HFA	100～200μg/日	200～400μg/日	400～800μg/日
CIC-HFA	100～200μg/日	200～400μg/日	400～800μg/日
FP-DPI	100～200μg/日	200～400μg/日	400～800μg/日
BUD-DPI	200～400μg/日	400～800μg/日	800～1,600μg/日
MF-DPI	100～200μg/日	200～400μg/日	400～800μg/日

ポイント解説

① 肺結核、じん肺、気管支喘息については、特別な取扱いを要するものとして、１級から３級の等級に該当する状態が、それぞれ別に例示されています。

② 常時（24時間）の在宅酸素療法を開始した場合について、**障害認定日の特例**が定められています。

● 初診日から1年6か月経過前が障害認定日となる事例（35ページ参照）

Section 16

障害認定に当たっての基準 ～第 11 節／心疾患による障害

【適用となる疾患例】

大動脈弁膜症（大動脈狭窄症・大動脈弁閉鎖不全症）、僧帽弁膜症（僧帽弁狭窄症・僧帽弁閉鎖不全症）、慢性虚血性心疾患、冠状動脈硬化症、狭心症、ブルガダ症候群、心筋梗塞、解離性大動脈瘤　など

【診断書の種類】

循環器疾患の障害用（様式第 120 号の6－(1)）

- 疾患例はごく一部で、認定基準に該当する障害が起こる疾患はすべて対象となります。他の障害の部分も同様です。

認定基準（引用）

令　別　表	障害の程度	障　害　の　状　態
国年令別表	1　級	身体の機能の障害又は長期にわたる安静を必要とする病状が前各号と同程度以上と認められる状態であって、日常生活の用を弁ずることを不能ならしめる程度のもの
	2　級	身体の機能の障害又は長期にわたる安静を必要とする病状が前各号と同程度以上と認められる状態であって、日常生活が著しい制限を受けるか、又は日常生活に著しい制限を加えることを必要とする程度のもの
厚年令 別表第1	3　級	身体の機能に、労働が制限を受けるか、又は労働に制限を加えることを必要とする程度の障害を有するもの

心疾患による障害の程度は、呼吸困難、心悸亢進、尿量減少、夜間多尿、チアノーゼ、浮腫等の臨床症状、X線、心電図等の検査成績、一般状態、治療及び病状の経過等により、総合的に認定するものとし、当該疾病の認定の時期以後少なくとも1年以上の療養を必要とするものであって、長期にわたる安静を必要とする病状が、日常生活の用を弁ずることを不能ならしめる程度のものを1級に、日常生活が著しい制限を受けるか又は日常生活に著しい制限を加えることを必要とする程度のものを2級に、また、労働が制限を受けるか又は労働に制限を加えることを必要とする程度のものを3級に該当するものと認定する。

認定要領

心疾患による障害の区分

本節で、心疾患とは、心臓だけでなく、血管を含む循環器疾患を指します（血圧については除かれます）。

心疾患による障害は、「弁疾患」「心筋疾患」「虚血性心疾患（心筋梗塞、狭心症）」「難治性不整脈」「大動脈疾患」「先天性心疾患」に区分されています。

「第17節／高血圧症による障害」により認定が行われます（227ページ参照）。

心疾患による障害認定の対象等

1 心疾患の障害等級の認定は、最終的には心臓機能が慢性的に障害された慢性心不全の状態を評価することであり、この状態は虚血性心疾患や弁疾患、心筋疾患などのあらゆる心疾患の終末像であるとされています。

また、「慢性心不全」とは、心臓のポンプ機能の障害により体の末梢組織への血液供給が不十分となった状態を意味し、一般的には左心室系の機能障害が主体をなしますが、右心室系の障害も考慮に入れなければならず、左心室系の障害により、動悸や息切れ、肺うっ血による呼吸困難、咳・痰、チアノーゼなどが、右心室系の障害により、全身倦怠感や浮腫、尿量減少、頚静脈怒張などの症状が出現します。

2 肺血栓塞栓症、肺動脈性肺高血圧症は、心疾患による障害として認定されます。

3 心血管疾患が重複している場合は、客観的所見に基づいた日常生活能力等の程度を十分考慮したうえで、総合的に認定されます。

臨床所見

1 主要症状には、胸痛、動悸、呼吸困難、失神等の自覚症状と、浮腫、チアノーゼ等の他覚所見があります。

2 他覚所見は、医師の診察により得られた客観的症状であるため、常に自覚症状と連動しているか否かに留意する必要があるとされています。重症度の判断には、心電図、心エコー図・カテーテル検査、動脈血ガス分析値も参考とされます。

検査成績

1 検査成績としては、血液検査（BNP 値）、心電図、心エコー図、胸部X線、X線 CT、MRI 等、核医学検査、循環動態検査、心カテーテル検査（心カテーテル法、心血管造影法、冠動脈造影法等）等があります。

2 疾患により用いられる検査が異なっており、また特殊検査も多いため、診断書上に適切に症状をあらわしていると思われる検査成績が記載されているときは、その検査成績も参考とし、認定時の具体的な日常生活状況等を把握して、総合的に認定することとされています。

異常検査所見

■ 異常検査所見の一部例示は次のとおりです。

● 異常検査所見がある場合、それに該当する心電図等を診断書に添付する必要があります。

区分	異 常 検 査 所 見
A	安静時の心電図において、0.2mV 以上の ST の低下もしくは 0.5mV 以上の深い陰性 T 波（aVR 誘導を除く。）の所見のあるもの
B	負荷心電図（6 Mets 未満相当）等で明らかな心筋虚血所見があるもの
C	胸部 X 線上で心胸郭係数 60% 以上又は明らかな肺静脈性うっ血所見や間質性肺水腫のあるもの
D	心エコー図で中等度以上の左室肥大と心拡大、弁膜症、収縮能の低下、拡張能の制限、先天性異常のあるもの
E	心電図で、重症な頻脈性又は徐脈性不整脈所見のあるもの
F	左室駆出率（EF）40% 以下のもの
G	BNP（脳性ナトリウム利尿ペプチド）が 200pg/ml 相当を超えるもの
H	重症冠動脈狭窄病変で左主幹部に 50% 以上の狭窄、あるいは、3 本の主要冠動脈に 75% 以上の狭窄を認めるもの
I	心電図で陳旧性心筋梗塞所見があり、かつ、今日まで狭心症状を有するもの

（注１） 原則として、異常検査所見があるもの全てについて、それに該当する心電図等を提出（添付）させること。

（注２）「F」についての補足

心不全の原因には、収縮機能不全と拡張機能不全とがある。

近年、心不全症例の約 40% は EF 値が保持されており、このような例での心不全は左室拡張不全機能障害によるものとされている。しかしながら、現時点において拡張機能不全を簡便に判断する検査法は確立されていない。左室拡張末期圧基準値（5-12mmHg）をかなり超える場合、パルスドプラ法による左室流入血流速度波形を用いる方法が一般的である。この血流速度波形は急速流入期血流速度波形（E 波）と心房収縮期血流速度波形（A 波）からなり、E/A 比が 1.5 以上の場合は、重度の拡張機能障害といえる。

（注３）「G」についての補足

心不全の進行に伴い、神経体液性因子が血液中に増加することが確認され、心不全の程度を評価する上で有用であることが知られている。中でも、BNP 値（心室で生合成され、心不全により分泌が亢進）は、心不全の重症度を評価する上でよく使用される NYHA 分類の重症度と良好な相関性を持つことが知られている。この値が常に 100pg/ml 以上の場合は、NYHA 心機能分類でⅡ度以上と考えられ、200 pg/ml 以上では心不全状態が進行していると判断される。

（注４）「H」についての補足

すでに冠動脈血行再建が完了している場合を除く。

一般状態区分

■ 障害の程度を一般状態区分表で示したものは次のとおりです。

区分	一　般　状　態
ア	無症状で社会活動ができ、制限を受けることなく、発病前と同等にふるまえるもの
イ	軽度の症状があり、肉体労働は制限を受けるが、歩行、軽労働や座業はできるもの 例えば、軽い家事、事務など

ウ	歩行や身のまわりのことはできるが、時に少し介助が必要なこともあり、軽労働はできないが、日中の 50% 以上は起居しているもの
エ	身のまわりのある程度のことはできるが、しばしば介助が必要で、日中の 50% 以上は就床しており、自力では屋外への外出等がほぼ不可能となったもの
オ	身のまわりのこともできず、常に介助を必要とし、終日就床を強いられ、活動の範囲がおおむねベッド周辺に限られるもの

（参考）上記区分を身体活動能力にあてはめると概ね次のとおりとなる。

区分	身　体　活　動　能　力
ア	6 Mets 以上
イ	4 Mets 以上 6 Mets 未満
ウ	3 Mets 以上 4 Mets 未満
エ	2 Mets 以上 3 Mets 未満
オ	2 Mets 未満

（注）　Mets とは、代謝当量をいい、安静時の酸素摂取量（3.5ml/kg 体重 / 分）を 1 Mets として活動時の酸素摂取量が安静時の何倍かを示すものである。

障害等級

【弁疾患】

障害の程度	障　害　の　状　態
1 級	病状（障害）が重篤で安静時においても、心不全の症状（NYHA 心機能分類クラス IV）を有し、かつ、一般状態区分表のオに該当するもの
2 級	1　人工弁を装着術後、6 ヶ月以上経過しているが、なお病状をあらわす臨床所見が 5 つ以上、かつ、異常検査所見が 1 つ以上あり、かつ、一般状態区分表のウ又はエに該当するもの

2級	2　異常検査所見のA、B、C、D、E、Gのうち2つ以上の所見、かつ、病状をあらわす臨床所見が5つ以上あり、かつ、一般状態区分表のウ又はエに該当するもの
3級	1　人工弁を装着したもの 2　異常検査所見のA、B、C、D、E、Gのうち1つ以上の所見、かつ、病状をあらわす臨床所見が2つ以上あり、かつ、一般状態区分表のイ又はウに該当するもの

（注1）　複数の人工弁置換術を受けている者にあっても、原則3級相当とする。

（注2）　抗凝固薬使用による出血傾向については、重度のものを除き認定の対象とはしない。

【心筋疾患】

障害の程度	障　害　の　状　態
1級	病状（障害）が重篤で安静時においても、心不全の症状（NYHA心機能分類クラスⅣ）を有し、かつ、一般状態区分表のオに該当するもの
2級	1　異常検査所見のFに加えて、病状をあらわす臨床所見が5つ以上あり、かつ、一般状態区分表のウ又はエに該当するもの 2　異常検査所見のA、B、C、D、E、Gのうち2つ以上の所見及び心不全の病状をあらわす臨床所見が5つ以上あり、かつ、一般状態区分表のウ又はエに該当するもの
3級	1　EF値が50%以下を示し、病状をあらわす臨床所見が2つ以上あり、かつ、一般状態区分表のイ又はウに該当するもの 2　異常検査所見のA、B、C、D、E、Gのうち1つ以上の所見及び心不全の病状をあらわす臨床所見が1つ以上あり、かつ、一般状態区分表のイ又はウに該当するもの

（注）　肥大型心筋症は、心室の収縮は良好に保たれるが、心筋肥大による心室拡張機能障害や左室流出路狭窄に伴う左室流出路圧較差などが病態の基本となっている。したがってEF値が障害認定にあたり、参考とならないことが多く、臨床所見や心電図所見、胸部X線検査、心臓エコー検査所見なども参考として総合的に障害等級を判断する。

【虚血性心疾患（心筋梗塞、狭心症）】

障害の程度	障害の状態
1級	病状（障害）が重篤で安静時においても、常時心不全あるいは狭心症状を有し、かつ、一般状態区分表のオに該当するもの
2級	異常検査所見が2つ以上、かつ、軽労作で心不全あるいは狭心症などの症状をあらわし、かつ、一般状態区分表のウ又はエに該当するもの
3級	異常検査所見が1つ以上、かつ、心不全あるいは狭心症などの症状が1つ以上あるもので、かつ、一般状態区分表のイ又はウに該当するもの

（注） 冠動脈疾患とは、主要冠動脈に少なくとも1ヶ所の有意狭窄をもつ。あるいは、冠攣縮が証明されたものを言い、冠動脈造影が施行されていなくとも心電図、心エコー図、核医学検査等で明らかに冠動脈疾患と考えられるものも含む。

【難治性不整脈】

障害の程度	障害の状態
1級	病状（障害）が重篤で安静時においても、常時心不全の症状（NYHA 心機能分類クラスⅣ）を有し、かつ、一般状態区分表のオに該当するもの
2級	1　異常検査所見のEがあり、かつ、一般状態区分表のウ又はエに該当するもの 2　異常検査所見のA、B、C、D、F、Gのうち2つ以上の所見及び病状をあらわす臨床所見が5つ以上あり、かつ、一般状態区分表のウ又はエに該当するもの
3級	1　ペースメーカー、ICDを装着したもの 2　異常検査所見のA、B、C、D、F、Gのうち1つ以上の所見及び病状をあらわす臨床所見が1つ以上あり、かつ、一般状態区分表のイ又はウに該当するもの

（注1） 難治性不整脈とは、放置すると心不全や突然死を引き起こす危険性の高い不整脈で、適切な治療を受けているにも拘わらず、それが改善しないものを言う。

（注2） 心房細動は、一般に加齢とともに漸増する不整脈であり、それのみでは認定の対象とはならないが、心不全を合併したり、ペースメーカーの装着を要する場合には認定の対象となる。

【大動脈疾患】

障害の程度	障　害　の　状　態
3級	1　胸部大動脈解離（Stanford 分類 A 型・B 型）や胸部大動脈瘤により、人工血管を挿入し、かつ、一般状態区分表のイ又はウに該当するもの 2　胸部大動脈解離や胸部大動脈瘤に、難治性の高血圧を合併したもの

（注1）　Stanford 分類 A 型：上行大動脈に解離がある。
　　　　Stanford 分類 B 型：上行大動脈まで解離が及んでいないもの。

（注2）　大動脈瘤とは、大動脈の一部がのう状又は紡錘状に拡張した状態で、先天性大動脈疾患や動脈硬化（アテローム硬化）、膠原病などが原因となる。これのみでは認定の対象とはならないが、原疾患の活動性や手術による合併症が見られる場合には、総合的に判断する。

（注3）　胸部大動脈瘤には、胸腹部大動脈瘤も含まれる。

（注4）　難治性高血圧とは、塩分制限などの生活習慣の修正を行った上で、適切な薬剤3薬以上の降圧薬を適切な用量で継続投与しても、なお、収縮期血圧が 140mmHg 以上又は拡張期血圧が 90mmHg 以上のもの。

（注5）　大動脈疾患では、特殊な例を除いて心不全を呈することはなく、また最近の医学の進歩はあるが、完全治癒を望める疾患ではない。従って、一般的には1・2級には該当しないが、本傷病に関連した合併症（周辺臓器への圧迫症状など）の程度や手術の後遺症によっては、さらに上位等級に認定する。

・大動脈瘤の定義：嚢状のものは大きさを問わず、紡錘状のものは、正常時（2.5～3cm）の 1.5 倍以上のものをいう。（2倍以上は手術が必要。）

・人工血管にはステントグラフトも含まれる。

【先天性心疾患】

障害の程度	障　害　の　状　態
1級	病状（障害）が重篤で安静時においても、常時心不全の症状（NYHA 心機能分類クラス IV）を有し、かつ、一般状態区分表のオに該当するもの

2級	1　異常検査所見が2つ以上及び病状をあらわす臨床所見が5つ以上あり、かつ、一般状態区分表のウ又はエに該当するもの 2　Eisenmenger 化（手術不可能な逆流状況が発生）を起こしているもので、かつ、一般状態区分表のウ又はエに該当するもの
3級	1　異常検査所見のC、D、Eのうち1つ以上の所見及び病状をあらわす臨床所見が1つ以上あり、かつ、一般状態区分表のイ又はウに該当するもの 2　肺体血流比 1.5 以上の左右短絡、平均肺動脈収縮期圧 50mmHg 以上のもので、かつ、一般状態区分表のイ又はウに該当するもの

【重症心不全】

心臓移植や人工心臓等を装着した場合の障害等級は次のとおりです。ただし、術後1～2年程度経過観察したうえで、症状が安定しているときは、臨床症状、検査成績、一般状態区分表を勘案し、障害等級の再認定が行われます。

- □ 心臓移植：1級
- □ 人工心臓：1級
- □ CRT（心臓再同期医療機器）、CRT-D（除細動器機能付き心臓再同期医療機器）：2級

障害認定日の取扱い

■　心臓ペースメーカー、ICD（植込み型除細動器）、または人工弁を装着した場合の**障害の程度を認定すべき日**は、それらを装着した日（初診日から起算して１年６か月を超える場合を除く）です。

●装着した日が、初診日から1年6か月経過日後である場合は、原則どおり、1年6か月経過日が障害認定日です。

ポイント解説

① 認定要領の１級の例示で適用されている**NYHA心機能分類**では、心不全の状態について、次のとおり分類されています。

ニューヨーク心臓協会（New York Heart Association）が定めた分類

Ⅰ度	心疾患はあるが身体活動に制限はない。日常的な身体活動では著しい疲労、動悸、呼吸困難あるいは狭心痛を生じない。
Ⅱ度	軽度の身体活動の制限がある。安静時には無症状。日常的な身体活動で疲労、動悸、呼吸困難あるいは狭心痛を生じる。
Ⅲ度	高度な身体活動の制限がある。安静時には無症状。日常的な身体活動以下の労作で疲労、動悸、呼吸困難あるいは狭心痛を生じる。
Ⅳ度	心疾患のためいかなる身体活動も制限される。心不全症状や狭心痛が安静時にも存在する。わずかな労作でこれらの症状は増悪する。

② 認定要領で障害等級が定められている状態と、**障害認定日の特例**を整理すると、次ページの表のとおりとなります（障害認定日については、初診日から１年６か月を超える場合を除きます）。

初診日から1年6か月経過前が障害認定日となる事例（35ページを参照）

障害の状態	障害等級	障害認定日（初診日から6か月以内の場合）
人工弁／心臓ペースメーカー／ICD（植え込み型除細動器）	３級	装着日
心臓移植／人工心臓・補助人工心臓**（術後の経過による再認定あり）**	１級	移植日／装着日
CRT（心臓再同期医療機器）／CRT-D（除細動器機能付き心臓再同期医療機器）（術後の経過による再認定あり）	２級	装着日
人工血管（ステントグラフトを含む）を挿入置換し、かつ一般状態区分が「イ」か「ウ」の場合	３級	挿入置換日

1～2年程度経過観察したうえで症状が安定している場合は、障害等級の見直しがあります。

Section 17

障害認定に当たっての基準
～第 12 節／腎疾患による障害

【適用となる疾患例】

慢性腎炎、ネフローゼ症候群、慢性糸球体腎炎、IgA 腎症、糖尿病性腎症、腎硬化症、多発性嚢胞腎　など

【診断書の種類】

腎疾患・肝疾患・糖尿病の障害用（様式第 120 号の6－(2)）

- 腎疾患の障害認定基準は、平成 27 年６月に改正され、現行のものとなっています。
- 疾患例はごく一部で、認定基準に該当する障害が起こる疾患はすべて対象となります。他の障害の部分も同様です。

認定基準（引用）

令　別　表	障害の程度	障　害　の　状　態
国年令別表	1　級	身体の機能の障害又は長期にわたる安静を必要とする病状が前各号と同程度以上と認められる状態であって、日常生活の用を弁ずることを不能ならしめる程度のもの
	2　級	身体の機能の障害又は長期にわたる安静を必要とする病状が前各号と同程度以上と認められる状態であって、日常生活が著しい制限を受けるか、又は日常生活に著しい制限を加えることを必要とする程度のもの
厚年令 別表第1	3　級	身体の機能に、労働が制限を受けるか、又は労働に制限を加えることを必要とする程度の障害を有するもの

腎疾患による障害の程度は、自覚症状、他覚所見、検査成績、一般状態、治療及び病状の経過、人工透析療法の実施状況、具体的な日常生活状況等により、総合的に認定するものとし、当該疾病の認定の時期以後少なくとも１年以上の療養を必要とするものであって、長期にわたる安静を必要とする病状が、日常生活の用を弁ずることを不能ならしめる程度のものを１級に、日常生活が著しい制限を受けるか又は日常生活に著しい制限を加えることを必要とする程度のものを２級に、また、労働が制限を受けるか又は労働に制限を加えることを必要とする程度のものを３級に該当するものと認定する。

認定要領

腎疾患による障害認定の対象等

■ 腎疾患による障害の認定の対象は、慢性腎不全に対するものがほとんどです。

「慢性腎不全」とは、慢性腎疾患によって腎機能障害が持続的に徐々に進行し、生体が正常に維持できなくなった状態をいいます。

すべての腎疾患は、長期に経過すれば腎不全に至る可能性があるとされています。腎疾患で最も多いものは、糖尿病性腎症、慢性腎炎（ネフローゼ症候群を含む）、腎硬化症ですが、ほかにも、多発性嚢胞腎、急速進行性腎炎、腎盂腎炎、膠原病、アミロイドーシス等があります。

臨床所見

■ 主要症状には、悪心、嘔吐、食欲不振、頭痛等の自覚症状と、浮腫、貧血、アシドーシス等の他覚所見があります。

検査成績

■　検査としては、尿検査、血球算定検査、血液生化学検査（血清尿素窒素、血清クレアチニン、血清電解質等）、動脈血ガス分析、腎生検等があります。

異常検査所見

【慢性腎不全】

区分	検査項目	単位	軽度異常	中等度異常	高度異常
ア	内因性クレアチニンクリアランス	ml/分	20以上 30未満	10以上 20未満	10未満
イ	血清クレアチニン	mg/dl	3以上 5未満	5以上 8未満	8以上

（注）　eGFR（推算糸球体濾過量）が記載されていれば、血清クレアチニンの異常に替えて、eGFR（単位はml/分/1.73m²）が10以上20未満のときは軽度異常、10未満のときは中等度異常と取り扱うことも可能とする。

【ネフローゼ症候群】

区分	検査項目	単位	異　常
ア	尿蛋白量 (1日尿蛋白量又は 尿蛋白/尿クレアチニン比)	g/日 又は g/gCr	3.5以上を持続する
イ	血清アルブミン（BCG法）	g/dl	3.0以下
ウ	血清総蛋白	g/dl	6.0以下

一般状態区分

■　障害の程度を一般状態区分表で示したものは次のとおりです。

区分	一　般　状　態
ア	無症状で社会活動ができ、制限を受けることなく、発病前と同等にふるまえるもの
イ	軽度の症状があり、肉体労働は制限を受けるが、歩行、軽労働や座業はできるもの 　例えば、軽い家事、事務など
ウ	歩行や身のまわりのことはできるが、時に少し介助が必要なこともあり、軽労働はできないが、日中の50%以上は起居しているもの
エ	身のまわりのある程度のことはできるが、しばしば介助が必要で、日中の50%以上は就床しており、自力では屋外への外出等がほぼ不可能となったもの
オ	身のまわりのこともできず、常に介助を必要とし、終日就床を強いられ、活動の範囲がおおむねベッド周辺に限られるもの

障害等級

■　各等級に相当すると認められる状態の例示は次のとおりです。

障害の程度	障　害　の　状　態
1級	慢性腎不全の検査成績が高度異常を1つ以上示すもので、かつ、一般状態区分表のオに該当するもの

2級	1　慢性腎不全の検査成績が中等度又は高度の異常を１つ以上示すもので、かつ、一般状態区分表のエ又はウに該当するもの 2　人工透析療法施行中のもの
3級	1　慢性腎不全の検査成績が軽度、中等度又は高度の異常を１つ以上示すもので、かつ、一般状態区分表のウ又はイに該当するもの 2　ネフローゼ症候群の検査成績のうちアが異常を示し、かつ、イ又はウのいずれかが異常を示すもので、かつ、一般状態区分表のウ又はイに該当するもの

人工透析療法にかかる取扱い

1　人工透析療法施行中の場合は２級と認定されます。

なお、主要症状、人工透析療法施行中の**検査成績**、長期透析による合併症の有無とその程度、具体的な日常生活状況等によっては、さらに上位等級となります。

- 診断書には、毎回の透析実施前の検査成績を記入してもらいます。

2　**障害の程度を認定する時期**は、人工透析療法を初めて受けた日から起算して３か月を経過した日（初診日から起算して１年６か月を超える場合を除く）です。

- 人工透析治療開始から3か月を経過した日が、初診日から1年6か月経過日後である場合は、原則どおり、1年6か月経過日が障害認定日です。

認定上の留意点

1　検査成績は、その性質上変動しやすいものであるため、腎疾患の経過中において最も適切に病状をあらわしていると思われる検査成績に基づいて認定を行うものとされています。

2 糸球体腎炎(ネフローゼ症候群を含む)、腎硬化症、多発性嚢胞腎、腎盂腎炎に罹患し、その後慢性腎不全を生じた場合、両者の期間が長いものであっても、**相当因果関係があるものと認められます**。

この場合、慢性腎不全による障害の初診日は、記載されている各疾患により初めて医師等の診療を受けた日となります。

3 腎疾患は、その原因疾患が多岐にわたり、それによって生じる臨床所見、検査所見もさまざまなので、前述の検査成績によるほか、合併症の有無とその程度、他の一般検査および特殊検査の検査成績、治療および病状の経過等も参考とし、認定時の具体的な日常生活状況等を把握して総合的に認定することとされています。

腎臓移植の取扱い

1 腎臓移植を受けた場合は、術後の症状、治療経過、検査成績および予後等を十分に考慮して総合的に認定されます。

2 障害年金の受給中に腎臓移植を受けた場合は、臓器が生着し、安定的に機能するまでの間を考慮して、術後１年間は従前の等級とされます。

ポイント解説

① 人工透析療法を受けている場合のほかは、検査成績、一般状態区分を中心とした、総合的な認定となります。

② **人工透析療法開始から３か月を経過した日**が、初診日から１年６か月経過前にある場合、この日を障害認定日とする特例があります。

● 人工透析療法開始から3か月を経過した日が、初診日から1年6か月経過後にあるときは、原則どおり、初診日から1年6か月経過日が障害認定日です。この場合の請求は、人工透析療法開始から3か月待つ必要はありません（人工透析治療開始＝2級となりますので、該当したらなるべく早く請求することが望まれます）。

Section 18

障害認定に当たっての基準～第 13 節／肝疾患による障害

【適用となる疾患例】

肝炎、肝硬変、肝がん　など

【診断書の種類】

腎疾患・肝疾患・糖尿病の障害用（様式第 120 号の6－(2)）

- 肝疾患の認定基準は、平成 26 年6月に改正され、現行のものとなっています。
- 疾患例はごく一部で、認定基準に該当する障害が起こる疾患はすべて対象となります。他の障害の部分も同様です。

認定基準（引用）

令　別　表	障害の程度	障　害　の　状　態
国年令別表	1　級	身体の機能の障害又は長期にわたる安静を必要とする病状が前各号と同程度以上と認められる状態であって、日常生活の用を弁ずることを不能ならしめる程度のもの
	2　級	身体の機能の障害又は長期にわたる安静を必要とする病状が前各号と同程度以上と認められる状態であって、日常生活が著しい制限を受けるか、又は日常生活に著しい制限を加えることを必要とする程度のもの
厚年令 別表第1	3　級	身体の機能に、労働が制限を受けるか、又は労働に制限を加えることを必要とする程度の障害を有するもの

肝疾患による障害の程度は、自覚症状、他覚所見、検査成績、一般状態、治療及び病状の経過、具体的な日常生活状況等により、総合的に認定するものとし、当該疾病の認定の時期以後少なくとも１年以上の療養を必要とするものであって、長期にわたる安静を必要とする病状が、日常生活の用を弁ずることを不能ならしめる程度のものを１級に、日常生活が著しい制限を受けるか又は日常生活に著しい制限を加えることを必要とする程度のものを２級に、また、労働が制限を受けるか又は労働に制限を加えることを必要とする程度のものを３級に該当するものと認定する。

認定要領

肝疾患による障害認定の対象等

■ 肝疾患による障害の認定の対象は、慢性かつびまん性の肝疾患の結果生じた肝硬変症およびそれに付随する病態（食道・胃などの静脈瘤、特発性細菌性腹膜炎、肝がんを含む）です。

肝硬変では、一般に肝は萎縮し、肝全体が高度の線維化のため硬化してきます。肝硬変で最も多いものは、Ｂ型肝炎ウイルスまたはＣ型肝炎ウイルスによるウイルス性肝硬変であり、その他自己免疫性肝炎や非アルコール性脂肪肝炎による肝硬変、アルコール性肝硬変、胆汁うっ滞型肝硬変、代謝性肝硬変（ウィルソン病、ヘモクロマトーシス）等があります。

臨床所見

■ 主要症状には、易疲労感、全身倦怠感、腹部膨満感、発熱、食欲不振、悪心、嘔吐、皮膚そう痒感、吐血、下血、有痛性筋痙攣等の自覚症状と、肝萎縮、脾腫大、浮腫、腹水、黄疸、腹壁静脈怒張、食道・胃静脈瘤、肝性脳症、出血傾向等の他覚所見があります。

検査成績

■　検査としては、まず、血球算定検査、血液生化学検査が行われますが、さらに、肝炎ウイルス検査、血液凝固系検査、免疫学的検査、超音波検査、CT・MRI 検査、腹腔鏡検査、肝生検、上部消化管内視鏡検査、肝血管造影等が行われます。

異常検査所見・臨床所見

■　重症度判定の検査項目、臨床所見および異常値の一部例示を示したものは、次のとおりです。

検査項目／臨床所見	基準値	中等度の異常	高度異常
血清総ビリルビン（mg/dl）	0.3 ～ 1.2	2.0 以上 3.0 以下	3.0 超
血清アルブミン（g/dl）（BCG 法）	4.2 ～ 5.1	3.0 以上 3.5 以下	3.0 未満
血小板数（万／μl）	13 ～ 35	5 以上 10 未満	5 未満
プロトロンビン時間（PT）（%）	70 超～ 130	40 以上 70 以下	40 未満
腹水	—	腹水あり	難治性 腹水あり
脳症（表１）	—	I 度	II 度以上

表 1　昏睡度分類

昏睡度	精神症状	参考事項
I	睡眠－覚醒リズムに逆転。 多幸気分ときに抑うつ状態。 だらしなく、気にとめない態度。	あとで振り返ってみて判定できる。
II	指南力（時、場所）障害、物をとり違える(confusion) 異常行動 （例：お金をまく、化粧品をゴミ箱に捨てるなど） ときに傾眠状態（普通のよびかけで開眼し会話が出来る） 無礼な言動があったりするが、他人の指示には従う態度を見せる。	興奮状態がない。 尿便失禁がない。 羽ばたき振戦あり。
III	しばしば興奮状態またはせん妄状態を伴い、反抗的態度をみせる。 嗜眠状態（ほとんど眠っている）。 外的刺激で開眼しうるが、他人の指示には従わない、または従えない（簡単な命令には応じえる）。	羽ばたき振戦あり。 （患者の協力がえられる場合） 指南力は高度に障害。
IV	昏眠（完全な意識の消失）。痛み刺激に反応する。	刺激に対して、払いのける動作、顔をしかめるなどがみられる。
V	深昏睡 痛み刺激にもまったく反応しない。	

一般状態区分

■ 障害の程度を一般状態区分表で示したものは次のとおりです。

区分	一　般　状　態
ア	無症状で社会活動ができ、制限を受けることなく、発病前と同等にふるまえるもの
イ	軽度の症状があり、肉体労働は制限を受けるが、歩行、軽労働や座業はできるもの 　例えば、軽い家事、事務など
ウ	歩行や身のまわりのことはできるが、時に少し介助が必要なこともあり、軽労働はできないが、日中の50%以上は起居しているもの
エ	身のまわりのある程度のことはできるが、しばしば介助が必要で、日中の50%以上は就床しており、自力では屋外への外出等がほぼ不可能となったもの
オ	身のまわりのこともできず、常に介助を必要とし、終日就床を強いられ、活動の範囲がおおむねベッド周辺に限られるもの

障害等級

1 各等級に相当すると認められる状態の例示は次のとおりです。

障害の程度	障　害　の　状　態
1級	検査成績及び臨床所見のうち高度異常を３つ以上示すもの又は高度異常を２つ及び中等度の異常を２つ以上示すもので、かつ、一般状態区分表のオに該当するもの

2級	検査成績及び臨床所見のうち中等度又は高度の異常を３つ以上示すもので、かつ、一般状態区分表のエ又はウに該当するもの
3級	検査成績及び臨床所見のうち中等度又は高度の異常を２つ以上示すもので、かつ、一般状態区分表のウ又はイに該当するもの

2 障害の程度の判定にあたっては、検査成績および臨床所見によるほか、他覚所見、他の一般検査および特殊検査の検査成績、治療および病状の経過等も参考とし、認定時の具体的な日常生活状況等を把握して、総合的に行うこととされています。

認定上の留意点

1 検査成績は、その性質上変動しやすいため、肝疾患の経過中において最も適切に病状をあらわしていると思われる検査成績に基づいて認定を行うものとされています。

2 肝硬変は、その発症原因によって、病状、進行状況を異にするため、各疾患固有の病態に合わせて認定が行われます。また、アルコール性肝硬変については、継続して必要な治療を行っていることおよび検査日より前に180日以上アルコールを摂取していないことについて確認のできた場合に限り、認定を行うこととされています。

3 慢性肝炎は、原則として認定の対象となりませんが、障害等級で例示された障害の状態に相当する場合は、認定の対象とされます。

4 食道・胃などの静脈瘤については、吐血・下血の既往、治療歴の有無およびその頻度、治療効果を参考とし、検査項目および臨床所見の異常に加えて、総合的に認定することとされています。特発性細菌性腹膜炎についても同様です。

5 肝がんについては、検査項目および臨床所見の異常に加えて、肝がんによる障害を考慮し、本節および「第16節／悪性新生物による障害」の認定要領により認定されます。ただし、検査項目および臨床所見の異常がない場合は、第16節の認定要領により認定が行われます。

肝臓移植の取扱い

1 肝臓移植を受けた場合は、術後の症状、治療経過、検査成績および予後等を十分に考慮して総合的に認定されます。

2 障害年金を受給中に肝臓移植を受けた場合は、臓器が生着し、安定的に機能するまでの間を考慮して、術後1年間は従前の等級とされます。

ポイント解説

① 肝疾患による認定の対象は、肝硬変症と付随する病態とされています。ただし、慢性肝炎についても、認定要領に定められた障害の状態に該当する場合は、認定の対象となります。

② アルコール性肝硬変については、継続して必要な治療を行っていること、検査日より前に180日以上アルコールを摂取していないことについて確認できた場合に限り、認定を行うこととされていますので、注意が必要です。

③ 肝がんについては、この基準のほか、「第16節／悪性新生物による障害」の認定要領により認定することとされています。

Section 19

障害認定に当たっての基準 ～第 14 節／血液・造血器疾患による障害

【適用となる疾患例】

再生不良性貧血、血小板減少性紫斑病、凝固因子欠乏症（血友病など）、白血病、悪性リンパ腫、多発性骨髄腫、骨髄異形成症候群（MDS）　など

【診断書の種類】

血液・造血器・その他の障害用（様式第 120 号の7）

- 血液・造血器疾患の認定基準は、平成 29 年 12 月に大きく改正されました。
- 疾患例はごく一部で、認定基準に該当する障害が起こる疾患はすべて対象となります。他の障害の部分も同様です。

認定基準（引用）

令　別　表	障害の程度	障　害　の　状　態
国年令別表	1　級	身体の機能の障害又は長期にわたる安静を必要とする病状が前各号と同程度以上と認められる状態であって、日常生活の用を弁ずることを不能ならしめる程度のもの
	2　級	身体の機能の障害又は長期にわたる安静を必要とする病状が前各号と同程度以上と認められる状態であって、日常生活が著しい制限を受けるか、又は日常生活に著しい制限を加えることを必要とする程度のもの
厚年令 別表第1	3　級	身体の機能に、労働が制限を受けるか、又は労働に制限を加えることを必要とする程度の障害を有するもの

血液・造血器疾患による障害の程度は、自覚症状、他覚所見、検査成績、一般状態、治療及び症状の経過等（薬物療法による症状の消長の他、薬物療法に伴う合併症等）、具体的な日常生活状況等により、総合的に認定するものとし、当該疾病の認定の時期以後少なくとも１年以上の療養を必要とするものであって、長期にわたる安静を必要とする病状が、日常生活の用を弁ずることを不能ならしめる程度のものを１級に、日常生活が著しい制限を受けるか又は日常生活に著しい制限を加えることを必要とする程度のものを２級に、また、労働が制限を受けるか又は労働に制限を加えることを必要とする程度のものを３級に該当するものと認定する。

認定要領

血液・造血器疾患による障害の区分

■ 血液・造血器疾患は、臨床像から次のとおり大別されています。

①赤血球系・造血不全疾患（再生不良性貧血、溶血性貧血等）

②血栓・止血疾患（血小板減少性紫斑病、凝固因子欠乏症等）

③白血球系・造血器腫瘍疾患（白血病、悪性リンパ腫、多発性骨髄腫等）

臨床所見

■ 主要症状として、顔面蒼白、易疲労感、動悸、息切れ、発熱、頭痛、めまい、知覚異常、紫斑、月経過多、骨痛、関節痛等の自覚症状と、黄疸、心雑音、舌の異常、易感染性、出血傾向、血栓傾向、リンパ節腫脹、肝腫、脾腫等の他覚所見があります。

検査所見

■ 検査としては、血球算定検査、血液生化学検査、免疫学的検査、鉄代謝検査、骨髄穿刺、リンパ節生検、骨髄生検、凝固系検査、染色体検査、遺伝子検査、細胞表面抗原検査、画像検査（CT 検査・超音波検査など）等があります。

一般状態区分

■ 障害の程度を一般状態区分表で示したものは次のとおりです。

区分	一　般　状　態
ア	無症状で社会活動ができ、制限を受けることなく、発病前と同等にふるまえるもの
イ	軽度の症状があり、肉体労働は制限を受けるが、歩行、軽労働や座業はできるもの 例えば、軽い家事、事務など
ウ	歩行や身のまわりのことはできるが、時に少し介助が必要なこともあり、軽労働はできないが、日中の 50% 以上は起居しているもの
エ	身のまわりのある程度のことはできるが、しばしば介助が必要で、日中の 50% 以上は就床しており、自力では屋外への外出等がほぼ不可能となったもの
オ	身のまわりのこともできず、常に介助を必要とし、終日就床を強いられ、活動の範囲がおおむねベッド周辺に限られるもの

障害等級

■　各等級に相当すると認められる状態の例示は次のとおりです。

障害の程度	障　害　の　状　態
1級	A表Ⅰ欄に掲げるうち、いずれか1つ以上の所見があり、B表Ⅰ欄に掲げるうち、いずれか1つ以上の所見があるもので、かつ、一般状態区分表のオに該当するもの
2級	A表Ⅱ欄に掲げるうち、いずれか1つ以上の所見があり、B表Ⅱ欄に掲げるうち、いずれか1つ以上の所見があるもので、かつ、一般状態区分表のエ又はウに該当するもの
3級	A表Ⅲ欄に掲げるうち、いずれか1つ以上の所見があり、B表Ⅲ欄に掲げるうち、いずれか1つ以上の所見があるもので、かつ、一般状態区分表のウ又はイに該当するもの

【赤血球系・造血不全疾患】

A表

区分	臨　床　所　見
Ⅰ	1　高度の貧血、出血傾向、易感染性を示すもの 2　輸血をひんぱんに必要とするもの
Ⅱ	1　中度の貧血、出血傾向、易感染性を示すもの 2　輸血を時々必要とするもの
Ⅲ	1　軽度の貧血、出血傾向、易感染性を示すもの 2　輸血を必要に応じて行うもの

B表

区分	検 査 所 見
I	1　末梢血液中の赤血球像で、次のいずれかに該当するもの （1）ヘモグロビン濃度が7.0g/dL 未満のもの （2）網赤血球数が２万 / μL 未満のもの 2　末梢血液中の白血球像で、次のいずれかに該当するもの （1）白血球数が1,000/ μL 未満のもの （2）好中球数が500/ μL 未満のもの 3　末梢血液中の血小板数が２万 / μL 未満のもの
II	1　末梢血液中の赤血球像で、次のいずれかに該当するもの （1）ヘモグロビン濃度が7.0g/dL 以上 9.0g/dL 未満のもの （2）網赤血球数が２万 / μL 以上６万 / μL 未満のもの 2　末梢血液中の白血球像で、次のいずれかに該当するもの （1）白血球数が1,000/ μL 以上 2,000/ μL 未満のもの （2）好中球数が500/ μL 以上 1,000/ μL 未満のもの 3　末梢血液中の血小板数が２万 / μL 以上５万 / μL 未満のもの
III	1　末梢血液中の赤血球像で、次のいずれかに該当するもの （1）ヘモグロビン濃度が9.0g/dL 以上 10.0g/dL 未満のもの （2）網赤血球数が６万 / μL 以上 10 万 / μL 未満のもの 2　末梢血液中の白血球像で、次のいずれかに該当するもの （1）白血球数が2,000/ μL 以上 3,300/ μL 未満のもの （2）好中球数が1,000/ μL 以上 2,000/ μL 未満のもの 3　末梢血液中の血小板数が５万 / μL 以上 10 万 / μL 未満のもの

【血栓・止血疾患】

A表

区分	臨床所見
I	1　高度の出血傾向、血栓傾向又は関節症状のあるもの 2　補充療法をひんぱんに行っているもの
II	1　中度の出血傾向、血栓傾向又は関節症状のあるもの 2　補充療法を時々行っているもの
III	1　軽度の出血傾向、血栓傾向又は関節症状のあるもの 2　補充療法を必要に応じ行っているもの

（注）補充療法は、凝固因子製剤（代替医薬品やインヒビター治療薬の投与を含む。）の輸注、血小板の輸血、新鮮凍結血漿の投与などを対象にする。

B表

区分	検査所見
I	1　APTT又はPTが基準値の3倍以上のもの 2　血小板数が2万／μL未満のもの 3　凝固因子活性が1％未満のもの
II	1　APTT又はPTが基準値の2倍以上3倍未満のもの 2　血小板数が2万／μL以上5万／μL未満のもの 3　凝固因子活性が1％以上5％未満のもの
III	1　APTT又はPTが基準値の1.5倍以上2倍未満のもの 2　血小板数が5万／μL以上10万／μL未満のもの 3　凝固因子活性が5％以上40％未満のもの

（注1）凝固因子活性は、凝固第〔II・V・VII・VIII・IX・X・XI・XIII〕因子とフォンヴィレブランド因子のうち、最も数値の低い一因子を対象にする。

（注2）血栓疾患、凝固因子欠乏症でインヒビターが出現している状態及び凝固第I因子（フィブリノゲン）が欠乏している状態の場合は、B表（検査所見）によらず、A表（臨床所見）、治療及び病状の経過、具体的な日常生活状況等を十分考慮し、総合的に認定する。

【白血球系・造血器腫瘍疾患】

A表

区分	臨　床　所　見
I	1　発熱、骨・関節痛、るい痩、貧血、出血傾向、リンパ節腫脹、易感染性、肝脾腫等の著しいもの 2　輸血をひんぱんに必要とするもの 3　治療に反応せず進行するもの
II	1　発熱、骨・関節痛、るい痩、貧血、出血傾向、リンパ節腫脹、易感染性、肝脾腫等のあるもの 2　輸血を時々必要とするもの 3　継続的な治療が必要なもの
III	継続的ではないが治療が必要なもの

（注1）A表に掲げる治療とは、疾病に対する治療であり、輸血などの主要な症状を軽減するための治療（対症療法）は含まない。

（注2）A表に掲げる治療に伴う副作用による障害がある場合は、その程度に応じて、A表の区分をII以上とする（Common Terminology Criteria for Adverse Events（CTCAE）のグレード2以上の程度を参考とする。）。

B表

区分	検　査　所　見
I	1　末梢血液中のヘモグロビン濃度が7.0g/dL未満のもの 2　末梢血液中の血小板数が2万/μL未満のもの 3　末梢血液中の正常好中球数が500/μL未満のもの 4　末梢血液中の正常リンパ球数が300/μL未満のもの
II	1　末梢血液中のヘモグロビン濃度が7.0g/dL以上9.0g/dL未満のもの 2　末梢血液中の血小板数が2万/μL以上5万/μL未満のもの 3　末梢血液中の正常好中球数が500/μL以上1,000/μL未満のもの 4　末梢血液中の正常リンパ球数が300/μL以上600/μL未満のもの

III	1　末梢血液中のヘモグロビン濃度が 9.0g/dL 以上 10.0g/dL 未満のもの 2　末梢血液中の血小板数が 5 万 / μL 以上 10 万 / μL 未満のもの 3　末梢血液中の正常好中球数が 1,000/ μL 以上 2,000/ μL 未満のもの 4 末梢血液中の正常リンパ球数が 600/ μL 以上 1,000/ μL 未満のもの

検査成績について

■　検査成績は、その性質上変動しやすいものであるため、障害の程度の判定は、最も適切に病状をあらわしていると思われる検査成績に基づいて行われます。

特に、輸血や補充療法により検査数値が一時的に改善する場合は、治療前の検査成績に基づいて認定を行うものとされています。

認定上の留意点

■　血液・造血器疾患の病態は、各疾患による差異に加え、個人差も大きくあらわれ、病態によって生じる臨床所見、検査所見もさまざまなため、認定にあたってはA表およびB表によるほか、他の一般検査、特殊検査および画像診断等の検査成績、病理組織および細胞所見、合併症の有無とその程度、治療および病状の経過等を参考とし、認定時の具体的な日常生活状況等を把握して、総合的に認定することとされています。

造血幹細胞移植の取扱い

1 造血幹細胞移植を受けた場合は、術後の症状、移植片対宿主病（GVHD）の有無およびその程度、治療経過、検査成績および予後等を十分に考慮して総合的に認定することとされています。

2 慢性GVHDについては、日本造血細胞移植学会（ガイドライン委員会）において作成された『造血細胞移植ガイドライン』における慢性GVHDの臓器別スコアおよび重症度分類を参考にして、認定時の具体的な日常生活状況を把握したうえで、併合（加重）認定の取扱いは行わず、諸症状から総合的に認定されます。

3 障害年金を受給中に造血幹細胞移植を受けた場合は、移植片が生着し、安定的に機能するまでの間を考慮して、術後1年間は従前の等級とされます。

<参考>「有害事象共通用語規準 v4.0 日本語訳 JCOG 版」より抜粋

Common Terminology Criteria for Adverse Events (CTCAE)

クイックリファレンス Quick Reference
NCI 有害事象共通用語規準 v4.0 は、有害事象（AE）の評価や報告に用いることができる記述的用語集である。また各 AE について重症度のスケール（Grade）を示している。

グレード Grades
Grade は AE の重症度を意味する。CTCAE では Grade 1−5 を以下の原則に従って定義しており、各 AE の重症度の説明を個別に記載している：

Grade 1 軽症；症状がない，または軽度の症状がある；臨床所見または検査所見のみ；治療を要さない
Grade 2 中等症；最小限/局所的/非侵襲的治療を要する；年齢相応の身の回り以外の日常生活動作の制限*
Grade 3 重症または医学的に重大であるが，ただちに生命を脅かすものではない；入院または入院期間の延長を要する；活動不能/動作不能；身の回りの日常生活動作の制限**
Grade 4 生命を脅かす；緊急処置を要する
Grade 5 AE による死亡

Grade 説明文中のセミコロン（;）は「または」を意味する。

日常生活動作 Activities of Daily Living (ADL)
*身の回り以外の日常生活動作（instrumental ADL）とは食事の準備、日用品や衣服の買い物、電話の使用、金銭の管理などをさす。

**身の回りの日常生活動作（self care ADL）とは入浴、着衣・脱衣、食事の摂取、トイレの使用、薬の内服が可能で、寝たきりではない状態をさす。

＜参考＞「造血細胞移植ガイドライン」より抜粋

表6　慢性GVHD の臓器別スコア

	スコア0	スコア1	スコア2	スコア3
皮膚	無症状	＜ 18% BSA，硬化病変なし	19 ～ 50% BSA あるいは浅在性硬化病変（つまみあげられる）	＞ 50% BSA あるいは深在性硬化病変（つまみあげれない）
口腔	無症状	軽症，経口摂取に影響なし	中等症，経口摂取が軽度障害される	高度障害，経口摂取が高度に障害される
眼	無症状	軽度dry eye。日常生活に支障なし（点眼1日3回まで），無症状の角結膜炎	中等度dry eye。日常生活に軽度支障あり（点眼1日4回以上），視力障害なし	高度dry eye。日常生活に高度支障あり，眼症状のため労働不可，視力障害
消化管	無症状	嚥下困難，食欲低下，嘔気，嘔吐，腹痛，下痢，5%以上の体重減少を伴わない。	5～ 15%の体重減少を伴う消化器症状	15%以上の体重減少を伴う消化器症状あるいは食道拡張
肝	無症状	Bil，ALP，AST，ALT の正常上限の2倍以内の上昇	Bil ＞3mg/dL あるいは Bil，他の酵素の正常上限の2～5倍の上昇	Bil，他の酵素の正常上限の5倍以上の上昇
肺	無症状 FEV1 *1＞ 80% or LFS *2＝2	階段昇降時息切れ FEV_1：60 ～ 79% or LFS：3～5	歩行時息切れ FEV_1：40 ～ 59% or LFS：6～9	安静時息切れ FEV_1 ＜ 39% or LFS：10 ～ 12
関節・筋膜	無症状	日常生活に影響しない軽度の拘縮，可動制限	日常生活に支障のある拘縮，可動制限，筋膜炎による紅斑	日常生活に高度支障をきたす拘縮，可動制限（靴紐結び，ボタンがけ，着衣など不能）
性器	無症状	内診で軽度異常あるが軽度不快程度で性交痛なし	内診で中等度異常あり，不快あり	内診で高度異常あり，内診不応，性交痛あり

*1 FEV_1；% predicted，*2 LFS：Lung Function Score；FEV score ＋ DLCO score.
FEV score，DLCO score はともに＞ 80%＝1，70 ～ 79%＝2，60 ～ 69%＝3，50 ～ 59%＝4，40 ～ 49%＝5，30 ～ 39%＝6
慢性GVHD の重症度は，各臓器別にスコアリングを行い，決定する。

慢性 GVHD（移植片対宿主病）の全般的重症度（NIH）

● 軽症
１か所あるいは２か所の臓器障害で各臓器スコアが１を超えない、かつ肺病変を認めない。

● 中等症
① ３か所以上の臓器障害を認めるが、各臓器スコアは１を超えない。
② 肺以外の１臓器以上でスコア２の障害を認める。
③ スコア１の肺病変
のいずれか

● 重症
① 少なくとも１つの臓器でスコア３の臓器障害を認める。
② スコア２あるいは３の肺病変
のいずれか

付記
皮膚：スコア２以上の皮膚病変を認める場合に全般的重症度に換算される。
肺：FEV１を全般的重症度の換算に用いる。
はっきりとした GVHD 以外の原因による臓器障害がある場合には、その臓器は換算しない。
GVHD を含む複数の原因による臓器障害である場合は、そのまま換算する。

ポイント解説

① 認定要領では、共通事項として、一般状態区分と、１級から３級の等級に該当する状態の一部例示が示されたうえで、区分ごとに臨床所見（Ａ表）と異常検査所見（Ｂ表）が定められており、認定はこれらのほか、他の検査成績、合併症の有無とその程度、治療や病状の経過等を参考として総合的に行われることとされています。また、血液・造血器疾患は多岐にわたり、病態により生じる臨床所見や検査所見もさまざまなことから、認定は必ずしもＡ表とＢ表によるものではないことも示されています。（*）

② 血栓疾患、凝固因子欠乏症でインヒビターが出現している状態と、凝固第Ⅰ因子（フィブリノゲン）が欠乏している状態の場合は、検査所見（Ｂ表）によらず、総合的に認定が行われることが明記されています。

③ 輸血や補充療法により検査数値が一時的に改善する場合は、治療前の検査成績に基づいて認定されます。

④ 白血球系・造血器腫瘍疾患で、治療の副作用による障害がある場合、**有害事象共通用語規準(Common Terminology Criteria for Adverse Events；CTCAE)**の、グレード２（中等症）以

209ページを参照

上の程度を参考として、A表の区分をⅡ以上とすることが明記されています。

（＊）相談時の留意点

障害認定基準の改正に関する専門家会合では、特に白血球系・造血器腫瘍疾患について、「これだけ多くの疾患がある中でB表を使って客観的に重症度をはかることには無理がある」、「例外がいくらでも出てきてしまい、一般論とするのは非常に難しい」といった意見が多数出ました。最終的に改正された障害認定基準では、この点が少しわかりにくくなっていますが、認定要領に包括規定があり、必ずしもA表やB表に該当しなければ認定されないものではないことがわかります。特に相談を受ける立場では、化学療法等の副作用も認定の対象となることに留意してください。

Section 20

障害認定に当たっての基準 ～第 15 節／代謝疾患による障害

【適用となる疾患例】
糖尿病、糖尿病を原因とする合併症　など

【診断書の種類】
腎疾患・肝疾患・糖尿病の障害用（様式第 120 号の6－(2)）

- 代謝疾患による障害の認定基準は、平成 28 年6月に改正され、現行のものとなっています。
- 疾患例はごく一部で、認定基準に該当する障害が起こる疾患はすべて対象となります。他の障害の部分も同様です。

認定基準（引用）

令　別　表	障害の程度	障　害　の　状　態
国年令別表	1　級	身体の機能の障害又は長期にわたる安静を必要とする病状が前各号と同程度以上と認められる状態であって、日常生活の用を弁ずることを不能ならしめる程度のもの
	2　級	身体の機能の障害又は長期にわたる安静を必要とする病状が前各号と同程度以上と認められる状態であって、日常生活が著しい制限を受けるか、又は日常生活に著しい制限を加えることを必要とする程度のもの
厚年令別表第1	3　級	身体の機能に、労働が制限を受けるか、又は労働に制限を加えることを必要とする程度の障害を有するもの

代謝疾患による障害の程度は、合併症の有無及びその程度、代謝のコントロール状態、治療及び症状の経過、具体的な日常生活状況等を十分考慮し、総合的に認定するものとし、当該疾病の認定の時期以後少なくとも１年以上の療養を必要とするものであって、長期にわたる安静を必要とする病状が、日常生活の用を弁ずることを不能ならしめる程度のものを１級に、日常生活が著しい制限を受けるか又は日常生活に著しい制限を加えることを必要とする程度のものを２級に、また、労働が制限を受けるか又は労働に制限を加えることを必要とする程度のものを３級に該当するものと認定する。

認定要領

代謝疾患による障害認定の対象等

1 代謝疾患は、「糖代謝の異常」「脂質代謝の異常」「蛋白代謝の異常」「尿酸代謝の異常」「その他の代謝の異常」に分けられますが、認定の対象となる代謝疾患による障害は糖尿病が圧倒的に多いため、本節では、糖尿病の基準が定められています。

2 「糖尿病」とは、その原因のいかんを問わず、インスリンの作用不足に基づく糖質・脂質・タンパク質の代謝異常によるものであり、その中心をなすものは高血糖であるとされています。血糖コントロールの困難な状態が長年にわたると、糖尿病性網膜症、糖尿病性腎症、糖尿病性神経障害、糖尿病性壊疽等の慢性合併症が発症・進展することとなります。

糖尿病の認定は、血糖のコントロール状態そのものの認定もありますが、多くは**糖尿病合併症に対する認定**です。

合併症による障害の認定は、本節ではなく、それぞれ対応する障害認定基準により行われます。

3 糖尿病による障害の程度は、合併症の有無およびその程度、代謝のコントロール状態、治療および症状の経過、具体的な日常生活状況等を十分考慮し、総合的に認定することとされています。

一般状態区分

■ 障害の程度を一般状態区分表で示したものは次のとおりです。

区分	一　般　状　態
ア	無症状で社会活動ができ、制限を受けることなく、発病前と同等にふるまえるもの
イ	軽度の症状があり、肉体労働は制限を受けるが、歩行、軽労働や座業はできるもの 　例えば、軽い家事、事務など
ウ	歩行や身のまわりのことはできるが、時に少し介助が必要なこともあり、軽労働はできないが、日中の50%以上は起居しているもの
エ	身のまわりのある程度のことはできるが、しばしば介助が必要で、日中の50%以上は就床しており、自力では屋外への外出等がほぼ不可能となったもの
オ	身のまわりのこともできず、常に介助を必要とし、終日就床を強いられ、活動の範囲がおおむねベッド周辺に限られるもの

障害等級

■ 必要なインスリン治療を行ってもなお血糖のコントロールが困難なもので、次のいずれかに該当する状態が３級とされます。

ただし、検査日より前に90日以上継続して必要なインスリン治療を行っていることについて確認のできた場合に限り、認定を行うこととされています。

なお、症状、検査成績および具体的な日常生活状況等によっては、さらに上位等級と認定されます。

①内因性のインスリン分泌が枯渇している状態で、空腹時または随時の血清Cペプチド値が0.3ng/mL未満を示すもので、かつ、一般状態区分表のウ又はイに該当するもの

②意識障害により自己回復ができない重症低血糖の所見が平均して月１回以上あるもので、かつ、一般状態区分表のウまたはイに該当するもの

③インスリン治療中に糖尿病ケトアシドーシスまたは高血糖高浸透圧症候群による入院が年１回以上あるもので、かつ、一般状態区分表のウまたはイに該当するもの

合併症の取扱い

1 糖尿病性網膜症を合併したものによる障害の程度は、「第１節／眼の障害」の認定要領により認定されます。

2 糖尿病性壊疽を合併したもので、運動障害を生じているものは、「第７節／肢体の障害」の認定要領により認定されます。

3 糖尿病性神経障害により、激痛、著明な知覚の障害、重度の自律神経症状等があるものは、「第９節／神経系統の障害」の認定要領により認定されます。

4 糖尿病性腎症を合併したものによる障害の程度

は、「第12節／腎疾患による障害」の認定要領により認定されます。

その他の代謝疾患

その他の代謝疾患は、合併症の有無およびその程度、治療および病状の経過、一般検査および特殊検査の検査成績、認定時の具体的な日常生活状況等を十分考慮して、総合的に認定されます。

ポイント解説

代謝疾患の障害で、認定の対象となる疾患は、ほとんどが糖尿病であることから、この節では主に糖尿病の基準が定められています。

Section 21
障害認定に当たっての基準 ～第 16 節／悪性新生物による障害

【適用となる疾患例】

すべての悪性腫瘍

【診断書の種類】

- □ 眼の障害用（様式第 120 号の1）
- □ 聴覚・鼻腔機能・平衡機能・そしゃく・嚥下機能・音声又は言語機能の障害用（様式第 120 号の2）
- □ 肢体の障害用（様式第 120 号の3）
- □ 精神の障害用（様式第 120 号の4）
- □ 腎疾患・肝疾患・糖尿病の障害用（様式第 120 号の6－(2)）
- □ 血液・造血器・その他の障害用（様式第 120 号の7）

認定基準（引用）

令　別　表	障害の程度	障　害　の　状　態
国年令別表	1　級	身体の機能の障害又は長期にわたる安静を必要とする病状が前各号と同程度以上と認められる状態であって、日常生活の用を弁ずることを不能ならしめる程度のもの
	2　級	身体の機能の障害又は長期にわたる安静を必要とする病状が前各号と同程度以上と認められる状態であって、日常生活が著しい制限を受けるか、又は日常生活に著しい制限を加えることを必要とする程度のもの
厚年令 別表第1	3　級	身体の機能に、労働が制限を受けるか、又は労働に制限を加えることを必要とする程度の障害を有するもの

悪性新生物による障害の程度は、組織所見とその悪性度、一般検査及び特殊検査、画像検査等の検査成績、転移の有無、病状の経過と治療効果等を参考にして、具体的な日常生活状況等により、総合的に認定するものとし、当該疾病の認定の時期以後少なくとも１年以上の療養を必要とするものであって、長期にわたる安静を必要とする病状が、日常生活の用を弁ずることを不能ならしめる程度のものを１級に、日常生活が著しい制限を受けるか又は日常生活に著しい制限を加えることを必要とする程度のものを２級に、また、労働が制限を受けるか又は労働に制限を加えることを必要とする程度のものを３級に該当するものと認定する。

認定要領

悪性新生物による障害認定の対象等

■ 悪性新生物は、全身のほとんどの臓器に発生するため、あらわれる病状はさまざまであり、それによる障害もさまざまであるとされています。

検査所見

■ 検査には、一般検査のほかに、組織診断検査、腫瘍マーカー検査、超音波検査、X線CT検査、MRI検査、血管造影検査、内視鏡検査等があります。

障害の区分

■ 悪性新生物による障害は、次のように区分されます。

①悪性新生物そのもの（原発巣、転移巣を含む）によって生じる局所の障害

②悪性新生物そのもの（原発巣、転移巣を含む）による全身の衰弱または機能の障害

③悪性新生物に対する治療の効果として起こる全身衰弱または機能の障害

一般状態区分

■ 障害の程度を一般状態区分表で示したものは次のとおりです。

区分	一　般　状　態
ア	無症状で社会活動ができ、制限を受けることなく、発病前と同等にふるまえるもの
イ	軽度の症状があり、肉体労働は制限を受けるが、歩行、軽労働や座業はできるもの 例えば、軽い家事、事務など
ウ	歩行や身のまわりのことはできるが、時に少し介助が必要なこともあり、軽労働はできないが、日中の50%以上は起居しているもの
エ	身のまわりのある程度のことはできるが、しばしば介助が必要で、日中の 50% 以上は就床しており、自力では屋外への外出等がほぼ不可能となったもの
オ	身のまわりのこともできず、常に介助を必要とし、終日就床を強いられ、活動の範囲がおおむねベッド周辺に限られるもの

障害等級

1 基本的には、認定基準に掲げられている障害の状態が考慮されます。各等級に相当すると認められる状態の例示は次のとおりです。

障害の程度	障　害　の　状　態
1級	著しい衰弱又は障害のため、一般状態区分表のオに該当するもの

2級	衰弱又は障害のため、一般状態区分表のエ又はウに該当するもの
3級	著しい全身倦怠のため、一般状態区分表のウ又はイに該当するもの

認定方法

1 悪性新生物そのものによるか、または悪性新生物に対する治療の結果として起こる障害の程度は、各節の認定要領により認定されます。

2 全身衰弱と機能障害とを区別して考えることは、悪性新生物という疾患の本質から、本来不自然なことが多く、認定にあたっては組織所見とその悪性度、一般検査および特殊検査、画像診断等の検査成績、転移の有無、病状の経過と治療効果等を参考とし、認定時の具体的な日常生活状況等を把握して、総合的に認定するものとされています。

3 転移性悪性新生物は、原発とされるものと組織上一致するか、転移であることを確認できたものは、相当因果関係があるものとされます。

ポイント解説

① 腫瘍の摘出、人工臓器、治療の副作用等により局所の障害が生じている場合には、それぞれ**該当する基準**により認定が行われます。使用する診断書も、障害の部位や種類、病態により異なります。

● 悪性腫瘍による局所の障害の例
- ■眼球摘出：眼の障害
- ■咽頭全摘出：音声又は言語機能の障害
- ■肢体の切断：肢体の障害
- ■器質性精神障害：精神の障害
- ■人工肛門造設：その他の障害　など

② 悪性腫瘍そのもの、または治療の副作用による全身衰弱や機能の障害は、本節での総合的な認定となります。

③ 上記どちらもある場合、複数の診断書を提出することにより、**併合認定**となる可能性もあります。

● 併合等認定基準（巻末資料を参照（372ページ））

Section 22

障害認定に当たっての基準 ～第 17 節／高血圧症による障害

【適用となる疾患例】

悪性高血圧症（高血圧緊急症）、肺高血圧症　など

【診断書の種類】

循環器疾患の障害用（様式第 120 号の6－（1））

● 疾患例はごく一部で、認定基準に該当する障害が起こる疾患はすべて対象となります。他の障害の部分も同様です。

認定基準（引用）

令　別　表	障害の程度	障　害　の　状　態
国年令別表	1　級	身体の機能の障害又は長期にわたる安静を必要とする病状が前各号と同程度以上と認められる状態であって、日常生活の用を弁ずることを不能ならしめる程度のもの
	2　級	身体の機能の障害又は長期にわたる安静を必要とする病状が前各号と同程度以上と認められる状態であって、日常生活が著しい制限を受けるか、又は日常生活に著しい制限を加えることを必要とする程度のもの
厚年令 別表第1	3　級	身体の機能に、労働が制限を受けるか、又は労働に制限を加えることを必要とする程度の障害を有するもの

高血圧症による障害の程度は、自覚症状、他覚所見、一般状態、血圧検査、血圧以外の心血管病の危険因子、脳、心臓及び腎臓における高血圧性臓器障害並びに心血管病の合併の有無及びその程度等、眼底所見、年齢、原因（本態性又は二次性）、治療及び症状の経過、具体的な日常生活状況等を十分考慮し、総合的に認定するものとし、当該疾病の認定の時期以後少なくとも1年以上の療養を必要とするものであって、長期にわたる安静を必要とする病状が、日常生活の用を弁ずることを不能ならしめる程度のものを1級に、日常生活が著しい制限を受けるか又は日常生活に著しい制限を加えることを必要とする程度のものを2級に、また、労働が制限を受けるか又は労働に制限を加えることを必要とする程度のものを3級に該当するものと認定する。

認定要領

高血圧症の範囲

■「高血圧症」とは、概ね降圧薬非服用下で最大血圧が140mmHg以上、最小血圧が90mmHg以上のものをいいます。

●単に高血圧のみでは認定の対象となりません。

障害等級

1 悪性高血圧症は1級と認定されます。この場合の悪性高血圧症とは、次の条件を満たす状態をいいます。

> ①高い拡張期性高血圧（通常最小血圧が120mmHg以上）のもの
>
> ②眼底所見で、Keith－Wagener分類Ⅲ群以上のもの
>
> ③腎機能障害が急激に進行し、放置すれば腎不全に至るもの
>
> ④全身症状の急激な悪化を示し、血圧、腎障害の増悪とともに、脳症状や心不全を多く伴うもの

2 1年内の一過性脳虚血発作、動脈硬化の所見のほかに、出血・白斑を伴う高血圧性網膜症を有するも

のは、２級と認定されます。

3 頭痛、めまい、耳鳴、手足のしびれ等の自覚症状があり、１年以上前に一過性脳虚血発作のあったもの、眼底に著明な動脈硬化の所見を認めるものは、３級と認定されます。

4 大動脈解離や大動脈瘤を合併した高血圧は３級と認定されます。なお、症状、具体的な日常生活状況等によっては、さらに上位等級となります。

合併症の取扱い

1 高血圧症により脳の障害を合併したものによる障害の程度は、「第８節／精神の障害」および「第９節／神経系統の障害」の認定要領により認定されます。

2 高血圧症により心疾患を合併したものによる障害の程度は、「第 11 節／心疾患による障害」の認定要領により認定されます。

3 高血圧症により腎疾患を合併したものによる障害の程度は、「第 12 節／腎疾患による障害」の認定要領により認定されます。

4 動脈硬化性末梢動脈閉塞症を合併した高血圧で、運動障害を生じているものは、「第７節／肢体の障害」の認定要領により認定されます。

ポイント解説

① 単に高血圧というだけでは認定の対象となりません。

② 高血圧症による合併症については、それぞれ該当する基準で認定が行われます。

Section 23

障害認定に当たっての基準 ～第 18 節／その他の疾患による障害

【適用となる疾患例】

クローン病、ヒト免疫不全ウイルス感染症、直腸腫瘍、膀胱腫瘍、全身性エリテマトーデス（SLE）、化学物質過敏症、線維筋痛症、慢性疲労症候群、脳脊髄液減少症　など

【診断書の種類】

□ 血液・造血器・その他の障害用（様式第 120 号の7）
□ 肢体の障害用（様式第 120 号の3）

- 疾患例はごく一部で、認定基準に該当する障害が起こる疾患はすべて対象となります。他の障害の部分も同様です。

認定基準（引用）

令　別　表	障害の程度	障　害　の　状　態
国年令別表	1　級	身体の機能の障害又は長期にわたる安静を必要とする病状が前各号と同程度以上と認められる状態であって、日常生活の用を弁ずることを不能ならしめる程度のもの
	2　級	身体の機能の障害又は長期にわたる安静を必要とする病状が前各号と同程度以上と認められる状態であって、日常生活が著しい制限を受けるか、又は日常生活に著しい制限を加えることを必要とする程度のもの
厚年令別表第1	3　級	身体の機能に、労働が制限を受けるか、又は労働に制限を加えることを必要とする程度の障害を有するもの

その他の疾患による障害の程度は、全身状態、栄養状態、年齢、術後の経過、予後、原疾患の性質、進行状況等、具体的な日常生活状況等を考慮し、総合的に認定するものとし、身体の機能の障害又は長期にわたる安静を必要とする病状があり、日常生活の用を弁ずることを不能ならしめる程度のものを1級に、日常生活が著しい制限を受けるか又は日常生活に著しい制限を加えることを必要とする程度のものを2級に、また、労働が制限を受けるか又は労働に制限を加えることを必要とする程度のものを3級に該当するものと認定する。

認定要領

その他の疾患による障害認定の対象等

■ 「その他の疾患」とは、「第１節／眼の障害」から「第 17 節／高血圧症による障害」において取り扱われていない疾患を指しますが、本節では、腹部臓器・骨盤臓器の術後後遺症、人工肛門・新膀胱、遷延性植物状態、いわゆる難病および臓器移植の取扱いが定められています。

腹部臓器・骨盤臓器の術後後遺症

1 「腹部臓器・骨盤臓器の術後後遺症」とは、胃切除によるダンピング症候群等、短絡的腸吻合術による盲管症候群、虫垂切除等による癒着性腸閉塞または癒着性腹膜炎、腸ろう等をいいます。

2 腹部臓器・骨盤臓器の術後後遺症の障害の程度は、全身状態、栄養状態、年齢、術後の経過、予後、原疾患の性質、進行状況、具体的な日常生活状況等を考慮し、総合的に認定するものとされています。

人工肛門・新膀胱

1 人工肛門または新膀胱を造設した場合もしくは尿路変更術を施した場合は３級と認定されます。

なお、次の場合は２級とされます。

> ①人工肛門を造設し、かつ、新膀胱を造設したものまたは尿路変更術を施したもの
>
> ②人工肛門を造設し、かつ、完全排尿障害（カテーテル留置または自己導尿の常時施行を必要とする）状態にあるもの
> なお、全身状態、術後の経過および予後、原疾患の性質、進行状況等により総合的に判断し、さらに上位等級に認定する。

2 **障害の程度を認定する時期**は、次のとおりです。

●これらの日が、初診日から１年６か月経過日後である場合は、原則どおり、１年６か月経過日が障害認定日です。

> ①人工肛門を造設し、または尿路変更術を施した場合：
>
> それらを行った日から起算して６か月を経過した日（初診日から起算して１年６か月を超える場合を除く）
>
> ②新膀胱を造設した場合：
>
> その日（初診日から起算して１年６か月を超える場合を除く）
>
> ③人工肛門を造設し、かつ、新膀胱を造設した場合：
> 人工肛門を造設した日から起算して６か月を経

過した日または新膀胱を造設した日のいずれか遅い日（初診日から起算して１年6か月を超える場合を除く）

④人工肛門を造設し、かつ、尿路変更術を施した場合：

それらを行った日のいずれか遅い日から起算して6か月を経過した日（初診日から起算して1年6か月を超える場合を除く）

⑤人工肛門を造設し、かつ、完全排尿障害状態にある場合：

人工肛門を造設した日または完全排尿障害状態に至った日のいずれか遅い日から起算して6か月を経過した日（初診日から起算して１年6か月を超える場合を除く）

遷延性植物状態

1 遷延性植物状態については、日常生活の用を弁ずることができない状態であると認められるため、1級と認定されます。

2 **障害の程度を認定する時期**は、その障害の状態に至った日から起算して３か月を経過した日以後に、医学的観点から、機能回復がほとんど望めないと認められるとき（初診日から起算して１年６か月を超える場合を除く）です。

● 遷延性植物状態に至った日から3か月を経過した日が、初診日から1年6か月経過日後である場合は、原則どおり、1年6か月経過日が障害認定日です。

難　病

■　いわゆる難病については、その発病の時期が不定・不詳であり、かつ、発病は緩徐であり、ほとんどの疾患は臨床症状が複雑多岐にわたっているため、認定にあたっては、客観的所見に基づいた日常生活能力等の程度を十分考慮して総合的に認定するものとされています。

なお、厚生労働省研究班や関係学会で定めた診断基準、治療基準があり、それに該当する場合は、病状の経過、治療効果等を参考とし、認定時の具体的な日常生活状況等を把握したうえでの総合的な認定となります。

臓器移植の取扱い

1　臓器移植を受けた場合の障害認定は、術後の症状、治療経過および検査成績等を十分に考慮して総合的に行われます。

2　障害等級に該当する場合に、臓器移植を受けた際は、臓器が生着し、安定的に機能するまでの間、少なくとも１年間は従前の等級とされます。なお、障害等級が３級の場合は、２年間の経過観察が行われます。

一般状態区分

■ 障害の程度は、一般状態が次表・一般状態区分表のオに該当するものは1級に、エまたはウに該当するものは2級に、ウまたはイに該当するものは3級に概ね相当するので、認定にあたっては、参考とすることとされています。

区分	一　般　状　態
ア	無症状で社会活動ができ、制限を受けることなく、発病前と同等にふるまえるもの
イ	軽度の症状があり、肉体労働は制限を受けるが、歩行、軽労働や座業はできるもの　例えば、軽い家事、事務など
ウ	歩行や身のまわりのことはできるが、時に少し介助が必要なこともあり、軽労働はできないが、日中の50%以上は起居しているもの
エ	身のまわりのある程度のことはできるが、しばしば介助が必要で、日中の50%以上は就床しており、自力では屋外への外出等がほぼ不可能となったもの
オ	身のまわりのこともできず、常に介助を必要とし、終日就床を強いられ、活動の範囲がおおむねベッド周辺に限られるもの

その他の障害

■ 「第1節／眼の障害」から「第17節／高血圧症による障害」および本節に示されていない障害および障害の程度については、その障害によって生じる障害の程度を医学的に判断し、最も近似している認定基準の障害の程度に準じて認定が行われます。

ポイント解説

① 人工肛門、新膀胱等について、認定要領で定められている障害等級と、**障害認定日の特例**をまとめると、下表のとおりとなります（障害認定日については、初診日から1年6か月を超える場合を除きます）。なお、いずれも全身状態、術後の経過や予後等により、より上位等級に認定される場合があります。

●初診日から1年6か月経過前が障害認定日となる事例（35ページ参照）

障害の状態	障害等級	障害認定日（初診日から1年6か月以内の場合）
人工肛門を造設、または尿路変更術を施した場合	3級	人工肛門造設または尿路変更術から起算して6か月を経過した日
新膀胱を造設した場合	3級	新膀胱を造設した日
人工肛門を造設し、かつ新膀胱を造設した場合	2級	人工肛門造設から起算して6か月を経過した日または新膀胱造設日のいずれか遅い日
人工肛門を造設し、かつ尿路変更術を施した場合	2級	人工肛門造設または尿路変更術のいずれか遅い日から起算して6か月を経過した日

人工肛門を造設し、かつ完全排尿障害（カテーテル留置または自己導尿の常時施行を必要とする）状態にある場合	2級	人工肛門造設または完全排尿障害状態に至った日のいずれか遅い日から起算して6か月を経過した日

② 次の4つの疾患については、「認定の困難な疾患」として、**認定事例**が公表されているほか、診断書に**照会様式**を添付するなどの取扱いが定められています。

①化学物質過敏症：
　診断書に所定の照会様式を添付することが必要

②線維筋痛症：
　診断書に線維筋痛症の重症度分類（ステージⅠ～Ⅴ）が記入されているか、重症度分類試案の照会様式を添付することが必要

③慢性疲労症候群：
　診断書に重症度分類（PS 0～PS 9）が記入されているか、重症度分類を記入するための照会様式を添付することが必要

④脳脊髄液減少症：
　診断書に、日中（起床から就床まで）の臥位（臥床）時間が記入されていることが必要

●線維筋痛症と脳脊髄液減少症については、認定事例で「肢体の障害用」の診断書が使用されています。通常はこの様式を使用することになりますが、病態や状況等により、「血液・造血器・その他の障害用」の診断書を使用する場合もあります。診断書の様式は、必ず認定事例どおりでなければならないわけではない点に留意してください。

●巻末資料を参照（414ページ）

Section 24

障害認定に当たっての基準 ～第 19 節／重複障害

認定基準（引用）

<table>
<tr><th colspan="2">令 別 表</th><th>障害の程度</th><th>障 害 の 状 態</th></tr>
<tr><td colspan="2" rowspan="2">国年令別表</td><td>1 級</td><td>身体の機能の障害若しくは病状又は精神の障害が重複する場合であって、その状態が前各号と同程度以上と認められる程度のもの</td></tr>
<tr><td>2 級</td><td>身体の機能の障害若しくは病状又は精神の障害が重複する場合であって、その状態が前各号と同程度以上と認められる程度のもの</td></tr>
<tr><td rowspan="5">厚年令</td><td rowspan="3">別表第 1</td><td rowspan="3">3 級</td><td>身体の機能に、労働が著しい制限を受けるか、又は労働に著しい制限を加えることを必要とする程度の障害を残すもの</td></tr>
<tr><td>精神又は神経系統に、労働が著しい制限を受けるか、又は労働に著しい制限を加えることを必要とする程度の障害を残すもの</td></tr>
<tr><td>身体の機能又は精神若しくは神経系統に、労働が制限を受けるか、又は労働に制限を加えることを必要とする程度の障害を有するもの</td></tr>
<tr><td rowspan="2">別表第 2</td><td rowspan="2">障害手当金</td><td>身体の機能に、労働が制限を受けるか、又は労働に制限を加えることを必要とする程度の障害を残すもの</td></tr>
<tr><td>精神又は神経系統に、労働が制限を受けるか、又は労働に制限を加えることを必要とする程度の障害を残すもの</td></tr>
</table>

身体の機能の障害若しくは病状又は精神の障害が重複する場合であって、その状態が日常生活の用を弁ずることを不能ならしめる程度のものを 1 級に、日常生活が著しい制限を受けるか又は日常生活に著しい制限を加えることを必要とする程度のものを 2 級に、労働が著しい制限を受けるか又は労働に著しい制限を加えることを必要とする程度の障害を残すもの、及び労働が制限を受けるか又は労働に制限を加えることを必要とする程度の障害を有するものを 3 級に、また、労働が制限を受けるか又は労働に制限を加えることを必要とする程度の障害を残すものを障害手当金に該当するものと認定する。

認定要領

障害が重複する場合の障害の程度の認定は、「**併合等認定基準**」により判定されます。

巻末資料を参照(372ページ)

memo.

Chapter 4

請求手続きと書類の留意点

Section 1

年金請求時の書類と留意点

年金請求書

通常、1つの請求について1枚の年金請求書を提出しますが、相当因果関係のない複数の傷病による請求の場合でも、初診日に加入していた制度が同一であるときは、1枚の年金請求書を使用します。この場合、傷病名の上に請求事由を明記するか、矢印を引くなどし、それぞれの傷病についての**請求事由**がわかるように記入します。

- ①障害認定日による請求
- ②事後重症による請求
- ③初めて障害等級の1級または2級に該当したことによる請求

年金請求書に記入する傷病名は、診断書に記載されている「障害の原因となった傷病名」とします。また、**遡及請求**で、障害認定日と請求日の診断書に記載されている**傷病名が異なる場合**は、1つの欄に併記するかたちで両方記入します。

- 10ページ参照
- たとえば障害認定日は「うつ病」、裁定請求日は「双極性障害」などのように、診断が変わっていたり、同じ疾患でも表記が異なる場合があります。

受診状況等証明書

- 巻末資料を参照(390ページ)

障害の原因となった傷病で**初めて受診した医療機関**に作成を依頼します。まずは初診日を特定する必要があるため、多くの場合、最初にこの書類を用意します。

- 廃業している場合や、すでにカルテが残っていない場合は、Chapter 2の「初診日の証明が取れない場合」を参照(24ページ)。

なお、初診の医療機関と、診断書の作成を依頼する医療機関が同一の場合は、診断書で初診日の証明もで

【記入例】

㋕ 必ず記入してくださ…

(1) この請求は左の頁にある「障害給付の請求事由」の1から3までのいずれに該当しますか。該当する番号を○で囲んでください。	①. 障害認定日による請求　②. 事後重症による請求 3. 初めて障害等級の1級または2級に該当したことによる請求
「2」を○で囲んだときは右欄の該当する理由の記号を○で囲んでください。	1. 初診日から1年6月目の状態で請求した結果、不支給となった。 ②. 初診日から1年6月目の症状は軽かったが、その後悪化して症状が重くなった。 3. その他（理由　　　）
(2) 過去に障害給付を受けたことがありますか。 1. は い　②. いいえ	「1.はい」を○で囲んだときは、その障害給付の名称と年金証書の基礎年金番号および年金コード等を記入してください。　名　称：　　基礎年金番号・年金コード等：

(3) 障害の原因である傷病につ…

傷病名	1.（事後重症による請求）糖尿病性腎症	2.（障害認定日による請求）頭部外傷後遺症	3.
傷病の発生した日	昭和 (平成) 10年 5月 15日	昭和 (平成) 29年 1月 4日	昭和 平成 年 月 日
初診日	昭和 (平成) 10年 6月 2日	昭和 (平成) 29年 1月 4日	昭和 平成 年 月 日
初診日において加入していた年金制度	①国年 2.厚年 3.共済 4.未加入	①国年 2.厚年 3.共済 4.未加入	1.国年 2.厚年 3.共済 4.未加入
現場傷病はなおっていますか。	1. は い　②. いいえ	1. は い　②. いいえ	1. は い　2. いいえ
なおっているときは、なおった日	昭和 平成 年 月 日	昭和 平成 年 月 日	昭和 平成 年 月 日
傷病の原因は業務上ですか。	1. は い　②. いいえ		

㋕ 必ず記入してくださ…

(1) この請求は左の頁にある「障害給付の請求事由」の1から3までのいずれに該当しますか。該当する番号を○で囲んでください。	①. 障害認定日による請求　2. 事後重症による請求 3. 初めて障害等級の1級または2級に該当したことによる請求
「2」を○で囲んだときは右欄の該当する理由の記号を○で囲んでください。	1. 初診日から1年6月目の状態で請求した結果、不支給となった。 2. 初診日から1年6月目の症状は軽かったが、その後悪化して症状が重くなった。 3. その他（理由　　　）
(2) 過去に障害給付を受けたことがありますか。 1. は い　②. いいえ	「1.はい」を○で囲んだときは、その障害給付の名称と年金証書の基礎年金番号および年金コード等を記入してください。　名　称：　　基礎年金番号・年金コード等：

(3) 障害の原因である傷病につ…

傷病名	1. うつ病・双極性障害	2.	3.
傷病の発生した日	昭和 (平成) 26年 9月 頃日	昭和 平成 年 月 日	昭和 平成 年 月 日
初診日	昭和 (平成) 26年 10月 2日	昭和 平成 年 月 日	昭和 平成 年 月 日
初診日において加入していた年金制度	①国年 2.厚年 3.共済 4.未加入	1.国年 2.厚年 3.共済 4.未加入	1.国年 2.厚年 3.共済 4.未加入
現場傷病はなおっていますか。	1. は い　②. いいえ	1. は い　2. いいえ	1. は い　2. いいえ
なおっているときは、なおった日	昭和 平成 年 月 日	昭和 平成 年 月 日	昭和 平成 年 月 日
傷病の原因は業務上ですか。	1. は い　②. いいえ		

きるため、受診状況等証明書の提出は不要です。

診断書

診断書は、障害の種類や部位により8種類に分かれていますので、**障害の状態を最もよくあらわすことの**

障害の状態と診断書の種類については、Chapter 3を参照してください。

できる診断書書式を使用します。

また、1つの疾患でも、障害の部位が複数にわたる場合は、複数の診断書を提出することにより障害等級が上がることがあるため、**併合等認定基準**を参考にしながら慎重に選択します。たとえば、次のようなケースが考えられます。

●巻末資料を参照(372ページ)

□ 脳血管障害で、肢体の麻痺、高次脳機能障害、失語症がある場合：

「肢体の障害用」「精神の障害用」「聴覚・鼻腔機能・平衡機能・そしゃく・嚥下機能・音声又は言語機能の障害用」

□ 咽頭がんにより咽頭全摘出術を受け、さらに疾患そのものや化学療法の副作用による全身症状がある場合：

「聴覚・鼻腔機能・平衡機能・そしゃく・嚥下機能・音声又は言語機能の障害用」「その他の障害用」

障害認定日請求をする場合、障害認定日から3か月以内の障害の状態で作成された診断書が必要ですので、この時期に受診していた医療機関に作成を依頼します。**遡及請求**をする場合は、現在（請求時点）の状態の診断書も必要です。

●9ページ参照

●10ページ参照

病歴・就労状況等申立書

●巻末資料を参照(408ページ)

病歴・就労状況等申立書は、初診日認定の上でも、障害認定の上でも、重要な補足資料となる書類です。本人や家族が作成するか、社会保険労務士などの代理人に手続きを依頼している場合は、代理人が本人等の申立てに基づき作成します。以下、留意点をみていきます。

（1）傷病名（表面）

① 診断書に記載されている「障害の原因となった傷病名」を記入します。

② 遡及請求で、障害認定日と請求日の診断書に記載されている傷病名が異なる場合は、両方記入します。

③ 年金請求書に記入する傷病名と異ならないようにします。

● 1つの疾患により複数の障害があり、複数の診断書を提出する場合でも、病歴・就労状況等申立書は1枚に記入します。
複数の異なる傷病について請求する場合は、病歴・就労状況等申立書は、傷病ごとに作成します。

（2）発病日・初診日（表面）

① 発病日は、**自覚症状があらわれた日**を記入します。ただし、自覚症状があらわれる前に健診で異常が発見された場合はその日、知的障害の場合は出生日を記入します。

② 初診日は、障害の原因となった傷病のため初めて医師等の診療を受けた日を記入するのが原則ですが、社会的治癒を主張する場合など、医学的な意味での初診日と申立ての初診日が異なる場合、申立ての初診日を記入します。知的障害の場合は出生日を記入します。

● 事故などで明確な場合を除き、「○年○月頃」などの書き方でかまいません。

③ 発病日、初診日ともに、年金請求書に記入する日付と異ならないようにします。

(3) 発病から初診までの状況（表面）

① 発病した時の状況、初診までの経過などを記入します。

② 知的障害と発達障害については、**出生時からの状況**を記入することが必要です。初診までの期間が長い場合は、病歴状況の欄に、就学前、小学校(低学年・高学年)、中学校、高校等と区切って記入します。

● 知的障害と発達障害については、目立った遅れや違和感がなかったとしても、出生時からの状況を記入することになります。発育の様子、健診での指摘や相談機関への相談の有無、発達支援機関等の利用や療育の有無、集団生活での様子、就学後は授業中の様子や一斉指示の理解、周囲との関係など、審査の参考となる事項を意識しながら記入します。

③ 上記以外の先天性疾患で、症状がなかった場合は、症状が出た時点からの状況を記入します。

(4) 病歴状況（表面・足りない場合は続紙）

① 受診していた期間は、医療機関ごとに段を分けて記入します。受診していなかった期間も同様です。

② 長期間にわたって同じ医療機関を受診していた場合や、長期間受診していなかった場合は、概ね3年から5年ごとに区切り、段を分けて記入します。

③ 医師の診断や指示事項、治療内容と経過、受診の頻度、自覚症状や日常生活状況、就労の状況な

どについて、できるだけわかりやすく、整理して記入します。経過中に入院治療を受けている場合はその期間、休職期間や軽減勤務の期間がある場合は、その期間や状況についても記入します。

④ 転医や、受診を中断している場合は、その理由や状況なども記入します。

（5）就労・日常生活状況（裏面）

① **本来請求**の場合は障害認定日頃の状況、事後重症請求の場合は現在（請求日頃）の状況、遡及請求の場合は両方の状況を記入します。

● 10ページ参照

② 就労している場合で、職場で援助や配慮を受けている場合、**通勤にも援助や工夫が必要な場合**は、その内容も記入するようにします。

● 送迎や付添いが必要な場合、電車通勤ができず車通勤をしている場合、必ず座れる電車や駅、時間帯で通勤している場合などが考えられます。

③ 休職中の場合は、「就労していなかった場合」の「オ　その他」に理由を記入します。

④ 日常生活状況の自己評価について、精神障害では、診断書と同様、単身生活を想定した評価となります。精神障害以外の傷病では、「自発的に」という文言がなじみませんが、この言葉にとらわれず、日常生活への制限や援助の必要度から判断して記入するとよいでしょう。

⑤ 日常生活で不便に感じることについて、書きき

れない場合は別紙に記入します。精神障害の場合は、「日常生活及び就労に関する状況について（照会）」の様式を使用する方法も考えられます。

巻末資料を参照(410ページ)

添付書類

年金請求時の添付書類は次のとおりです。

請求者の状況により異なる場合もありますので、本人が請求する場合は、請求前に年金事務所等で確認することが必要です。

【共通する添付書類】

□ 住民票または戸籍抄本（戸籍記載事項証明書）

☞年金請求書に個人番号（マイナンバー）を記入することにより省略できます。

□ 通帳またはキャッシュカードのコピー

☞年金請求書に、金融機関の証明を受ける場合は不要です。

【加算対象となる配偶者や子がいる場合】

□ 住民票（続柄の記載があるもの）

☞障害認定日請求の場合は、障害認定日以降で請求日前6か月以内のもの、事後重症請求の場合は、請求日前1か月以内のものが必要です。

□ 戸籍謄本（戸籍全部記載事項証明書）

□ 加算対象者の収入が確認できる書類

☞通常、課税（非課税）証明書を添付します。事後重症請求の場合は直近の年度分、障害認定日請求の場合は、障害認定日時点と請求時点の年度分となります。

※義務教育終了前の子については不要です。また、高校等に在学中の場合は、在学証明書や学生証等のコピーを添付すればよいことに

基礎年金のみの請求の場合、配偶者の加給はないため、子の分のみになります(子の要件については8ページ参照)。

配偶者が事実婚の場合、両者の戸籍謄本(住民票が別になっている場合は両者の住民票も必要)のほか、「事実婚関係及び生計同一関係に関する申立書」(第三者による証明欄の記載も必要)に、生計同一であることがわかる書類のコピーなどを添付して提出します。

ほとんどの市区町村で直近5年分までの保管となっています。障害認定日の年度分がすでに取得できない場合は、取得できる年度分すべての課税(非課税)証明書と、障害認定日の収入に関する申立書を添付します。

なっています。

【20 歳前傷病の場合】

□ 所得証明書

☞遡及請求の場合は、20 歳到達時点から請求時点まですべての年度分を添付します（1月から7月までの支給にかかる分は、前年度の所得証明書が必要です）。

●255ページ参照

●20歳到達年度の分がすでに取得できない場合は、取得できる年度分すべての課税（非課税）証明書と、20歳到達年度の収入に関する申立書を添付します。

その他の提出書類

□ 障害給付　請求事由確認書

☞遡及請求の場合に提出します。審査の結果、障害認定日で受給権が発生しなかった場合、この確認書を提出しておくことにより、事後重症による請求と取り扱われますが、障害認定日に受給権が発生しないことに対する審査請求を妨げません。

●巻末資料を参照（420ページ）

□ 年金裁定請求の遅延に関する申立書

☞遡及請求で、障害認定日から５年以上経過している場合に提出します。

●巻末資料を参照（421ページ）

□ 年金受給選択申出書

☞老齢年金や遺族年金など、他の年金の受給権がある場合に提出します。

□ 障害基礎年金の子の加算請求に係る確認書

☞遡求請求の場合で、平成 26 年 10 月以前に障害認定日（受給権発生日）があり、その期間に加算対象となる子がいる場合（子の加算を請求する場合）に提出します。

□ **第三者行為事故**状況届・確認書

☞障害の原因となった傷病が、交通事故など、第三者によるものである場合に、**他の添付書類**とともに提出します。

□ 生計同一関係に関する申立書

☞加算対象となる配偶者や子と別居しているか、別世帯になっている場合に提出します。

□ **障害年金の初診日に関する調査票**

☞先天性疾患など経過の長い傷病で、一番最初に受診した医療機関の証明が取れない場合などに、提出を求められることがあります。

- Chapter 6の「第三者行為事故の場合」参照（284ページ）
- 確認書、交通事故証明書、示談書、賠償金の領収書等
- 次の8種類があります。
  ①先天性障害（網膜色素変性症等：眼用）
  ②先天性障害（耳用）
  ③先天性股関節疾患（臼蓋形成不全を含む）用
  ④糖尿病用
  ⑤腎臓・膀胱の病気用
  ⑥肝臓の病気用
  ⑦心臓の病気用
  ⑧肺の病気用

Section 2

20歳前傷病の留意点

20歳前に初診日がある障害基礎年金については、他の年金と取扱いが異なる点があります。

（1）障害の状態を認定する日

初診日から1年6か月を経過した日（障害認定日の特例に該当する場合はその日）が、①20歳到達日（20歳の誕生日前日）より後にある場合はその日、②20歳到達日より前にある場合は20歳到達日が、障害の状態を認定する日です。年金請求書などの書類では、いずれの場合も「障害認定日による請求」と表記されており、混同しやすい点ですので留意してください。

①の日または②の日を受給権発生日とする請求をする場合、診断書は、それぞれの日の前後3か月以内の障害の状態で作成されたものが必要です。

（2）所得制限

20歳前傷病による障害基礎年金には、一定の所得制限があり、本人の前年所得が制限額を超えるときは、その年8月から1年間、全額または半額の支給が停止されます。

扶養親族がいない場合の所得制限額は、次のとおりです。

全額支給停止の制限額	4,621,000円
半額支給停止の制限額	3,604,000円

扶養親族がいる場合、上記の金額に、扶養親族１人につき次の金額を加算した額が制限額となります。

扶養親族の年齢	制限額に加算する額
70歳以上	480,000円
16歳以上23歳未満	630,000円
上記以外	380,000円

※前年の12月31日時点の年齢

（3）その他の制限

次のいずれかに該当する場合、該当する間の支給が停止されます。

- □ 恩給法に基づく年金給付、労働者災害補償保険法の規定による年金給付等の給付で政令で定めるものを受けることができるとき
- □ 刑事施設、労役場その他これらに準ずる施設に拘禁されているとき（未決拘留期間を除く）
- □ 少年院その他これに準ずる施設に収容されているとき
- □ 日本国内に住所を有しないとき

Section 3

さまざまな手続き方法

事後重症決定後の障害認定日請求

障害認定日の診断書が提出できないなど、何らかの理由で事後重症での年金が決定した後に、あらためて障害認定日請求を行うことが可能です。その場合、受診状況等証明書と直近の診断書を取り直す必要はありません。提出書類は次のとおりとされています。

- □ 年金請求書（請求事由が「障害認定日による請求」とされているもの）
- □ 障害認定日から３か月以内の診断書
- □ 加算対象者がいる場合は、**生計維持を証明する資料**
- □ 年金証書（事後重症による決定分）
- □ 取り下げ書（事後重症による請求を取り下げるもの）
- □ 前回請求時から今回請求時までの病歴
- □ 前回請求時に事後重症請求とした理由が矛盾している場合には、その理由を説明する文書

●通常の障害認定日請求と同じ書類（252ページ参照）を添付します。

障害認定日のカルテがない場合

障害認定日の障害の状態が障害等級に該当するにも

かかわらず、障害認定日から３か月以内の診断書が提出できない場合があります。このような場合でも、状況によっては障害認定日請求ができる場合があります。

（1）傷病の特質による場合

たとえば、次のような状態が考えられます。

- 肢体の切断、離断
- 視力障害、視野障害
- 聴力障害
- 永久ストマ
- 人工透析治療を継続

など

症状が固定していて治療の必要がない、あるいは治療法がないなどで受診していなかったケース、受診はしていてもすでにカルテが廃棄されているケースがあります。いずれの場合も、障害の状態が明確で、固定的あるいは不可逆的な場合には、障害認定日当時またはその前の医療記録、身体障害者手帳やその診断書など、障害の状態を証明する何らかの書類があれば、障害認定日で等級認定される可能性があります。

（2）障害認定日から３か月に近い時点のカルテがある場合

筆者が代理し、障害認定日から３か月以内の期間に一番近い時点でのカルテを元に作成された診断書で、障害認定日請求が認められた次のようなケースがあります。

Case 1

うつ病相があまりに重く、障害認定日から３か月の期間は寝たきりの状態にあり、受診すらできなかったケースで、その後に受診した最初の日（障害認定日の約５か月後）を現症とする診断書を提出。障害認定日の状態については、前後のカルテから推察できる範囲で主治医に意見を書いていただいた。

Case 2

障害認定日の半年後に転院したケースで、転院前の医療機関のカルテはすでに廃棄されていたものの、転院後の医療機関に、前医の診療情報提供書が残っていたケース。転院後の医療機関を受診した最初の日（障害認定日の約６か月後）を現症とする診断書に、当該診療情報提供書を添付して請求した。

ほかにも、障害認定日から４か月後の状態を現症とする診断書で認められたケースなどがあります。いずれも症状が固定的な疾患ではありませんが、年金機構の審査の段階で認められています。仮に年金機構の審査では認められなくても、その決定に対する**不服申立て**で認められる可能性もありますので、諦めずに検討してみましょう。

288ページ参照

本人死亡後の請求

本人が死亡した後であっても、生前に受給権が発生する障害認定日請求は可能です。障害認定日で障害等級該当が認められた場合、その翌月分から死亡した月までの年金は、**一定の要件を満たした遺族**が「未支給年金」として、一時金で受給します。そのため、請求時には､同時に「未支給（年金･保険給付）請求書」と、その添付書類も提出します。

未支給年金を受給できる遺族の範囲と順序は次のとおりです（死亡の当時、生計同一関係にあったことが必要です）。

①配偶者
②子
③父母
④孫
⑤祖父母
⑥兄弟姉妹
⑦その他三親等以内の親族

別居や別世帯の場合でも、経済的援助（物資の差入れ等を含む）や定期的な音信訪問等があれば、生計同一関係が認められる場合があります。

Chapter 5

受給後の相談

決定後の流れ

請求から**数か月後**、年金が決定した場合は**年金証書**が、不支給決定の場合は不支給決定通知書が、本人宛てに送付されます。遡及請求をした場合で、障害認定日では等級不該当、請求日では等級該当とされた場合は、事後重症での年金証書と、障害認定日の不支給決定通知書が送付されます。

● 平成30年9月現在は、請求から平均3～4か月程度となっています。請求の内容や返戻の有無等により、さらに期間を要する場合もあります。

● 巻末資料を参照(387ページ)

（1）年金証書が送付された場合

① 障害認定日で等級認定された場合、「受給権を取得した年月」には、障害認定日の属する月が記載され、事後重症での決定の場合は、請求をした月が記載されます。それぞれ、翌月が年金支給開始月です。

② 年金額、障害の等級、診断書の種類、次回診断書提出年月などが記載されていますので、内容をよく確認します。

③ 障害認定日と請求日で等級が異なる場合、年金証書と支給額変更通知書が送付されます。

④ 年金は、偶数月の15日（15日が金融機関休業日の場合、その直前の営業日）に、支給月の前月分と前々月分の2か月分ずつ支給されるのが原則ですが、初回支給は奇数月となることもあります

（初回支給は、年金証書が送付されてから概ね50日以内です）。初回支給月の上旬から中旬頃、「年金支払通知書」と「年金振込通知書」が送付されます。

⑤ 決定の内容（等級や受給権発生日など）に不服がある場合、**不服申立て**を検討します。

288ページ参照

（2）不支給決定通知書が送付された場合

不支給決定の理由は、年金事務所を通して確認することができます。決定に納得がいかない場合は、不服申立てを検討します。

国民年金保険料の法定免除

（1）法定免除期間の原則

１級または２級の障害年金の受給権者は、受給権を取得した日の属する月の前月分から国民年金保険料が「**法定免除**」（全額免除）となり、納付済みの国民年金保険料は還付されます。法定免除に該当する場合は、「国民年金保険料免除理由該当届」の提出が必要です。

法律上、当然に免除となります。
法定免除となるのは国民年金保険料のみで、厚生年金保険に加入している期間についての厚生年金保険料は免除になりません。

２級から３級に等級が変わった場合も引き続き法定免除の適用となりますが、３級にも該当しなくなった場合、該当しなくなった日から起算して、３級の障害状態に該当することなく３年を経過したときは、法定免除の適用外となります。

法定免除の期間は、老齢基礎年金の受給資格期間に算入されますが、年金額は**2分の1**として計算されます。

● 平成21年3月までは3分の1

（2）国民年金保険料の納付申出

平成26年4月の法改正により、老齢基礎年金の受給額を確保することを目的として、法定免除期間の国民年金保険料を納付することも可能になりました。障害年金の遡及請求により平成26年4月以前にさかのぼって法定免除の要件に該当した場合も、平成26年3月分以降の保険料については、還付を受けず、保険料納付済み期間とすることが可能です。納付の申出は、「国民年金保険料免除期間納付申出書」により行います。

なお、納付申出をする場合には、次の点に注意が必要です。

- □ 納付申出をした期間は、国民年金保険料の納付義務が生じ、保険料を納付しない期間は未納期間となります。
- □ 納付申出をした過去の期間について、さかのぼって免除に戻すことはできません（納付期限が経過していない将来の期間については、訂正の申出により納付申出を終了し、免除に戻すことができます）。
- □ 納付申出をしたことにより納付された国民年金保険料は**還付されません**。
- □ 納付申出をした期間は、付加年金または国民年金基金に加入することができます。

● 前納された保険料は、納付申出の終了により、一部が還付される場合もあります。

（3）国民年金保険料の追納

免除を受けた期間の保険料については、10年以内の期間であれば、後から納付することができます。これを「追納」といい、原則、古い期間の分から納付するかたちになります。

ただし、免除を受けた期間の翌年度から起算して3年度目以降に保険料を追納する場合は、免除を受けた当時の保険料額に、経過期間に応じた加算額が上乗せされます。

また、追納により保険料を納付する期間は、付加年金または国民年金基金に加入することはできません。

更新（障害状態確認届の提出）

認定医による審査の結果、「永久認定」となる場合もありますが、多くの場合は1年から5年の「有期認定」となり、定期的に障害状態確認届（診断書）の提出が必要です。初回の提出時期は、年金証書の「次回診断書提出年月」で確認できます。提出月は、20歳前傷病の場合は7月、それ以外は誕生月で、提出年月の末日が指定日とされます。

（1）障害状態確認届の提出

年金機構より、提出年月の前月までに、障害状態確認届の書式が送付されますので、指定日前1か月以内の障害の状態で医師に作成を依頼し、提出します。提出が遅れると、年金が「**差止め**」となる場合がありますので、注意が必要です。

障害状態確認届を提出していないことにより長期間差止めとされている場合は、障害状態の推移の診査のため、消滅時効にかかっていない年以降、毎年の誕生月を現症とする診断書の提出を求められます（この期間が5年間であれば5枚の診断書が必要です）。提出できない場合は、なぜ提出できないのか、その理由書の添付も必要とされています。

提出後、等級に変更がなければ「次回診断書提出年月のお知らせ」が、等級が改定された場合は「支給額変更通知書」が送付されます。なお、等級が下がる、支給停止になるなど不利益な改定の場合、指定月の翌月から起算して４か月目の支給分から変更となります。

（2）障害状態確認届の提出が不要とされる場合

次のいずれかの日以後１年以内に指定日が到来する年は、障害状態確認届の提出が不要です。

①障害年金の決定が行われた日

②障害年金の額の改定請求が行われた日

③全額支給停止となっていた障害年金の支給の停止が解除された日

額改定請求

障害の状態が悪化した場合、年金額の増額改定を請求することができます。この請求を「額改定請求」といい、原則として、障害年金の受給権を取得した日または厚生労働大臣の障害の程度の診査を受けた日（障害状態確認届による診査の結果、従前の障害等級と変わらないと確認された場合を除く）から起算して１年を経過した日後でなければ行うことができません。

ただし、厚生労働省令に規定された、明らかに障害の程度が増進したことが確認できる状態に該当する次の場合には、1年を待たずに額改定請求ができます。

眼・聴覚・言語機能	1	両眼の視力の和が0.04以下のもの
	2	両眼の視力の和が0.05以上0.08以下のもの
	3	8等分した視標のそれぞれの方向につき測定した両眼の視野がそれぞれ5度以内のもの
	4	両眼の視野がそれぞれ10度以内のもの、かつ、8等分した視標のそれぞれの方向につき測定した視野の合計がそれぞれ56度以下のもの
	5	両耳の聴力レベルが100デシベル以上のもの
	6	両耳の聴力レベルが90デシベル以上のもの
	7	喉頭を全て摘出したもの
肢　体	8	両上肢のすべての指を欠くもの
	9	両下肢を足関節以上で欠くもの
	10	両上肢の親指および人差し指または中指を欠くもの
	11	1上肢のすべての指を欠くもの
	12	両下肢のすべての指を欠くもの
	13	1下肢を足関節以上で欠くもの
	14	四肢または手指もしくは足指が完全麻痺したもの（脳血管障害または脊髄の器質的な障害によるものについては、当該状態が6月を超えて継続している場合に限る） ※完全麻痺の範囲が広がった場合も含む

内部障害	15	心臓を移植したものまたは人工心臓（補助人工心臓を含む）を装着したもの
	16	心臓再同期医療機器（心不全を治療するための医療機器をいう）を装着したもの
	17	人工透析を行うもの（3月を超えて継続して行っている場合に限る）
その他	18	6月を超えて継続して人工肛門を使用し、かつ、人工膀胱（ストーマの処置を行わないものに限る）を使用しているもの
	19	人工肛門を使用し、かつ、尿路の変更処置を行ったもの（人工肛門を使用した状態および尿路の変更を行った状態が6月を超えて継続している場合に限る）
	20	人工肛門を使用し、かつ、排尿の機能に障害を残す状態（留置カテーテルの使用または自己導尿（カテーテルを用いて自ら排尿することをいう）を常に必要とする状態をいう）にあるもの（人工肛門を使用した状態および排尿の機能に障害を残す状態が6月を超えて継続している場合に限る）
	21	脳死状態（脳幹を含む全脳の機能が不可逆的に停止するに至った状態をいう）または遷延性植物状態（意識障害により昏睡した状態にあることをいい、当該状態が3月を超えて継続している場合に限る）となったもの
	22	人工呼吸器を装着したもの（1月を超えて常時装着している場合に限る）

額改定請求には、請求日以前1か月以内の障害の状態で作成された診断書が必要です。審査の結果、改定が認められた場合、請求月の翌月分から年金額が改定されます。

支給停止事由消滅届

障害の状態が軽くなったとして年金を支給停止された後、65 歳到達（または支給停止となってから３年経過のいずれか遅い日）までの間に、障害の程度が重くなり、再び障害等級に該当した場合には、診断書を添付して、支給停止事由消滅届を提出することとされています。審査の結果、障害等級に該当すると認められた場合、診断書の現症日で支給停止が解除されます。この診断書の現症日は、支給停止となった日後であれば、いつでもかまいません。結果として、数年さかのぼって支給停止が解除される場合もあります。この点、額改定請求の場合と混同されやすいため、注意が必要です。

他の傷病による障害が発生した場合（併合）

障害年金を受給中に、新たに別の傷病を発症した場合、あるいは併発していた傷病の状態が悪化して障害等級に該当した場合は、新たな障害について請求を行うことになります。この結果、「**併合等認定基準**」により、前後の障害をあわせて障害等級が上がる場合は、「併合」として、１つの年金になります。複数の傷病による障害について、同時に請求する場合も同様です。

● 巻末資料を参照(372ページ)

２つ以上の傷病による障害年金の併合は、国民年金法、厚生年金保険法の規定に基づき、「併合」「初めて２級」「併合改定」に区分されます。

(1) 併　合

１級または２級の障害年金（障害基礎年金が支給停止中の場合や、以前に１級または２級だった障害厚生年金が３級または支給停止中である場合を含む）の受給権者に、さらに１級または２級に該当する程度の障害が生じたときは、前後の障害を併合した障害の程度による障害年金（併合後１級または２級になるものに限る）が支給されます。

この場合、前発障害と後発障害の区分は、初診日ではなく受給権発生日で判断されます。

【事例】

❶2級の障害基礎年金および障害厚生年金の受給権者に、厚生年金保険の加入中に新たな傷病が発生し、年金請求した。〔後発障害の認定結果－2級該当〕

(前発障害)		(後発障害)		
障害厚生年金（2級）	+	障害厚生年金（2級）	=	障害厚生年金（1級）
障害基礎年金（2級）		障害基礎年金（2級）		障害基礎年金（1級）

⇒併合後の1級の年金となり、前発障害年金は失権します。

❷2級の障害基礎年金および障害厚生年金の受給権者に、国民年金の加入中に新たな傷病が発生し、年金請求をした。〔後発障害の認定結果－2級該当〕

(前発障害)		(後発障害)		
障害厚生年金（2級）	+		=	障害厚生年金（1級）
障害基礎年金（2級）		障害基礎年金（2級）		障害基礎年金（1級）

⇒後発の障害基礎年金の決定は行われず、前発障害の額改定となります。

この項の事例は、「国民年金・厚生年金保険 障害給付（障害厚生）受付・点検事務の手引き」から転載し、一部修正したものです。
3級と2級との併合で1級になる事例としては、3級の障害が併合判定参考表の5号に該当しているものに限られています。5号以外の3級（6号～10号と2級を併合した場合は2級となります（巻末の「併合等認定基準」参照（372ページ））。

❸２級の障害基礎年金の受給権者に、厚生年金保険の加入中に新たな傷病が発生し、年金請求をした。〔後発障害の認定結果－２級該当〕

（前発障害）		（後発障害）		
		障害厚生年金（２級）		障害厚生年金（１級）
障害基礎年金（２級）	＋	障害基礎年金（２級）	＝	障害基礎年金（１級）

⇒併合後の１級の年金となり、前発障害年金は失権します。

❹２級の障害基礎年金の受給権者に、国民年金の加入中に新たな傷病が発生し、年金請求をした。〔後発障害の認定結果－２級該当〕

（前発障害）		（後発障害）		
障害基礎年金（２級）	＋	障害基礎年金（２級）	＝	障害基礎年金（１級）

⇒併合後の１級の年金となり、前発障害年金は失権します。

❺１級または２級の障害基礎年金および障害厚生年金の受給権者の障害が軽快し、３級に改定された後、厚生年金保険の加入中に新たな傷病が発生し、年金請求をした。〔後発障害の認定結果－２級該当〕

（前発障害）		（後発障害）		
障害厚生年金（３級）		障害厚生年金（２級）		障害厚生年金（１級）
障害基礎年金（停止）	＋	障害基礎年金（２級）	＝	障害基礎年金（１級）

⇒併合して１級となる場合は、１級の年金となり、前発障害年金は失権します。なお、併合して１級にならない場合は、併合後の年金（２級）となり、前発障害年金は失権します。

❻１級または２級の障害基礎年金および障害厚生年金

の受給権者の障害が軽快し、3級に改定された後、国民年金の加入中に新たな傷病が発生し、年金請求をした。〔後発障害の認定結果－2級該当〕

(前発障害)		(後発障害)		
障害厚生年金（3級）	＋		＝	障害厚生年金（1級）
障害基礎年金（停止）		障害基礎年金（2級）		障害基礎年金（1級）

⇒後発の障害基礎年金の決定は行われず、前発障害の額改定となります。併合しても1級にならない場合も同様です。

（2）初めて2級

● Chapter 1の「請求の種類」（初めて1級または2級に該当したことによる請求）も参照（11ページ）

2つ以上の障害をあわせて、初めて障害等級の2級以上に該当する状態に至ったときは、これら傷病を併合した障害の程度による障害年金が支給されます。この場合の前発の障害は、その程度が3級以下のもの（以前に1級または2級であったものを除く）に限られます。

新たに生じた障害を「基準障害」といい、前発障害と基準障害の区分は初診日で判断されます。また、納付要件等は基準障害で確認します。

【事例】

❶3級の障害厚生年金の受給権者に、厚生年金保険の加入中に新たな傷病が発生し、「初めて2級」として年金請求した。〔基準障害の認定結果－3級該当〕

(前発障害)		(後発障害)		
障害厚生年金（3級）	＋	障害厚生年金（3級）	＝	障害厚生年金（2級）
				障害基礎年金（2級）

⇒併合後の2級の年金の決定および前発障害年金との

選択処理が行われます。なお、３級と３級との併合で２級になるのは、どちらかの障害が**併合判定参考表**の５号か６号に該当しているものに限られており、併合しても２級にならない場合は、前発障害年金と基準障害年金との選択となります。

● 巻末の「併合等認定基準」参照（372ページ）

❷３級の障害厚生年金の受給権者に、厚生年金保険の加入中に新たな傷病が発生し、「初めて２級」として年金請求した。〔基準障害の認定結果－２級該当〕

（前発障害）		（後発障害）		
障害厚生年金（３級）	＋	障害厚生年金（２級）	＝	障害厚生年金（１級）
		障害基礎年金（２級）		障害基礎年金（１級）

⇒併合後の１級の年金の決定および前発障害年金との選択処理が行われます。なお、併合しても１級とならない場合は、基準（後発）障害年金が決定され、前発障害年金と基準（後発）障害年金との選択となります。

❸３級の障害厚生年金の受給権者に、国民年金の加入中に新たな傷病が発生し、「初めて２級」として年金請求した。〔後発障害の認定結果－２級該当〕

（前発障害）		（後発障害）		
障害厚生年金（３級）	＋	障害基礎年金（２級）	＝	障害基礎年金（１級）

⇒併合後の１級の年金が決定され、決定後に選択となります。なお、併合しても１級にならない場合は、基準（後発）障害年金が決定され、前発障害年金と基準（後発）障害年金との選択となります。

（３）併合改定

１級または２級の障害年金（障害基礎年金が支給停

止中の場合や、以前に１級または２級だった障害厚生年金が３級または支給停止中である場合を含む）の受給権者に、さらに１級または２級に該当しない程度の障害が生じたときは、前後の障害を併合した障害の程度による障害年金が支給されます。

この場合、後発障害は受給要件を満たしていることが必要です。

【事例】

❶２級の障害基礎年金の受給権者に、国民年金の加入中に新たな傷病が発生し、改定（年金）請求をした。〔後発障害の認定結果－３級相当〕

（前発障害）		（後発障害）		
障害基礎年金（２級）	＋	障害等級不該当	＝	障害基礎年金（１級）

⇒前発障害年金の１級への額改定となります。

❷２級の障害基礎年金および障害厚生年金の受給権者に、厚生年金保険の加入中に新たな傷病が発生し、改定（年金）請求をした。〔後発障害の認定結果－３級該当〕

（前発障害）		（後発障害）		
障害厚生年金（２級） 障害基礎年金（２級）	＋	障害厚生年金（３級）	＝	障害厚生年金（１級） 障害基礎年金（１級）

⇒前発障害年金の１級への額改定となります。なお、併合しても１級とならない場合は、後発障害年金（３級）が決定され、前発障害年金と後発障害年金との選択となります。

❸２級の障害基礎年金の受給権者に、厚生年金保険の加入中に新たな傷病が発生し、改定（年金）請求を

した。〔後発障害の認定結果－３級該当〕

(前発障害)		(後発障害)		
障害基礎年金（2級）	＋	障害厚生年金（3級）	＝	障害基礎年金（１級）

⇒後発障害年金の決定が行われるとともに、前発障害年金は１級に額改定され、後発障害年金（3級）と併合改定後の障害年金（１級）との選択となります。なお、１級にならない場合も、前発障害年金（2級）と後発障害年金（3級）との選択となります。

20 歳前に初診日のある複数傷病の取扱い

●疑義照会（回答）票より

相当因果関係のない複数の 20 歳前傷病がある場合、国民年金法の規定により、それらの傷病を１つの保険事故として取り扱うこととされています。そのため、20 歳前傷病による障害基礎年金の受給権者について、併発している他の 20 歳前傷病の悪化等により、両者を併合して１級に該当する場合は、次の取扱いとなります。

後発傷病の障害認定日が 20 歳到達日前にある場合

① 20 歳前傷病Ａによる障害基礎年金を受給中、別の 20 歳前傷病Ｂが悪化し、両者をあわせた障害の状態が１級相当となる場合は、額改定請求を行うことになります。傷病Ｂによる障害が１年待たずに額改定請求できる状態である場合を除き、傷病Ａについての障害状態の診査の日から１年経過していなければ、１年経過を待って額改定請求します。

② 20 歳前傷病Ａによる障害基礎年金が３級該当または等級不該当により支給停止中、別の 20 歳前傷病

Bが悪化して2級以上となった場合は、支給停止事由消滅届を提出することになります。

前発障害の障害認定日が20歳到達日前にあり、後発障害の障害認定日が20歳到達日後にある場合

○ 20歳前傷病Aによる障害基礎年金を受給中、20歳到達日以降に障害認定日のある別の20歳前傷病Bを併合して障害等級1級に該当することとなった場合は、保険者の職権による額改定となります。この場合、傷病Aについての障害状態の診査の日から1年経過していなくても改定が可能であり、額改定日は傷病Bの障害認定日以降で、障害等級1級に該当していることが確認できた日（傷病Bの診断書の現症日等）となります。

加算対象となる配偶者や子を有した場合

受給権発生後に、加算対象となる配偶者や子を有することになったときは、「障害給付加算額・加給年金額加算開始事由該当届」に、**生計維持に関する添付書類**を添えて提出します。子については、「子の加算請求に係る確認書」の提出も必要です。この場合、生計を維持することになった月の翌月から加算額が増額改定されます。

● Chapter 4の「添付書類」参照（252ページ）

なお、平成23年3月までの間に生計を維持することになった配偶者や子については、平成23年4月より加算されます。

失　権

「失権」とは、支給停止と異なり、受給権そのものがなくなることです。障害年金の受給権は、次のいずれかに該当した場合に失権します。

①死亡したとき

②併合の規定より、受給権者が前後の障害を併合した障害の程度による障害年金の受給権を取得したとき（従前の障害年金の受給権が消滅）

③障害等級の３級以上に該当する程度の障害の状態にない受給権者が65歳に達したとき（ただし、障害等級の３級以上に該当しなくなった日から起算して、３級以上に該当することなく３年を経過していないときを除く）

④障害等級の３級以上に該当しなくなった日から起算して、障害等級の３級以上に該当することなく３年を経過したとき（ただし、３年を経過した日に受給権者が65歳未満であるときを除く）

●「他の傷病による障害が発生した場合（併合）」参照（269ページ）

Chapter 6

他の年金・制度との関係

老齢年金との関係

（1）特別支給の老齢厚生年金の障害者特例

60歳代前半で支給される、特別支給の老齢厚生年金（以下「特老厚」と表記）の受給権者が、次の要件に該当する場合、請求により、障害者特例として、報酬比例部分に加えて定額部分も受給できます。

①厚生年金保険の被保険者でないこと
②障害等級の３級以上に該当する障害の状態にあること（症状が固定しているか、初診日から１年６か月経過していることが必要）

この障害者特例については、平成26年３月までは請求月の翌月分からのみ支給されていましたが、平成26年４月の法改正により、障害年金の受給権者が請求した場合、**次のいずれかに該当した時**にさかのぼって支給を受けられるようになりました。

●該当した日に障害者特例の請求があったものとみなされます。

障害年金の受給権はあるものの、差止めや支給停止となっている場合は、請求があったものとみなされる日以降3か月以内の状態の診断書を添付し、障害の状態の確認を受けます。

①特老厚の受給権者となった日において、厚生年金保険の被保険者でなく、かつ障害年金を受けることができるとき
②障害年金を受けることができることとなった日において、特老厚の受給権者であって、かつ厚生年金保険の被保険者でないとき
③厚生年金保険の被保険者資格を喪失した日において、特老厚の受給権者であって、かつ障害年金を受けることができるとき

ただし、改正法の施行日である平成26年4月より前にさかのぼることはありません。

障害年金の受給権者が請求する場合や、障害年金と特老厚の障害者特例を同時に請求する場合、「特別支給の老齢厚生年金受給権者障害者特例請求書」とあわせて、「年金受給選択申出書」の提出も必要です。

（2）老齢年金と障害年金の選択（65歳未満の場合）

公的年金には「1人1年金の原則」があり、支給事由の異なる複数の年金を同時に受給することはできません。

「障害基礎年金と障害厚生年金」「老齢基礎年金と老齢厚生年金」などは、同じ事由のため「1つの年金」とみなされ、あわせて受給することができます。

しかし、「障害基礎年金と老齢厚生年金」といった組合せはできず、前述の特老厚の障害者特例が受給できる場合でも、通常は、障害年金か特老厚の障害者特例かのいずれか高いほうを選択して受給します。ただし、次のような場合は注意が必要です。

(a) 雇用保険の基本手当を受けられる場合、障害年金は併給できますが、特老厚の障害者特例は、あくまでも老齢年金であることから、支給停止されてしまいます。そのため、年金額のみをみれば老齢年金のほうが高くても、障害年金を選択する場合もあります。この場合、雇用保険の受給が終わった段階で、「年金受給選択申出書」を提出し、老齢年金に選択し直します。

(b) 年金額では障害年金のほうが高くても、**厚生年金基金**からの給付を加えると、老齢年金のほうが高くなる場合もあります。

厚生年金基金により、障害年金と併給できる場合もありますので、基金への確認が必要です。

(3) 老齢年金と障害年金の選択（65歳以上の場合）

65歳になると、特例として、障害基礎年金と老齢厚生年金の選択も可能になりますので、再度、「年金受給選択申出書」を提出します。

傷病手当金との調整

障害厚生年金の原因傷病と同一の傷病により、健康保険の傷病手当金も受給できる場合は、障害年金が優先支給され、傷病手当金は支給停止されます。ただし、障害年金（障害基礎年金も受給できる場合、障害基礎年金額を含む）の年額を360で割った金額が、傷病手当金の日額より少ない場合、傷病手当金は、その差額のみ支給されます。

障害厚生年金をさかのぼって受給できる期間に、傷病手当金の受給期間があれば、本来は支給停止されていた分の傷病手当金額を、健康保険の保険者に返納する必要があります。

労災保険との調整

労災事故（業務災害・通勤災害）による傷病で障害年金を受給している場合、同一の支給事由により労災保険より給付を受けられるときは、厚生年金・国民年金の障害年金は調整されず、労災給付が次表のとおり調整されます。

厚年法等による障害年金の種類	労災給付の種類	
	障害補償年金 障害年金	傷病補償年金 傷病年金
障害厚生年金＋障害基礎年金	0.73	0.73
障害厚生年金	0.83	0.88
障害基礎年金	0.88	0.88

ただし、調整後の労災保険の給付額と、国民年金・厚生年金保険の障害年金額（A）の合計額が、調整前の労災保険の給付額（B）より低額となる場合は、調整前の労災保険の給付額（B）から障害年金額（A）をマイナスした金額が、労災保険の給付額となります。

なお、労災の特別支給金は減額調整の対象となりません。

（＊）20歳前傷病の場合

20歳前傷病による障害基礎年金は、労災による年金給付を受けることができる場合、その間は全額支給停止となります。

第三者行為事故の場合

障害年金を受給する原因となった傷病が、交通事故など第三者の行為により発生し、損害賠償を受けた場合には、年金給付と損害賠償による二重保障を回避するため、その損害賠償の価格の限度で年金給付を行わないことができることとされています。

具体的には、受給権者が第三者から受けた損害賠償額の範囲内で、年金が支給停止されます。この期間は最長で36月（平成27年9月30日以前に発生した第三者行為事故については最長24月）です。

なお、調整の対象となるのは、年金給付と同じ性質を有する生活保障費相当額のみで、慰謝料、医療費、緊急経費、雑損失は、調整額より控除されます。

第三者行為事故による障害年金の請求時には、所定の「第三者行為事故状況届」と「確認書」の提出が必要です。

生活保護との関係

生活保護と障害年金の関係では、障害年金が優先支給され、生活保護費は差額のみの支給となります。ただし、障害年金の障害等級が１級か２級の場合は、地域等に応じた障害者加算があります。

級地別	1級の加算額		2級の加算額	
	在宅	入院・入所	在宅	入院・入所
1級地	26,310	21,890	17,530	14,590
2級地	24,470		16,310	
3級地	22,630		15,090	

（単位：円／平成30年度）

Chapter 7

不服申立てと再請求

Section 1

不服申立て

不服申立ての概要と留意事項

請求に対する決定に納得がいかない場合、まず不服申立てを検討します。不服申立ては、社会保険審査官に対する審査請求（一審）と、社会保険審査会に対する再審査請求（二審）の二審制となっており、年金請求や額改定請求等の決定に対してはもちろん、更新で等級が下がったり、支給停止となった場合などにも行うことができます。

審査請求・再審査請求ともに、本人が行うこともできますし、**代理人**を立てることもできます。

なお、不服申立てを行うことにより、決定された内容が不利益に変更されることは一切ありません。たとえば３級と認定された**原処分**について、２級を求めて不服申立てをする場合、審査請求や再審査請求中も３級の年金は決定どおりに支給され、不服申立てで２級が認められた場合のみ、受給権発生時または等級改定時の分から２級の年金額に変更されます。

- 家族等のほか、専門家である社会保険労務士や弁護士に依頼することもできます。代理人には、不服申立ての手続きに関する一切の行為を本人に代わって行うことができる権限が与えられています。書類の受領や、社会保険審査官・審査会との連絡なども、すべて代理人を通すかたちとなります。
- 保険者の決定

「社会保険審査官及び社会保険審査会法」の改正

平成28年4月1日より行政不服審査法が改正されたことに伴い、「社会保険審査官及び社会保険審査会法」（以下「官会法」と表記）も改正されています。本項では特に「改正前」

「改正後」といった表記はしていませんが、全体に改正内容を踏まえて記載しています。

（1）審査請求の範囲

不服申立ては、原処分の違法性や不当性、あるいは前提となる事実認定に関する不服を争うものです。

障害年金に関して審査請求ができるのは、給付決定、額改定処分、支給停止処分、不支給処分、失権（単なる確認行為にとどまるものを除く）、給付の制限等に関する処分に対する不服となり、次の場合は原則として対象となりません。

①**支分権の消滅時効**についての不服や、年金請求時の請求傷病以外の傷病による障害（請求傷病により発症した傷病による障害を除く）に関する不服など、原処分が存在しない場合

②事実行為であって処分ではないもの

③訴えの利益のない場合

④**すでに審査決定のあった同一事案に関するもの**（一事不再理の原則）

● 12ページ参照

● 同一の請求でも、新たな資料の提出により適法な審査請求と認められる場合もあります。

（2）審査請求・再審査請求の期限

一審の審査請求は、処分があったことを知った日の翌日から起算して３か月以内に行うこととされています。二審の再審査請求は、社会保険審査官の決定書謄本が送付された日の翌日から起算して２か月以内に行います。審査請求書や再審査請求書を郵便で提出した

場合、郵送に要した日数は算入されません。

「処分があったことを知った日」とは、基本的には**処分の決定通知書**が送達された日です。また、通知が発送されれば、郵便法により３日以内（国民の祝日、日曜日および１月２日は算入しません）に到達したものと推定されます。

●年金証書、不支給決定通知書、支給額変更通知書など

社会保険審査官の決定書は、簡易書留など配達記録付きの郵便で送付されるため、再審査請求では郵便法による推定の適用はありません。郵便局員が配達に来て、不在のため持ち戻った場合は、実際に決定書を受け取っていなくても、最初に配達に来て持ち戻った日が「決定書が届いた日」とされますので、注意が必要です。家族や代理人など、処分に関する権利を本人に代わって処理したり、郵便物を受領している人に送達された場合も、その日が「知った日」あるいは「送付された日」となります。

（３）審査請求・再審査請求の方法

「審査請求は、政令の定めるところにより、文書又は口頭ですることができる」とされています。再審査請求の場合も同様です。

このうち口頭による請求については、「審査官、審査請求または再審査請求に関する経由機関の職員等は、聴取書を作成し、年月日を記載して陳述者に読み聞かせた上、陳述者とともに、これに記名押印しなければならない」とされており、基本的には電話等での申立てを含みません。

（4）原処分変更

社会保険審査官が審査請求を受理したときは、原処分をした保険者および利害関係人にその旨を通知し、意見申立ての機会を与えた後でなければ決定ができないこととされています。社会保険審査会が再審査請求を受理したときも同様です。保険者はこれを受けて、事実認定を改め、自ら処分を変更する場合があります。これが「原処分変更」といわれるものです。

原処分変更により請求人の主張が全面的に認められた場合、審査（再審査）請求は訴えの利益のないものとなるため、取り下げるかたちとなります。一方、主張が一部だけ認められた場合、認められなかった部分については、引き続き審査（再審査）請求で争うことが可能です。

原処分の理由の確認と審査請求の検討

（1）請求等書類と原処分の理由の確認

不服申立てについて相談を受ける場合、状況を少しでも正確に把握するため、可能であれば、不支給決定通知書などの原処分通知や、原処分のもとになった**請求等の書類**を確認したうえで、原処分の理由や、審査請求で認められる可能性を検討します。

請求書類の控えを残されていない場合、手続きを行った年金事務所を通して、請求書類一式のコピーを取り寄せることができます。

原処分の理由については、年金事務所に確認を依頼することもできますし、より正確に知るために、認定医員が審査の際に作成する障害状態認定調書（厚生年金保険の場合は障害状態認定表）の開示請求を行うことも可能です。

（2）障害状態認定調書（表）の開示請求

前述の障害状態認定調書（表）は、行政機関の保有する個人情報に当たり、本人または法定代理人名でのみ、開示請求が可能です。

郵送による障害状態認定調書(表)の開示請求の流れ

① 厚生労働省所定の**「保有個人情報開示請求書」**に必要事項を記入し、身分証明書のコピーと住民票（原本）を添付して、厚生労働省大臣官房総務課 情報公開文書室に郵送します。

② 本人宛てに、「開示の決定通知書」と「保有個人情報の開示の実施方法等申出書」が送付されます。

③「保有個人情報の開示の実施方法等申出書」に必要事項を記入して郵送します。

④ 本人宛てに、障害状態認定調書（表）が送付されます。

●書式は厚生労働省ホームページ(http://www.mhlw.go.jp/jouhou/hogo06/）よりダウンロード可能です。

審査請求（一審）

審査請求は、前述のとおり、原処分があったことを知った日の翌日から起算して３か月以内に、**管轄の地方厚生局**に置かれる社会保険審査官に対して、通常、郵送により行います（年金事務所を経由して提出することも可能です）。

●地方厚生局は、北海道厚生局、東北厚生局、関東信越厚生局、東海北陸厚生局、近畿厚生局、中国四国厚生局、四国厚生支局、九州厚生局の8か所です。管轄は、原処分について経由した日本年金機構ブロック本部を管轄する地方厚生局となります。

以下、一般的な流れに沿って解説します。

(1) 資料の収集と審査請求書の作成・提出

まず請求方針を決定し、それに沿って資料の収集を行います。不服申立ての争点や、何を立証すべきかなど状況により異なりますが、一般的な例としては次のようなものが考えられます。

- □ カルテなどの医療情報
- □ 医師意見書
- □ 第三者の陳述や証言
- □ 医学文献
- □ 関連する**裁決例**や判例

- 社会保険審査会の裁決は、一部、厚生労働省のホームページで公開されているほか、同省の社会保険審査調整室や国会図書館での貸出し、閲覧等を利用することもできます。

資料の収集後、あるいは並行して**審査請求書**を作成します。審査請求書は定型書式がありますが、主張内容である「趣旨及び理由」は、通常、別紙に記入します。ここでは原処分のもとになった診断書や申立書等の請求書類、本人の状況など事実関係、収集した資料、法令や障害認定基準などに沿って、論理的に記述するよう心がけます。ここでどれほど窮状を訴えても意味はありません。

- 審査請求書の書式は、年金事務所または社会保険審査官より取り寄せるほか、各地方厚生局のホームページよりダウンロードすることも可能です。

審査請求で申し立てる内容は、当初の請求内容と矛盾のないものでなければなりません。仮に当初の請求内容に誤りがあり、それが原処分の理由となっている場合には、なぜ誤ったのか、実際はどうなのかを、審査請求段階で筋道を立てて説明し、可能な限り立証します。

なお、審査請求期限との関係や状況により、「審査請求の理由」は大まかな内容で記入して提出した後、資料や意見書等を追加提出する場合もあります。

また、審査請求書を提出する際には、原処分の決定通知書を添付します。

審査請求後、審査請求の要件について審理がなされたうえで、担当の社会保険審査官より受理の通知が届きます。期限超過や審査請求の趣旨が不適法など、万一、審査請求の要件を欠いている場合は却下となります。

(2) 口頭意見陳述

●官会法の改正により、口頭意見陳述の期日において、審査請求人（代理人を含む）より保険者への質問ができるようになりました。これを受け、口頭意見陳述を申し立てるケースが増えています。

前述の受理通知が届いた後、担当の社会保険審査官に対し、口頭による意見陳述の開催を求めることができます。

口頭意見陳述は、審査請求人（代理人を含む）の申立てに基づき、社会保険審査官が保険者、関係者を招集して行うこととされています。

開催までの流れは、概ね次のとおりです。

●各厚生局により異なる可能性があります。ここでは関東信越厚生局の場合について記載しています。

①審査請求の受理通知に、口頭意見陳述に関する案内と、開催を求める期日が記載されていますので、口頭意見陳述の開催を希望する旨、担当の社会保険審査官に連絡します。この連絡は電話でも可能です。

②数か月後、社会保険審査官より日程調整に関する通知と返信用のハガキが届きますので、出席できない日時に×をつけて返信します。また、保険者に対して質問をする場合、質問事項を事前に書面で提出するよう求められており、この通知に提出期限が記載されています。質問事項の書面は、あらかじめ保険者宛て送付されます。

③数日後、口頭意見陳述の日時と場所（地方厚生局）が記載された通知が届きます。

審理期日への保険者代理人の出席は、インターネットテレビ電話によるものとなっていますが、その場で直接質問することが可能です。

（3）保険者資料等の閲覧・交付申請

決定までの間、審査請求人と保険者は、相手方の文書や物件の閲覧や写しの交付を求めることができます。この規定により、簡便な手続きで、保険者意見書等の写しの交付を受けることが可能になりました。

閲覧・写しの交付を希望する場合、社会保険審査官に申し出ると「提出書類等閲覧等請求書」を郵送してもらえますので、必要事項を記入して提出します。

(4) 決　定

「審査官は、審理を終えたときは、審査請求の全部または一部を容認し、または棄却する決定をしなければならない」とされています。決定書は文書をもって行うこととされており、請求人（代理人を立てている場合は代理人）宛てに送付されます。

審査請求の段階ではなかなか容認されないのが現状です。審査請求で棄却された後、再審査請求で容認されるケースは比較的多いため、棄却の場合には、通常、二審の再審査請求へと進むことになります。

なお、再審査請求期限との関係から、決定書が届いた日が重要になります。届いた日は必ず記録しておいてください。

再審査請求（二審）

再審査請求は、社会保険審査官の決定書謄本が送付された日の翌日から起算して２か月以内に、厚生労働省に置かれる社会保険審査会に対して行います。

社会保険審査会は、元裁判官・医師・社会保険労務士などの法令専門家で構成される合議制の機関であり、独任制である社会保険審査官に比べ、公平性も高くなっています。

（1）再審査請求書の作成・提出

審査請求の状況により、必要に応じて追加資料の収集を行い、追加の主張などがあればそれらを記載した再審査請求書を作成し、社会保険審査会に、通常は郵送で提出します。代理人が行う場合は、所定の委任状も添付します。

再審査請求は､審査官の決定に対する不服ではなく、あくまでも原処分に対する不服を申し立てるものであることに留意してください。

再審査請求後に、審査請求時と同様、社会保険審査会から、まずは再審査請求書を受け取った旨の通知が届きます。社会保険審査会では、その後、再審査請求としての要件を備えているかどうか要件審理が行われ、万一要件を欠いている場合は、裁決で却下となります。

（2）公開審理

「社会保険審査会の審理は、口頭弁論により、公開で行われる」とされ、当事者やその代理人は審理に出席し、意見を述べることができます。

公開審理の期日が決まると、審理の半月から１か月ほど前に、その通知と審理資料が届きます。この通知が届くまでに現在、再審査請求から平均４～６か月ほどかかっています。

審理資料には、原処分のもとになった請求書類、原処分の決定通知書、審査請求書類、年金機構から社会保険審査官に対して提出された保険者意見書、社会保険審査官の決定書、再審査請求書類、被保険者記録照会回答票など、審理に必要な書類一式が綴じ込まれています。

追加の主張がある場合は、原則、公開審理の10日前までに社会保険審査会に提出します。

公開審理には、**請求人や代理人**、社会保険審査会委員（委員長および審査員2名）、保険者の代理人（事務官、医師）のほか、**社会保険審査会参与**が出席し、質疑応答などが行われます。法改正により、平成28年4月1日以降に処分がなされた事案では、公開審理の場で、保険者に対する質問もできるようになりました。

また、公開審理終了後に意見書や追加資料を提出することも可能です。

●請求人や代理人の出席は任意です。公開審理の通知に出欠ハガキが同封されていますので、記入して提出します。

●厚生労働大臣から指名された、被保険者および受給権者または事業主の利益を代表する者

審理調書の閲覧

公開審理後、審理の経過について調書が作成されます。この調書は申請により貸与を受けることができます。審理に欠席した場合など、状況により貸与を受けることで、審理内容の確認が可能です。

(3) 裁　決

公開審理から1～5か月ほど後に裁決書が送付されます。裁決までの期間は、事案により大きく異なります。

裁決が、行政段階での最終決定です。棄却または却下の場合は、訴訟を含め、次に取り得る手段はないかを検討します。

本人が亡くなった場合

審査請求または再審査請求中に本人が亡くなられた場合、**未支給給付**を受けられる遺族が承継人となり、審査の手続きを受け継ぐことができます。この場合、社会保険審査官または社会保険審査会に、審査（再審査）請求の受継ぎについての届出と、代理人が手続きを行っている場合は、承継人の委任状を提出します。

259ページ参照

Section 2

行政訴訟

原処分に対する取消訴訟は、審査請求に対する社会保険審査官の決定を経た後でなければ提起することができません。提訴期限は、審査請求の決定または再審査請求の裁決があったことを知った日から6か月です。

平成28年4月の法改正により、社会保険審査会の裁決を経ることなく提訴できるようになりましたが、心理面や費用・時間・労力など訴訟へのハードルが高いこと、審査請求に比べ再審査請求で容認される可能性は格段に高いことなどから、再審査請求を経ずに訴訟に移行するケースは、ごく限られると思われます。

再審査請求で棄却された場合、後述する再請求など他に方法はないか、行政訴訟を行う場合に勝訴の可能性はどの程度あるのかなど、弁護士にも相談しながら慎重に検討することが必要と考えられます。

再審査請求までを社会保険労務士が代理した場合、資料の提供や、通常弁護士が関与していない障害認定の実務的な部分を伝えるなど橋渡しをすることで、本人や家族など当事者が、スムーズに訴訟の段階に進むことが可能になると考えます。

なお、平成27年4月より、社会保険労務士法の改正により社会保険労務士が補佐人として訴訟に参加することも可能になりました。障害年金に精通している弁護士はごく少数であることからも、不服申立ての段階から関与してきた社会保険労務士が補佐人として弁護士とともに訴訟の対応にあたることで当事者が得られる安心感やメリットも、大きいものと考えられます。

Section 3

再請求

不服申立ての相談を受けた場合でも、診断書の内容が極端に軽いなど、状況によっては、あらためて請求をし直すほうがよい場合もあります。ただし、請求の時期が遅れることによる不利益が生じる場合もあり、どちらがよいかはケースバイケースです。審査請求や再審査請求をしながら、並行して再請求や支給停止事由消滅等の手続きを行うこともできますので、両方の可能性を検討します。

再審査請求で棄却された場合は、事案の内容により、再請求、額改定請求、支給停止事由消滅届の提出などを検討します。

memo.

巻末資料

1　障害等級表（国年令別表／厚年令別表第１・第２）

施行令別表等

（１） 国民年金法施行令別表

（障害等級）

第４条の６　法第 30 条第２項に規定する障害等級の各級の障害の状態は、別表に定めるとおりとする。

別表（第４条の６関係）

障害の程度		障　害　の　状　態
１級	１	両眼の視力の和が 0.04 以下のもの
	２	両耳の聴力レベルが 100 デシベル以上のもの
	３	両上肢の機能に著しい障害を有するもの
	４	両上肢のすべての指を欠くもの
	５	両上肢のすべての指の機能に著しい障害を有するもの
	６	両下肢の機能に著しい障害を有するもの
	７	両下肢を足関節以上で欠くもの
	８	体幹の機能に座っていることができない程度又は立ちあがることができない程度の障害を有するもの
	９	前各号に掲げるもののほか、身体の機能の障害又は長期にわたる安静を必要とする病状が前各号と同程度以上と認められる状態であって、日常生活の用を弁ずることを不能ならしめる程度のもの
	１０	精神の障害であって、前各号と同程度以上と認められる程度のもの
	１１	身体の機能の障害若しくは病状又は精神の障害が重複する場合であって、その状態が前各号と同程度以上と認められる程度のもの
２級	１	両眼の視力の和が 0.05 以上 0.08 以下のもの
	２	両耳の聴力レベルが 90 デシベル以上のもの
	３	平衡機能に著しい障害を有するもの
	４	そしゃくの機能を欠くもの
	５	音声又は言語機能に著しい障害を有するもの
	６	両上肢のおや指及びひとさし指又は中指を欠くもの
	７	両上肢のおや指及びひとさし指又は中指の機能に著しい障害を有するもの
	８	一上肢の機能に著しい障害を有するもの
	９	一上肢のすべての指を欠くもの
	１０	一上肢のすべての指の機能に著しい障害を有するもの
	１１	両下肢のすべての指を欠くもの
	１２	一下肢の機能に著しい障害を有するもの
	１３	一下肢を足関節以上で欠くもの
	１４	体幹の機能に歩くことができない程度の障害を有するもの
	１５	前各号に掲げるもののほか、身体の機能の障害又は長期にわたる安静を必要とする病状が前各号と同程度以上と認められる状態であって、日常生活が著しい制限を受けるか、又は日常生活に著しい制限を加えることを必要とする程度のもの
	１６	精神の障害であって、前各号と同程度以上と認められる程度のもの
	１７	身体の機能の障害若しくは病状又は精神の障害が重複する場合であって、その状態が前各号と同程度以上と認められる程度のもの

備考　視力の測定は、万国式試視力表によるものとし、屈折異常があるものについては、矯正視力によって測定する。

（障害等級表②）

（２） 厚生年金保険法施行令別表第１
（障害等級）
第３条の８　法第 47 条第２項に規定する障害等級の各級の障害の状態は、１級及び２級についてはそれぞれ国民年金法施行令（昭和 34 年政令第 184 号）別表に定める１級及び２級の障害の状態とし、３級については別表第１に定めるとおりとする。
別表第１（第３条の８関係）

障害の程度		障害の状態
３級	１	両眼の視力が 0.1 以下に減じたもの
	２	両耳の聴力が、40 センチメートル以上では通常の話声を解することができない程度に減じたもの
	３	そしゃく又は言語の機能に相当程度の障害を残すもの
	４	脊柱の機能に著しい障害を残すもの
	５	一上肢の３大関節のうち、２関節の用を廃したもの
	６	一下肢の３大関節のうち、２関節の用を廃したもの
	７	長管状骨に偽関節を残し、運動機能に著しい障害を残すもの
	８	一上肢のおや指及びひとさし指を失ったもの又はおや指若しくはひとさし指を併せ一上肢の３指以上を失ったもの
	９	おや指及びひとさし指を併せ一上肢の４指の用を廃したもの
	１０	一下肢をリスフラン関節以上で失ったもの
	１１	両下肢の 10 趾の用を廃したもの
	１２	前各号に掲げるもののほか、身体の機能に、労働が著しい制限を受けるか、又は労働に著しい制限を加えることを必要とする程度の障害を残すもの
	１３	精神又は神経系統に、労働が著しい制限を受けるか、又は労働に著しい制限を加えることを必要とする程度の障害を残すもの
	１４	傷病が治らないで、身体の機能又は精神若しくは神経系統に、労働が制限を受けるか、又は労働に制限を加えることを必要とする程度の障害を有するものであって、厚生労働大臣が定めるもの

備考
１　視力の測定は、万国式試視力表によるものとし、屈折異常があるものについては、矯正視力によって測定する。
２　指を失ったものとは、おや指は指節間関節、その他の指は近位指節間関節以上を失ったものをいう。
３　指の用を廃したものとは、指の末節の半分以上を失い、又は中手指節関節若しくは近位指節間関節（おや指にあっては指節間関節）に著しい運動障害を残すものをいう。
４　趾の用を廃したものとは、第１趾は末節の半分以上、その他の趾は遠位趾節間関節以上を失ったもの又は中足趾節関節若しくは近位趾節間関節（第１趾にあっては趾節間関節）に著しい運動障害を残すものをいう。

（障害等級表③）

（3） 厚生年金保険法施行令別表第２〔障害手当金〕
（法第 55 条第 1 項に規定する政令で定める程度の障害の状態）
第３条の９　法第 55 条第 1 項に規定する政令で定める程度の障害の状態は、別表第２に定めるとおりとする。
別表第２（第３条の９関係）

障害の程度		障　害　の　状　態
障害手当金	1	両眼の視力が 0.6 以下に減じたもの
	2	１眼の視力が 0.1 以下に減じたもの
	3	両眼のまぶたに著しい欠損を残すもの
	4	両眼による視野が 2 分の 1 以上欠損したもの又は両眼の視野が 10 度以内のもの
	5	両眼の調節機能及び輻輳機能に著しい障害を残すもの
	6	１耳の聴力が、耳殻に接しなければ大声による話を解することができない程度に減じたもの
	7	そしゃく又は言語の機能に障害を残すもの
	8	鼻を欠損し、その機能に著しい障害を残すもの
	9	脊柱の機能に障害を残すもの
	10	一上肢の３大関節のうち、1 関節に著しい機能障害を残すもの
	11	一下肢の３大関節のうち、1 関節に著しい機能障害を残すもの
	12	一下肢を３センチメートル以上短縮したもの
	13	長管状骨に著しい転位変形を残すもの
	14	一上肢の２指以上を失ったもの
	15	一上肢のひとさし指を失ったもの
	16	一上肢の３指以上の用を廃したもの
	17	ひとさし指を併せ一上肢の２指の用を廃したもの
	18	一上肢のおや指の用を廃したもの
	19	一下肢の第 1 趾又は他の４趾以上を失ったもの
	20	一下肢の５趾の用を廃したもの
	21	前各号に掲げるもののほか、身体の機能に、労働が制限を受けるか、又は労働に制限を加えることを必要とする程度の障害を残すもの
	22	精神又は神経系統に、労働が制限を受けるか、又は労働に制限を加えることを必要とする程度の障害を残すもの

備考
1　視力の測定は、万国式試視力表によるものとし、屈折異常があるものについては、矯正視力によって測定する。
2　指を失ったものとは、おや指は指節間関節、その他の指は近位指節間関節以上を失ったものをいう。
3　指の用を廃したものとは、指の末節の半分以上を失い、又は中手指節関節若しくは近位指節間関節（おや指にあっては指節間関節）に著しい運動障害を残すものをいう。
4　趾を失ったものとは、その全部を失ったものをいう。
5　趾の用を廃したものとは、第 1 趾を末節の半分以上、その他の趾は遠位趾節間関節以上を失ったもの又は中足趾節関節若しくは近位趾節間関節（第 1 趾にあっては趾節間関節）に著しい運動障害を残すものをいう。

memo.

2 身体障害者障害程度等級表（身体障害者福祉法施行規則別

級別	視覚障害	聴覚又は平衡機能の障害		音声機能、言語機能又はそしゃく機能の障害	肢体不自		
		聴覚障害	平衡機能障害		上肢	下肢	体幹
1級	両眼の視力（万国式試視力表によって測ったものをいい、屈折異常のある者については、きょう正視力について測ったものをいう。以下同じ。）の和が0.01以下のもの				1 両上肢の機能を全廃したもの 2 両上肢を手関節以上で欠くもの	1 両下肢の機能を全廃したもの 2 両下肢を大腿の2分の1以上で欠くもの	体幹の機能障害により坐っていることができないもの
2級	1 両眼の視力の和が0.02以上0.04以下のもの 2 両眼の視野がそれぞれ10度以内でかつ両眼による視野について視能率による損失率が95パーセント以上のもの	両耳の聴力レベルがそれぞれ 100デシベル以上のもの（両耳全ろう）			1 両上肢の機能の著しい障害 2 両上肢のすべての指を欠くもの 3 一上肢を上腕の2分の1以上で欠くもの 4 一上肢の機能を全廃したもの	1 両下肢の機能の著しい障害 2 両下肢を下腿の2分の1以上で欠くもの	1 体幹の機能障害により坐位又は起立位を保つことが困難なもの 2 体幹の機能障害により立ち上がることが困難なもの
3級	1 両眼の視力の和が0.05以上0.08以下のもの 2 両眼の視野がそれぞれ10度以内でかつ両眼による視野について視能率による損失率が90パーセント以上のもの	両耳の聴力レベルが 90デシベル以上のもの（耳介に接しなければ大声語を理解し得ないもの）	平衡機能の極めて著しい障害	音声機能，言語機能又はそしゃく機能の喪失	1 両上肢のおや指及びひとさし指を欠くもの 2 両上肢のおや指及びひとさし指の機能を全廃したもの 3 一上肢の機能の著しい障害 4 一上肢のすべての指を欠くもの 5 一上肢のすべての指の機能を全廃したもの	1 両下肢をシヨパー関節以上で欠くもの 2 一下肢を大腿の2分の1以上で欠くもの 3 一下肢の機能を全廃したもの	体幹の機能障害により歩行が困難なもの

表第５号）

	由		心臓、じん臓若しくは呼吸器又はぼうこう若しくは直腸、小腸、ヒト免疫不全ウイルスによる免疫若しくは肝臓の機能の障害						
	乳幼児期以前の非進行性の脳病変による運動機能障害		心臓機能障害	じん臓機能障害	呼吸器機能障害	ぼうこう又は直腸の機能障害	小腸機能障害	ヒト免疫不全ウイルスによる免疫機能障害	肝臓機能障害
	上肢機能	移動機能							
	不随意運動・失調等により上肢を使用する日常生活動作がほとんど不可能なもの	不随意運動・失調等により歩行が不可能なもの	心臓の機能の障害により自己の身辺の日常生活活動が極度に制限されるもの	じん臓の機能の障害により自己の身辺の日常生活活動が極度に制限されるもの	呼吸器の機能の障害により自己の身辺の日常生活活動が極度に制限されるもの	ぼうこう又は直腸の機能の障害により自己の身辺の日常生活活動が極度に制限されるもの	小腸の機能の障害により自己の身辺の日常生活活動が極度に制限されるもの	ヒト免疫不全ウイルスによる免疫の機能の障害により日常生活がほとんど不可能なもの	肝臓の機能の障害により日常生活活動がほとんど不可能なもの
	不随意運動・失調等により上肢を使用する日常生活動作が極度に制限されるもの	不随意運動・失調等により歩行が極度に制限されるもの						ヒト免疫不全ウイルスによる免疫の機能の障害により日常生活が極度に制限されるもの	肝臓の機能の障害により日常生活活動が極度に制限されるもの
	不随意運動・失調等により上肢を使用する日常生活動作が著しく制限されるもの	不随意運動・失調等により歩行が家庭内での日常生活活動に制限されるもの	心臓の機能の障害により家庭内での日常生活活動が著しく制限されるもの	じん臓の機能の障害により家庭内での日常生活活動が著しく制限されるもの	呼吸器の機能の障害により家庭内での日常生活活動が著しく制限されるもの	ぼうこう又は直腸の機能の障害により家庭内での日常生活活動が著しく制限されるもの	小腸の機能の障害により家庭内での日常生活活動が著しく制限されるもの	ヒト免疫不全ウイルスによる免疫の機能の障害により日常生活が著しく制限されるもの（社会での日常生活活動が著しく制限されるものを除く。）	肝臓の機能の障害により日常生活活動が著しく制限されるもの（社会での日常生活活動が著しく制限されるものを除く。）

級別	視覚障害	聴覚又は平衡機能の障害		音声機能、言語機能又はそしゃく機能の障害	肢体不自		
		聴覚障害	平衡機能障害		上肢	下肢	体幹
4級	1 両眼の視力の和が0.09以上0.12以下のもの 2 両眼の視野がそれぞれ10度以内のもの	1 両耳の聴力レベルがそれぞれ 80デシベル以上のもの（耳介に接しなければ話声語を理解し得ないもの） 2 両耳による普通話声の最良の語音明瞭度が50パーセント以下のもの		音声機能，言語機能又はそしゃく機能の著しい障害	1 両上肢のおや指を欠くもの 2 両上肢のおや指の機能を全廃したもの 3 一上肢の肩関節，肘関節又は手関節のうち，いずれか一関節の機能を全廃したもの 4 一上肢のおや指及びひとさし指を欠くもの 5 一上肢のおや指及びひとさし指の機能を全廃したもの 6 おや指又はひとさし指を含めて一上肢の三指を欠くもの 7 おや指又はひとさし指を含めて一上肢の三指の機能を全廃したもの 8 おや指又はひとさし指を含めて一上肢の四指の機能の著しい障害	1 両下肢のすべての指を欠くもの 2 両下肢のすべての指の機能を全廃したもの 3 一下肢を下腿の2分の1以上で欠くもの 4 一下肢の機能の著しい障害 5 一下肢の股関節又は膝関節の機能を全廃したもの 6 一下肢が健側に比して10センチメートル以上又は健側の長さの10分の1以上短いもの	
5級	1 両眼の視力の和が0.13以上0.2以下のもの 2 両眼による視野の2分の1以上が欠けているもの		平衡機能の著しい障害		1 両上肢のおや指の機能の著しい障害 2 一上肢の肩関節，肘関節又は手関節のうち，いずれか一関節の機能の著しい障害 3 一上肢のおや指を欠くもの 4 一上肢のおや指の機能を全廃したもの 5 一上肢のおや指及びひとさし指の機能の著しい障害 6 おや指又はひとさし指を含めて一上肢の三指の機能の著しい障害	1 一下肢の股関節又は膝関節の機能の著しい障害 2 一下肢の足関節の機能を全廃したもの 3 一下肢が健側に比して5センチメートル以上又は健側の長さの15分の1以上短いもの	体幹の機能の著しい障害

（身体障害者障害程度等級表②）

由		心臓、じん臓若しくは呼吸器又はぼうこう若しくは直腸、小腸、ヒト免疫不全ウイルスによる免疫若しくは肝臓の機能の障害						
乳幼児期以前の非進行性の脳病変による運動機能障害		心臓機能障害	じん臓機能障害	呼吸器機能障害	ぼうこう又は直腸の機能障害	小腸機能障害	ヒト免疫不全ウイルスによる免疫機能障害	肝臓機能障害
上肢機能	移動機能							
不随意運動・失調等による上肢の機能障害により社会での日常生活活動が著しく制限されるもの	不随意運動・失調等により社会での日常生活活動が著しく制限されるもの	心臓の機能の障害により社会での日常生活活動が著しく制限されるもの	じん臓の機能の障害により社会での日常生活活動が著しく制限されるもの	呼吸器の機能の障害により社会での日常生活活動が著しく制限されるもの	ぼうこう又は直腸の機能の障害により社会での日常生活活動が著しく制限されるもの	小腸の機能の障害により社会での日常生活活動が著しく制限されるもの	ヒト免疫不全ウイルスによる免疫の機能の障害により社会での日常生活活動が著しく制限されるもの	肝臓の機能の障害により社会での日常生活活動が著しく制限されるもの
不随意運動・失調等による上肢の機能障害により社会での日常生活活動に支障のあるもの	不随意運動・失調等により社会での日常生活活動に支障のあるもの							

級別	視覚障害	聴覚又は平衡機能の障害		音声機能、言語機能又はそしゃく機能の障害	肢体不自		
		聴覚障害	平衡機能障害		上肢	下肢	体幹
6級	一眼の視力が0.02以下，他眼の視力が0.6以下のもので，両眼の視力の和が 0.2を超えるもの	1 両耳の聴力レベルが70デシベル以上のもの（40センチメートル以上の距離で発声された会話語を理解し得ないもの） 2 一側耳の聴力レベルが90デシベル以上，他側耳の聴力レベルが50デシベル以上のもの			1 一上肢のおや指の機能の著しい障害 2 ひとさし指を含めて一上肢の二指を欠くもの 3 ひとさし指を含めて一上肢の二指の機能を全廃したもの	1 一下肢をリスフラン関節以上で欠くもの 2 一下肢の足関節の機能の著しい障害	
7級					1 一上肢の機能の軽度の障害 2 一上肢の肩関節，肘関節又は手関節のうち，いずれか一関節の機能の軽度の障害 3 一上肢の手指の機能の軽度の障害 4 ひとさし指を含めて一上肢の二指の機能の著しい障害 5 一上肢のなか指，くすり指及び小指を欠くもの 6 一上肢のなか指，くすり指及び小指の機能を全廃したもの	1 両下肢のすべての指の機能の著しい障害 2 一下肢の機能の軽度の障害 3 一下肢の股関節，膝関節又は足関節のうち，いずれか一関節の機能の軽度の障害 4 一下肢のすべての指を欠くもの 5 一下肢のすべての指の機能を全廃したもの 6 一下肢が健側に比して3センチメートル以上又は健側の長さの20分の1以上短いもの	

（身体障害者障害程度等級表③）

由		心臓、じん臓若しくは呼吸器又はぼうこう若しくは直腸、小腸、ヒト免疫不全ウイルスによる免疫若しくは肝臓の機能の障害						
乳幼児期以前の非進行性の脳病変による運動機能障害		心臓機能障害	じん臓機能障害	呼吸器機能障害	ぼうこう又は直腸の機能障害	小腸機能障害	ヒト免疫不全ウイルスによる免疫機能障害	肝臓機能障害
上肢機能	移動機能							
不随意運動・失調等による上肢の機能の劣るもの	不随意運動・失調等により移動機能の劣るもの							
上肢に不随意運動・失調等を有するもの	下肢に不随意運動・失調等を有するもの							

【備考】

1　同一等級について二つの重複する障害がある場合は，一級うえの級とする。ただし，二つの重複する障害が特に本表中に指定せられているものは，該当等級とする。
2　肢体不自由においては，7 級に該当する障害が 2 以上重複する場合は，6 級とする。
3　異なる等級について二つ以上の重複する障害がある場合については，障害の程度を勘案して当該等級より上位の等級とすることができる。
4　「指を欠くもの」とは，おや指については指骨間関節，その他の指については第一指骨間関節以上を欠くものをいう。
5　「指の機能障害」とは，中手指節関節以下の障害をいい，おや指については，対抗運動障害をも含むものとする。
6　上肢又は下肢欠損の断端の長さは，実用調（上腕においては腋窩より，大腿においては坐骨結節の高さより計測したもの）をもって計測したものをいう。
7　下肢の長さは，前腸骨棘より内くるぶし下端までを計測したものをいう。

3　納付記録の見方

コード	内　容
A	定額保険料
B	定額保険料＋付加保険料
C	定額保険料＋付加分未納
G	定額保険料（前納）＋付加保険料
H	中国残留邦人等の特例措置にかかる追納保険料
K	特例納付
L	中国残留邦人等の特例措置にかかる免除
M	特例納付
P	定額保険料（前納）
Q	定額保険料（前納）＋付加保険料（前納）
T	追納保険料
U	追納加算保険料
V	定額保険料（充当）
W	定額保険料（充当）＋付加保険料（充当）
R	みなし免除（沖縄特別措置）
X	定額＋付加分未納
Y	法定免除
Z	申請免除（全額）
＋	第３号納付（第３号被保険者期間のうち保険料納付済期間に算入する月）
―	第３号納付（第３号被保険者期間のうち保険料納付済期間に算入しない月）
$	第３号特例納付
/	無資格
＊	未納
ア	半額未納
イ	半額納付
ウ	半額前納
エ	半額分充当
オ	半額納付済の追納
カ	半額納付済の追納＋追納加算保険料
キ	半額前納済の追納
ク	半額前納済の追納＋追納加算保険料
ケ	半額充当済の追納
コ	半額充当済の追納＋追納加算保険料

コード	内　容
サ	学生納付特例
シ	学生納付特例追納
ス	学生納付特例追納＋追納加算保険料
セ	納付猶予
ソ	納付猶予追納
タ	納付猶予追納＋追納加算保険料
チ	４分の３免除期間にかかる未納
ツ	４分の３免除期間にかかる納付
テ	４分の３免除期間にかかる前納
ト	４分の３免除期間にかかる充当
ナ	４分の１免除期間納付済にかかる充当
ニ	４分の１免除期間納付済にかかる追納＋追納加算保険料
ヌ	４分の１免除期間前納済にかかる追納
ネ	４分の１免除期間前納済にかかる追納＋追納加算保険料
ノ	４分の１免除期間充当済にかかる追納
ハ	４分の１免除期間充当済にかかる追納＋追納加算保険料
ヒ	４分の１免除期間にかかる未納
フ	４分の１免除期間にかかる納付
ヘ	４分の１免除期間にかかる前納
ホ	４分の１免除期間にかかる充当
マ	４分の３免除期間納付済にかかる追納
ミ	４分の３免除期間納付済にかかる追納＋追納加算保険料
ム	４分の３免除期間前納済にかかる追納
メ	４分の３免除期間前納済にかかる追納＋追納加算保険料
モ	４分の３免除期間充当済にかかる追納
ヤ	４分の３免除期間充当済にかかる追納＋追納加算保険料
¥	コンビニ納付（納付速報）・照会区分「03」のみ対応 <納付後、翌営業日から約20日程度「¥」で表示される>

4　障害基礎年金の納付要件早見表

○　障害基礎年金の納付要件（初診日が昭和６１年４月以降の障害認定日請求・事後重症請求）

初診日	初診日において国民年金の被保険者であった場合及び被保険者でなかった場合
S61.4.1 ～ H3.4.30	次のいずれかに該当していること。 ①　初診日の前日において、当該初診日の属する月前における直近の基準月（１月、４月、７月、１０月）の前月までに被保険者期間があり、かつ、当該被保険者期間に係る保険料納付済期間と保険料免除期間とを合算した期間が３分の２を満たしていること。 ②　初診日の前日において、当該初診日の属する月前における直近の基準月（１月、４月、７月、10月）の前月までの１年間に滞納がないこと。
H3.5.1 ～ H7.3.31	次のいずれかに該当していること。 ①　初診日の前日において、当該初診日の属する月の前々月までに被保険者期間があり、かつ、当該被保険者期間に係る保険料納付済期間と保険料免除期間とを合算した期間が３分の２を満たしていること。 ②　初診日の前日において、当該初診日の属する月の前々月までの１年間に滞納がないこと。
H7.4.1 ～ H28.3.31	次のいずれかに該当していること。 ①　初診日の前日において、当該初診日の属する月の前々月までに被保険者期間があり、かつ、当該被保険者期間に係る保険料納付済期間と保険料免除期間とを合算した期間が３分の２を満たしていること。 ②　初診日の前日において、当該初診日の属する月の前々月までの１年間に滞納がないこと、かつ、６５歳未満であること。

※　平成７年４月１日以降は、６５歳以上においても国民年金の第１号被保険者（国民年金任意加入）が存在することとなりましたが、障害基礎年金における要件は、本来の３分の２要件のみとし、直近１年要件は認めていません。

しかし、障害厚生年金においては、６５歳以上であっても、平成７年４月１日から平成 ８ 年３月３１日までに初診日のある傷病については、直近１年要件が認められています。（経過措置政令第２８条の２）

（障害基礎年金の納付要件早見表②）

○　旧法障害年金の納付要件（初診が昭和61年4月前の障害認定日請求・06年金）

初診日	障害認定日	納付要件をみる時点	納付要件	参考
S36. 4. 1 〜 S39. 7. 31	傷病が治った日（症状が固定した日）	初診日の前日	A要件	※納付要件は国年期間のみで厚年・共済は含まない
S39. 8. 1 〜 S41. 11. 30	初診日から起算して3年を経過した日（3年以内に症状が固定した日）			
S41. 12. 1 〜 S49. 7. 31		障害認定日の前日	B要件	※納付要件は国年期間のみで厚年・共済は含まない
S49. 8. 1 〜 S51. 1. 31	初診日から起算して1年6月を経過した日又は3年を経過した日（1年6月又は3年以内に症状が固定した日）		B要件	受発はS52.8.1（初診日から起算して1年6月で受発する場合） ※納付要件は国年期間のみで厚年・共済は含まない
S51. 2. 1 〜 S51. 9. 30			B要件	※納付要件は国年期間のみで厚年・共済は含まない
S51. 10. 1 〜 S59. 9. 30	初診日から起算して1年6月を経過した日（1年6月以内に症状が固定した日）	初診日の前日	C要件	※C要件の③のみ、納付要件に厚年・共済を含む
S59. 10. 1 〜 S61. 3. 31			C要件 又は 新法要件	※C要件の③と新法要件には厚年・共済を含む

※　昭和39年8月1日前に初診日のある傷病は注意（昭和39年改正法附則第2条参照）

※　昭和41年12月1日前に初診日がある傷病は注意（昭和41年改正法附則第3条参照）

○　障害基礎年金の納付要件（初診が昭和61年4月前の事後重症請求・53年金）

初診日	障害認定日	納付要件をみる時点	納付要件	参考
S36. 4. 1 〜 S49. 7. 31	初診日から起算して3年を経過した日（3年以内に症状が固定した日）	障害認定日の前日	B要件	措置令31条 ※納付要件は国年期間のみで厚年・共済は含まない
S49. 8. 1 〜 S51. 9. 30	初診日から起算して1年6月を経過した日（1年6月以内に症状が固定した日）	障害認定日の前日 又は 初診日の前日	B要件 C要件	措置令31条 ※C要件③のみ納付要件に厚年・共済を含む
S51. 10. 1 〜 S59. 9. 30		初診日の前日	C要件	措置令31条 ※C要件の③のみ、納付要件に厚年・共済を含む
S59. 10. 1 〜 S61. 3. 31			C要件 又は 新法要件	措置令29条 ※C要件の③と新法要件には厚年・共済を含む

（障害基礎年金の納付要件早見表③）

<A要件>
① 初診日の属する月の前月までの被保険者期間に係る保険料納付済期間が１５年以上であるか、又はその保険料納付済期間が５年以上であり、かつ、その被保険者期間のうち保険料免除期間を除いたものの３分の２以上を占めること
② 初診日の属する月前における直近の基準月（１、４、７、１０月）の前月まで引き続き３年間被保険者であり、かつ、その期間のすべてが保険料納付済期間又は保険料免除期間で満たされていること
③ 初診日の属する月前における直近の基準月（１、４、７、１０月）の前月まで引き続き１年間被保険者であり、かつ、その期間のすべてが保険料納付済期間で満たされていること
④ 初診日の属する月の前月までの被保険者期間につき、第２６条に規定する要件に該当していること

<B要件>
① 障害認定日の属する月の前月までの被保険者期間に係る保険料納付済期間が１５年以上であるか、又はその保険料納付済期間が５年以上であり、かつ、その被保険者期間のうち保険料免除期間を除いたものの３分の２以上を占めること
② 障害認定日の属する月前における直近の基準月（１，４，７、１０月）の前月までの被保険者期間が３年以上であり、かつ、その被保険者期間のうち最近の３年間が保険料納付済期間又は保険料免除期間で満たされていること
③ 障害認定日の属する月前における直近の基準月（１，４，７，１０月）の前月までの被保険者期間が１年以上であり、かつ、その被保険者期間のうち最近の１年間が保険料納付済期間で満たされていること
④ 障害認定日の属する月の前月までの被保険者期間につき、第２６条に規定する要件に該当していること

<C要件>
① 初診日の属する月の前月までの被保険者期間に係る保険料納付済期間が１５年以上であるか、又はその保険料納付済期間が５年以上であり、かつ、その被保険者期間のうち保険料免除期間を除いたものの３分の２以上を占めること
② 初診日の属する月前における直近の基準月（１，４，７，１０月）の前月までの被保険者期間が３年以上であり、かつ、その被保険者期間のうち最近の３年間が保険料納付済期間又は保険料免除期間で満たされていること
③ 初診日の属する月前における直近の基準月（１，４，７，１０月）の前月までの通算年金通則法第４条第１項各号に掲げる期間を合算した期間が１年以上であり、かつ、同月までの１年間のうちに保険料納付済期間以外の被保険者期間がないこと
④ 初診日の属する月の前月までの被保険者期間につき、第２６条に規定する要件に該当していること

<新法要件>
① 初診日の前日において、当該初診日の属する月前における直近の基準月（１月、　４月、７月、１０月）の前月までに被保険者期間があり、かつ、当該被保険者期間に係る保険料納付済期間と保険料免除期間とを合算した期間が３分の２を満たしていること
② 初診日の前日において、当該初診日の属する月前における直近の基準月（１月、４月、７月、１０月）の前月までの１年間に滞納がないこと

（障害基礎年金の納付要件早見表④）

<注意>

A～Cに該当せず、旧法５６条の納付要件に該当する場合は、障害福祉年金の受給権が発生します。

旧法５６条 ① 初診日の属する月の前月までの被保険者期間のうち保険料免除期間を除いたものが５年以上であり、かつ、その期間のうちの保険料納付済期間が、その期間の３分の２以上を占めること

② 初診日の前日まで引き続く被保険者期間であった期間に係る保険料の滞納がないこと

ワンポイント！

旧国民年金法の障害年金は、障害認定日において、障害等級の１級又は２級の状態に該当しなかった方が、６５歳に達する日の前日までに障害等級に該当した場合、請求のあった翌月から支給されますので、昭和６１年３月３１日までに障害等級に該当すれば、請求は６５歳到達後でも、昭和６１年４月１日以降でも可能です。

5　厚生年金保険の障害年金にかかる納付要件

初診年月日	厚生年金保険法による納付要件	法律改正による原則的な経過措置	法律改正時の初診日から認定日までの間等の経過措置
平成38年3月31日 ～ 平成8年4月1日	初診日の前日において、当該初診日の属する月の前々月までで3分の2要件を満たしていること	初診日の前日において、当該初診日の属する月の前々月までの1年間のうちに滞納がないこと、かつ、初診日において65歳未満であること	
平成8年3月31日 ～ 平成7年4月1日	同上	初診日の前日において、当該初診日の属する月の前々月までの1年間のうちに滞納がないこと	直近1年要件は、初診日が当該期間であった場合、当該初診日において65歳未満であることの年齢制限なし
平成7年3月31日 ～ 平成3年5月1日	同上	同上	
平成3年4月30日 ～ 昭和61年4月1日	初診日の前日において、当該初診日の属する月前における直近の基準月(1月、4月、7月及び10月)の前月までで3分の2要件を満たしていること	初診日の前日において、当該初診日の属する月前における直近の基準月(1月、4月、7月及び10月)の前月までの1年間のうちに滞納がないこと	
昭和61年3月31日 ～ 昭和59年10月1日	初診日の属する月前の公的年金加入期間を合算した期間が6月以上であること		初診日の前日において、当該初診日の属する月前における直近の基準月(1月、4月、7月及び10月)の前月までで3分の2要件を満たしていること 又は 初診日の前日において、当該初診日の属する月前における直近の基準月(1月、4月、7月及び10月)の前月までの1年間のうちに滞納がないこと
昭和59年9月30日 ～ 昭和51年10月1日	同上		
昭和51年9月30日 ～ 昭和49年8月1日	初診日から起算して1年6月を経過した日の属する月前の厚生年金保険の加入期間が6月以上であること		
昭和49年7月31日 ～ 昭和27年5月1日	初診日から起算して3年を経過した日の属する月前の厚生年金保険の加入期間が6月以上であること		
昭和22年9　昭和27年4月30日 ～ 昭和26年11月1日	初診日から起算して3年を経過した日の属する月前の厚生年金保険の加入期間が6月以上であること		
昭和22年9　昭和26年10月31日 ～ 昭和22年9月1日	初診日から起算して2年を経過した日の属する月前の厚生年金保険の加入期間が6月以上であること		
昭和22年　昭和27年4月30日 ～ 昭和22年9月1日			初診日から起算して2年を経過した日の属する月前5年間に厚生年金保険の加入期間が3年以上であること
昭和22年8月31日 ～ 昭和17年9月30日	初診日から起算して2年を経過した日の属する月前5年間に厚生年金保険の加入期間が3年以上であること		

注1　表中「初診日から起算して1年6月（2年、3年）を経過した日」とあるのは、1年6月（2年、3年）以内に症状固定又は治った場合は「その日」になります。

注2　三共済の場合は、経過措置等がありますので留意願います。

6 障害年金の初診日を明らかにすることができる書類を

年管管発0928第6号
平成27年9月28日

日本年金機構
年金給付業務部門担当理事　殿

厚生労働省年金局事業管理課長
（公　印　省　略）

障害年金の初診日を明らかにすることができる書類を
添えることができない場合の取扱いについて

厚生年金保険法施行規則等の一部を改正する省令（平成27年厚生労働省令第144号）が、平成27年9月24日に公布され、平成27年10月1日から施行することとされたところである。

改正省令の内容については、「厚生年金保険法施行規則等の一部を改正する省令の公布について」（平成27年9月24日付け年管発0924第3号）により日本年金機構理事長あて通知されたところであるが、これに係る事務の取扱いについては下記のとおりであるので、遺漏のなきよう取り扱われたい。

なお、本通知の発出に伴い、「20歳前障害による障害基礎年金の請求において初診日が確認できる書類が添付できない場合の取扱いについて」（平成23年12月16日付け年管管発1216第3号）は廃止する。

記

第1　第三者証明による初診日確認の取扱いについて

1．20歳以降に初診日がある場合の第三者証明の取扱いについて

（1）20歳以降に初診日がある場合の第三者証明の基本的取扱いについて

①　第三者証明と参考となる他の資料による初診日の確認について

20歳以降に初診日がある障害年金の請求に当たり、初診日に受診した医療機関による初診日の証明（以下「医証」という。）が得られない場合においては、第三者証明（医療機関で診療を受けていたことについて第三者が申し立てることにより証明したもの。以下同じ。）を初診日を合理的に推定するための参考資料とすることとする。

この場合において、20歳以降の初診日については、初診日がどの年金制度に加入していた時期かによって給付内容が大きく異なることも踏

添えることができない場合の取扱いについて

まえ、適切に初診日を特定する必要があることから、第三者証明とともに、初診日について参考となる他の資料の提出を求め、両資料の整合性等を確認の上、障害年金を請求する者（以下「請求者」という。）が申し立てた初診日を初診日として認めることができることとする。

② 第三者証明に該当する申立てについて

第三者証明は、基本的に次のアからウのいずれかに該当するものであること。

ア 第三者証明を行う者が、請求者の初診日頃の受診状況を直接的に見て認識していた場合に、その受診状況を申し立てるもの

イ 第三者証明を行う者が、請求者や請求者の家族等から、請求者の初診日頃に、請求者の初診日頃の受診状況を聞いていた場合に、その聞いていた受診状況を申し立てるもの

ウ 第三者証明を行う者が、請求者や請求者の家族等から、請求時から概ね５年以上前に、請求者の初診日頃の受診状況を聞いていた場合に、その聞いていた受診状況を申し立てるもの

③ 参考となる他の資料について

①の参考となる他の資料としては、診察券や入院記録などの初診日について客観性が認められる資料が必要であり、医療機関が作成した資料であっても、請求者の申立てによる初診日等を記載した資料は不適当であること。

（２）第三者証明の留意点について

① 第三者証明を行う者について

「生計維持関係等の認定基準及び認定の取扱いについて（厚生年金保険法）」（平成２３年３月２３日付け年発０３２３第１号）の別表１で定める第三者証明の第三者の範囲を踏まえ、請求者の民法上の三親等以内の親族による第三者証明は、認めないこととする。

② 医療従事者による第三者証明による初診日の確認について

初診日頃に請求者が受診した医療機関の担当医師、看護師その他の医療従事者（以下単に「医療従事者」という。）による第三者証明（初診の医療機関が廃院等により医療機関による医証が得られない場合など）については、初診日頃の請求者による医療機関の受診状況を直接的に見て認識していることから、医証と同等の資料として、請求者申立ての初診日について参考となる他の資料がなくとも、当該第三者証明のみで初診日を認めることができることとする。

なお、医療従事者による第三者証明であっても、初診日頃の請求者による医療機関の受診状況を直接把握できない立場であった医療従事者が、請求者の求めに応じ、請求者の申立てに基づいて行った第三者証明は、

（初診日確認の取扱い③）

これには該当しない。

③　必要となる第三者証明の数について
上記②の場合を除き、原則として複数の第三者証明があることが、第三者証明を初診日推定の参考資料とするために必要である。
ただし、請求者が複数の第三者証明を得られない場合には、単数の第三者証明であっても、医療機関の受診にいたる経過や医療機関におけるやりとりなどが具体的に示されていて、相当程度信憑性が高いと認められるものであれば、第三者証明として認めることができることとする。

④　請求時から概ね５年以内の第三者証明の取扱いについて（１（１）②ウ関係）
１（１）②ウの場合において、第三者が請求者等から初診日頃の受診状況を聞いていた時期が、請求時から概ね５年以内である第三者証明については、認められない。
ただし、請求者申立ての初診日について参考となる他の資料があわせて提出された場合であって、他の様々な資料から請求者申立てによる初診日が正しいと合理的に推定できる場合には、第三者証明として認めることができることとする。

⑤　一番古い時期の受診状況等に係る第三者証明の取扱いについて
請求者の初診日頃の受診状況等が不明である場合に、第三者が証明することができる一番古い時期の受診状況等について第三者証明があった場合には、当該資料により申請者が申し立てた初診日を認めることはできないが、初診日を総合的に判断する際の資料として取り扱うことができることとする。

⑥　第三者証明の信憑性の確認について
第三者証明により初診日を確認する場合には、上記の資料のほか、可能な範囲で、請求者申立ての初診日について参考となる資料の提出を幅広く求め、それらの資料との整合性や医学的判断等により、第三者証明の信憑性を確認することとする。
また、第三者証明の内容に疑義が生じる場合や第三者が実在するかどうかについて疑義が生じる場合は、必要に応じて第三者に対して電話等で確認を行うこととする。

（３）第三者証明の確認項目について
第三者証明により請求者が申し立てた初診日を適正に判断する観点から、第三者証明については、少なくとも以下の項目を確認することとする。
ただし、一部の確認項目に記載がない場合でも、第三者証明の信憑性を総合的に判断することとする。

（初診日確認の取扱い④）

①　第三者に関する項目

第三者の氏名、住所、電話番号、請求者との関係（初診日頃の関係又は受診状況を聞いた頃の関係）

②　請求者の初診日頃における医療機関の受診状況に関する項目

傷病名、初診の時期、医療機関名・所在地・診療科

③　第三者から見た請求者の状況等に関する項目

例えば、次のような事項についてできるだけ詳しく記載を求めるものとする。

・　発病から初診日までの症状の経過
・　初診日頃における日常生活上の支障度合い
・　医療機関の受診契機
・　医師からの療養の指示など受診時の状況
・　初診日頃の受診状況を知り得た状況　など

２．２０歳前に初診日がある場合の第三者証明の取扱いについて

（１）２０歳前に初診日がある場合の第三者証明の基本的取扱いについて

①　第三者証明による初診日の確認について

２０歳前に初診日がある障害基礎年金の請求に当たり、初診日の医証が得られない場合においては、請求者が２０歳前に発病し、医療機関で診療を受けていたことを明らかにする第三者証明により、請求者申立ての初診日を認めることができることとする。

２０歳前に初診日がある障害基礎年金については、給付内容が単一であり、請求者が少なくとも２０歳より前に、医療機関で請求傷病での診療を受けていたことが明らかであると確認できればよいことから、初診日を証明する書類が第三者証明のみの場合であっても、第三者証明の内容を総合的に勘案して、請求者申立ての初診日を認めることができることとする。

②　第三者証明は、基本的に次のアからウのいずれかに該当するものであること。

ア　第三者証明を行う者が、請求者の初診日頃又は２０歳前の時期の受診状況を直接的に見て認識していた場合に、その受診状況を申し立てるもの

イ　第三者証明を行う者が、請求者や請求者の家族等から、請求者の初診日頃又は２０歳前の時期に、請求者の初診日頃又は２０歳前の時期の受診状況を聞いていた場合に、その聞いていた受診状況を申し立てるもの

ウ　第三者証明を行う者が、請求者や請求者の家族等から、請求時から概ね５年以上前に、請求者の初診日頃又は２０歳前の時期の受診状況を聞いていた場合に、その聞いていた受診状況を申し立てるもの

（初診日確認の取扱い⑤）

③　２０歳前に厚生年金等に加入していた者の取扱いについて
２０歳前に初診日がある場合であって、当該初診日が厚生年金等に加入していた期間である場合の第三者証明の取扱いは、障害厚生年金等の支給の対象となることから、第１の１によることとする。

（２）第三者証明の留意点について
第１の１の（２）と同様とする。

（３）第三者証明の確認項目について
第三者証明により請求者が申し立てた初診日を適正に判断する観点から、第三者証明については、少なくとも以下の項目を確認することとする。
ただし、一部の確認項目に記載がない場合でも、第三者証明の信憑性を総合的に判断することとする。
①　第三者に関する項目
第三者の氏名、住所、電話番号、請求者との関係（初診日頃又は２０歳前の時期の受診していた頃もしくは受診状況を聞いた頃の関係）
②　請求者の初診日頃又は２０歳前の時期における医療機関の受診状況に関する項目
傷病名、初診の時期（初診の時期が不明であれば２０歳前の受診の時期）、医療機関名・所在地・診療科
③　第三者から見た請求者の状況等に関する項目
例えば、次のような事項についてできるだけ詳しく記載を求めるものとする。
・　発病から初診日又は２０歳前の受診時までの症状の経過
・　初診日頃又は２０歳前における日常生活上の支障度合い
・　医療機関の受診契機
・　医師からの療養の指示など受診時の状況
・　初診日頃又は２０歳前の受診状況を知り得た状況　など

第２　初診日が一定の期間内にあると確認された場合の初診日確認の取扱いについて

１．初診日が一定の期間内にあると確認された場合の初診日確認の基本的取扱いについて
初診日を具体的に特定できなくても、参考資料により一定の期間内に初診日があると確認された場合であって、下記３又は４に該当するときは、一定の条件の下、請求者が申し立てた初診日を認めることができることとする。

２．初診日が一定の期間であると確認するための参考資料について
初診日が一定の期間内であると確認するためには請求者が提出する参考資

（初診日確認の取扱い⑥）

料により判断することとなるが、参考資料の例としては、以下のようなものが考えられる。

（１）一定の期間の始期に関する資料の例

・　請求傷病に関する異常所見がなく発病していないことが確認できる診断書等の資料（就職時に事業主に提出した診断書、人間ドックの結果など）

・　請求傷病の起因及び当該起因の発生時期が明らかとなる資料（交通事故が起因となった傷病であることを明らかにする医学的資料及び交通事故の時期を証明する資料、職場の人間関係が起因となった精神疾患であることを明らかにする医学的資料及び就職の時期を証明する資料など）

・　医学的知見に基づいて一定の時期以前には請求傷病が発病していないことを証明する資料

（２）一定の期間の終期に関する資料の例

・　請求傷病により受診した事実を証明する資料（２番目以降に受診した医療機関による受診状況等証明書など）

・　請求傷病により公的サービスを受給した時期を明らかにする資料（障害者手帳の交付時期に関する資料など）

・　２０歳以降であって請求傷病により受診していた事実及び時期を明らかにする第三者証明

３．初診日があると確認された一定の期間中、同一の公的年金制度に継続的に加入していた場合について

初診日があると確認された一定の期間が全て国民年金の加入期間のみであるなど同一の公的年金制度の加入期間となっており、かつ、当該期間中のいずれの時点においても、障害年金を支給するための保険料納付要件を満たしている場合は、当該期間中で請求者が申し立てた初診日を認めることができることとする。

なお、当該期間中の全ての期間が、２０歳前の期間（厚生年金等の加入期間である場合を除く。以下同じ。）のみである場合又は６０歳から６５歳の待機期間（厚生年金等の加入期間である場合を除く。以下同じ。）のみである場合については、同一の公的年金制度の加入期間となっているものと取り扱うこととする。その際、２０歳前の期間については、保険料納付要件を考慮しないものとする（４において同じ）。

４．初診日があると確認された一定の期間中、異なる公的年金制度に継続的に加入していた場合について

初診日があると確認された一定の期間が全て国民年金の加入期間と厚生年金の加入期間であるなど異なる公的年金制度の加入期間となっており、かつ、当該期間中のいずれの時点においても、障害年金を支給するための保険料納付要件を満たしている場合は、請求者申立ての初診日について参考となる他

の資料とあわせて初診日を認めることができることとする。

ただし、請求者申立ての初診日が、国民年金の加入期間、２０歳前の期間又は６０歳から６５歳の待機期間である場合には、いずれの場合においても、障害厚生年金等ではなく障害基礎年金を請求するものであることから、初診日があると確認された一定の期間に厚生年金等の加入期間が含まれていたとしても、第2の３と同様に、請求者申立ての初診日について参考となる他の資料がなくとも請求者が申し立てた初診日を認めることができることとする。

第３　その他の初診日の取扱いについて

１．請求者の申立てに基づき医療機関が過去に作成した資料の取扱いについて

請求の５年以上前に医療機関が作成した資料（診療録等）に請求者申立ての初診日が記載されている場合には、初診日と認めることができることとする。

また、当該資料が、請求の５年以上前ではないが相当程度前である場合については、請求者申立ての初診日について参考となる他の資料とあわせて初診日を認めることができることとする。

ただし、この場合に参考となる他の資料としては、診察券や入院記録など、請求者の申立て以外の記録を根拠として初診日を推定することが可能となる資料が必要であり、請求者又は請求者の家族等の申立てに基づく第三者証明は含まれないものとする。

２．診察券等における初診日確認の取扱いについて

診察券や医療機関が管理する入院記録等により確認された初診日及び受診した診療科については、請求傷病での受診である可能性が高いと判断できる診療科（精神科など）である場合には、それらの参考資料により初診日を認めることができる。

また、診察券や入院記録等だけでは請求傷病での受診である可能性が高いと判断できない診療科（内科など）の場合であっても、診察券や入院記録等で初診日及び受診した診療科が確認できたときは、請求者申立ての初診日について参考となる他の資料とあわせて初診日を認めることができる。

ただし、他の傷病による受診であると明らかに推認できる場合は認めないこととする。

３．健診日の取扱いについて

初診日は、原則として初めて治療目的で医療機関を受診した日とし、健康診断を受けた日（健診日）は初診日として取り扱わないこととする。

ただし、初めて治療目的で医療機関を受診した日の医証が得られない場合であって、医学的見地からただちに治療が必要と認められる健診結果である場合については、請求者から健診日を初診日とするよう申立てがあれば、健

診日を初診日とし、健診日を証明する資料（人間ドックの結果など）を求めた上で、初診日を認めることができることとする。

4．日付が特定されない初診日の取扱いについて

資料により初診日のある年月までは特定できるが日付が特定されない場合には、保険料の納付要件を認定する時点や遺族年金における死亡日の取扱い等を踏まえ、当該月の末日を初診日とする。

ただし、当該月に異なる年金制度（国民年金と厚生年金など）に加入していた場合については、当該月の月末を初診日とはしない。

5．初診日を確認する際の留意事項について

第１から第３の各項目に限らず、初診日の確認に当たっては、初診日の医証がない場合であっても、２番目以降の受診医療機関の医証などの提出された様々な資料や、傷病の性質に関する医学的判断等を総合的に勘案して、請求者申立てによる初診日が正しいと合理的に推定できる場合は、請求者申立ての初診日を認めることができることとする。

また、初診日に関する複数の資料が提出された場合には、他の資料との整合性等や医学的判断に基づいて、請求者申立ての初診日を確認するものとする。

7　肢体の障害関係の測定方法（抜粋）

（別紙）肢体の障害関係の測定方法

1　まえがき

障害認定に当たって、その正確を期するためには、正確な身体状況の把握が基礎となるものである。しかしながら、認定要素が複雑であることや、検査者、被検者の心的変動があることなどで、それは困難なことといえる。このため、検査者の主観及び被検者の心的状態の影響を受けることが比較的少ない肢体の障害関係の諸測定等（関節可動域表示並びに測定、筋力の測定、四肢囲の測定及び四肢長の測定）の方法を以下に示し、診断書の作成及び判定の便宜を図るものである。

2　関節可動域表示並びに測定

(1)　この項は、関節可動域の表示並びに測定について一定の方法を示すことにより、障害基礎年金・障害厚生年金及び障害手当金の肢体の障害関係の障害認定業務を的確かつ簡素化するためのものである。

(2)　障害認定における関節可動域表示並びに測定法は、日本整形外科学会及び日本リハビリテーション医学会において示された別添「関節可動域表示ならびに測定法」によることとする。

3　筋力の測定

(1)　測定は、徒手による筋力検査を行うことによって行う。

(2)　障害認定において必要とする筋力の段階は、「正常」「やや減」「半減」「著減」「消失」の5段階として、次の方法により区別する。

正　常……検者の手で加える十分な抵抗を排して自動可能な場合

やや減……検者の手をおいた程度の抵抗を排して自動可能な場合

半　減……検者の加える抵抗には抗し得ないが、自分の体部分の重さに抗して自動可能な場合

（肢体の障害関係の測定方法②）

著　減……自分の体部分の重さに抗し得ないが、それを排するような体位では自動可能な場合

消　失……いかなる体位でも関節の自動が不能な場合

4　四肢囲の測定

障害認定において必要とする四肢囲は、上腕、前腕、大腿及び下腿周径であり、上肢については図1、下肢については図2である。

図1　上肢計測部位

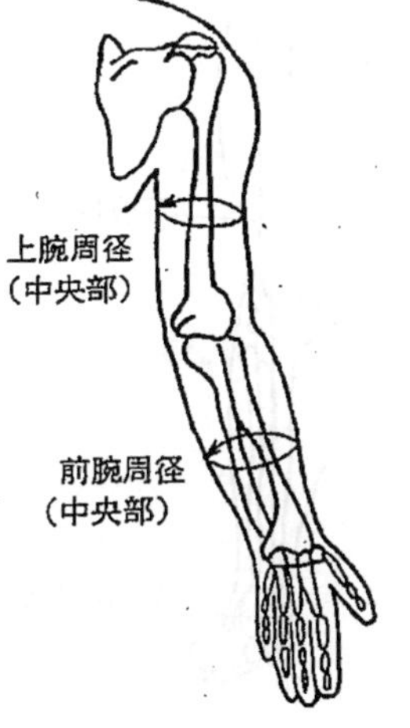

図2　下肢計測部位

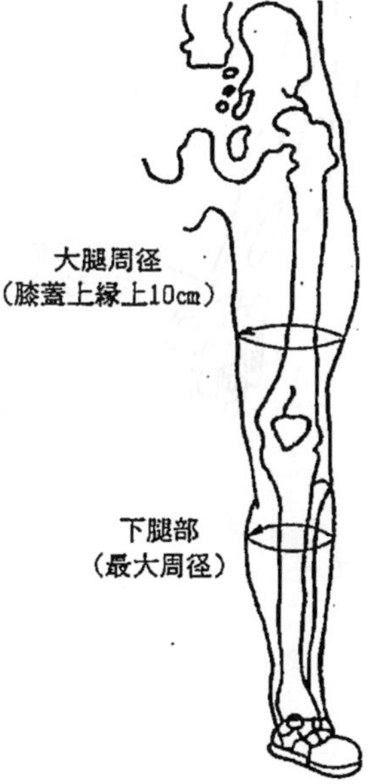

（肢体の障害関係の測定方法③）

5　四肢長の測定

障害認定において使用する上肢長は、肩峰先端により橈骨茎状突起尖端までの長さ（図3）を測定し、下肢長は、上前腸骨棘尖端より脛骨内果尖端までの長さ（図4）を測定する。

図3　上肢長

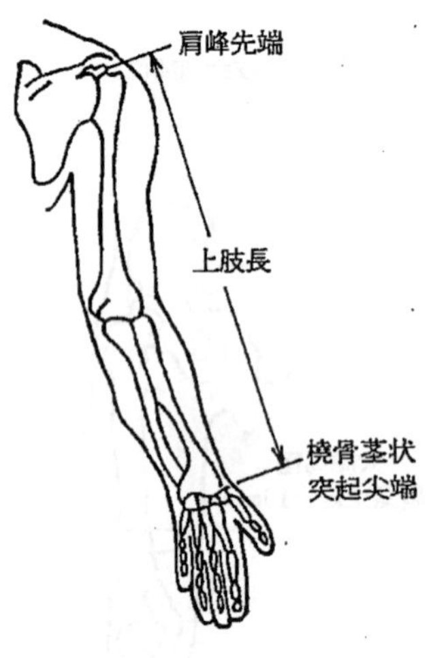

図4　下肢長

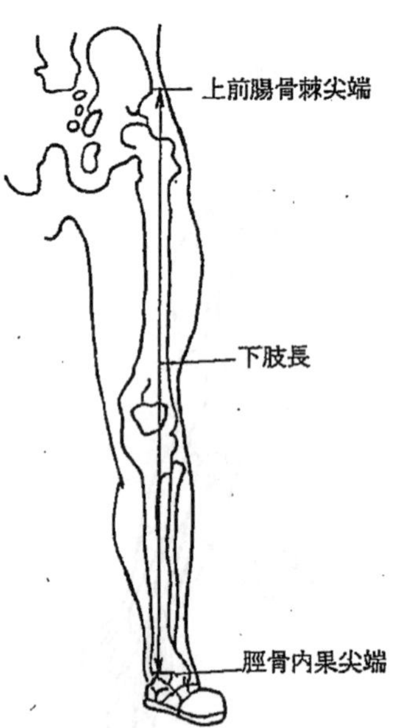

（肢体の障害関係の測定方法④）

II．上肢測定

部位名	運動方向	参考可動域角度	基本軸	移動軸	測定肢位および注意点	参考図
肩甲帯 shoulder girdle	屈曲 flexion	20	両側の肩峰を結ぶ線	頭頂と肩峰を結ぶ線		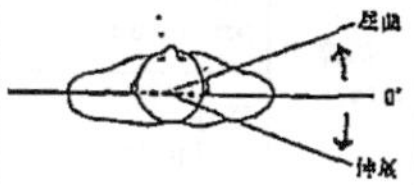
	伸展 extension	20				
	挙上 elevation	20	両側の肩峰を結ぶ線	肩峰と胸骨上縁を結ぶ線	背面から測定する。	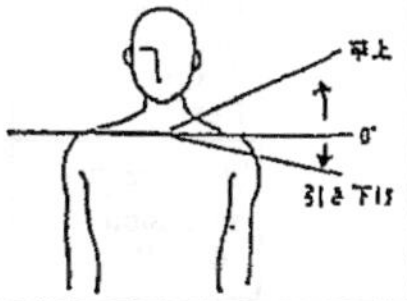
	引き下げ（下制）depression	10				
肩 shoulder（肩甲帯の動きを含む）	屈曲（前方挙上）forward flexion	180	肩峰を通る床への垂直線（立位または座位）	上腕骨	前腕は中間位とする。体幹が動かないように固定する。脊柱が前後屈しないように注意する。	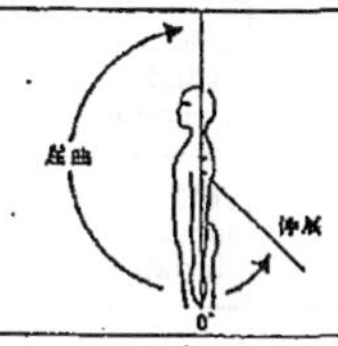
	伸展（後方挙上）backward extension	50				
	外転（側方挙上）abduction	180	肩峰を通る床への垂直線（立位または座位）	上腕骨	体幹の側屈が起こらないように90°以上になったら前腕を回外することを原則とする。⇨［VI．その他の検査法］参照	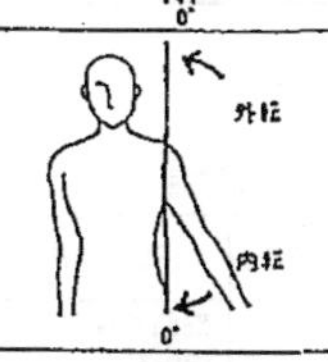
	内転 adduction	0				
	外旋 external rotation	60	肘を通る前額面への垂直線	尺骨	上腕を体幹に接して，肘関節を前方90°に屈曲した肢位で行う。前腕は中間位とする。⇨［VI．その他の検査法］参照	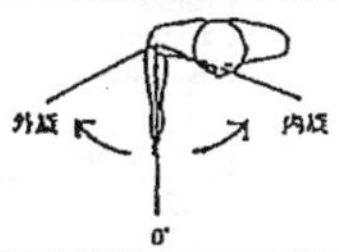
	内旋 internal rotation	80				
	水平屈曲 horizontal flexion ~~(horizontal~~ adduction)	135	肩峰を通る矢状面への垂直線	上腕骨	肩関節を90°外転位とする。	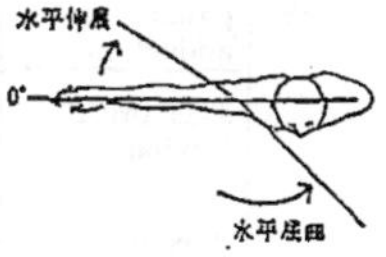
	水平伸展 horizontal extension ~~(horizontal~~ abduction)	30				
肘 elbow	屈曲 flexion	145	上腕骨	橈骨	前腕は回外位とする。	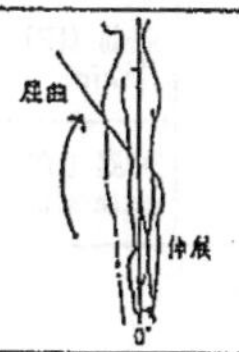
	伸展 extension	5				

（肢体の障害関係の測定方法⑤）

部位名	運動方向	参考可動域角度	基本軸	移動軸	測定肢位および注意点	参考図
前腕 forearm	回内 pronation	90	上腕骨	手指を伸展した手掌面	肩の回旋が入らないように肘を90°に屈曲する。	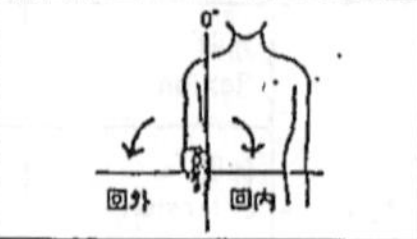 0° 回外 回内
	回外 supination	90				
手 wrist	屈曲（掌屈） flexion (palmar-flexion)	90	橈骨	第2中手骨	前腕は中間位とする。	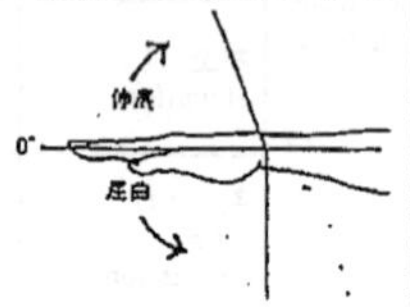 伸展 0° 屈曲
	伸展（背屈） extension (dorsiflexion)	70				
	橈屈 radial deviation	25	前腕の中央線	第3中手骨	前腕を回内位で行う。	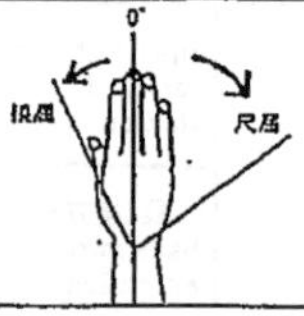 0° 橈屈 尺屈
	尺屈 ulnar deviation	55				

III、手指測定

部位名	運動方向	参考可動域角度	基本軸	移動軸	測定肢位および注意点	参考図
母指 thumb	橈側外転 radial abduction	60	示指（橈骨の延長上）	母指	運動は手掌面とする。 以下の手指の運動は，原則として手指の背側に角度計をあてる。	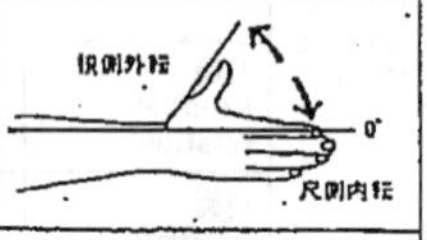 橈側外転 0° 尺側内転
	尺側内転 ulnar adduction	0				
	掌側外転 palmar abduction	90			運動は手掌面に直角な面とする。	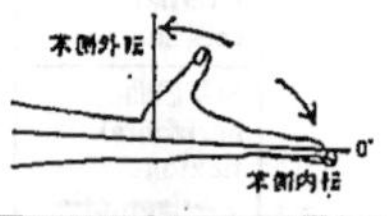 掌側外転 0° 掌側内転
	掌側内転 palmar adduction	0				
	屈曲（MCP） flexion	60	第1中手骨	第1基節骨		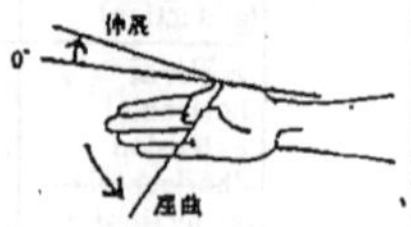 伸展 0° 屈曲
	伸展（MCP） extension	10				
	屈曲（IP） flexion	80	第1基節骨	第1末節骨		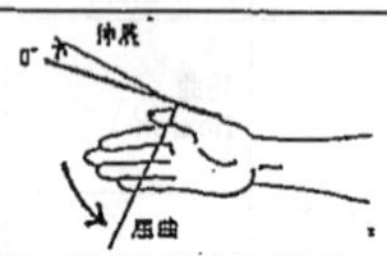 伸展 0° 屈曲
	伸展（IP） extension	10				

（肢体の障害関係の測定方法⑥）

部位名	運動方向	参考可動域角度	基本軸	移動軸	測定肢位および注意点	参考図
指 fingers	屈曲（MCP） flexion	90	第2－5中手骨	第2－5基節骨	⇨［VI．その他の検査法］参照	伸展 0° 屈曲
	伸展（MCP） extension	45				
	屈曲（PIP） flexion	100	第2－5基節骨	第2－5中節骨		伸展 0° 屈曲
	伸展（PIP） extension	0				
	屈曲（DIP） flexion	80	第2－5中節骨	第2－5末節骨		伸展 0° 屈曲
	伸展（DIP） extension	0			DIPは10°の過伸展をとりうる。	
	外転 abduction		第3中手骨延長線	第2，4，5指軸	中指の運動は橈側外転，尺側外転とする。 ⇨［VI．その他の検査法］参照	0° ⇐外転 ⇦内転
	内転 adduction					

Ⅳ．下肢測定

部位名	運動方向	参考可動域角度	基本軸	移動軸	測定肢位および注意点	参考図
股 hip	屈曲 flexion	125	体幹と平行な線	大腿骨（大転子と大腿骨外顆の中心を結ぶ線）	骨盤と脊柱を十分に固定する。 屈曲は背臥位，膝屈曲位で行う。 伸展は腹臥位，膝伸展位で行う。	屈曲 0°
	伸展 extension	15				伸展 0°
	外転 abduction	45	両側の上前腸骨棘を結ぶ線への垂直線	大腿中央線（上前腸骨棘より膝蓋骨中心を結ぶ線）	背臥位で骨盤を固定する。 下肢は外旋しないようにする。 内転の場合は，反対側の下肢を屈曲挙上してその下を通して内転させる。	外転 内転 0°
	内転 adduction	20				
	外旋 external rotation	45	膝蓋骨より下ろした垂直線	下腿中央線（膝蓋骨中心より足関節内外果中央を結ぶ線）	背臥位で，股関節と膝関節を90°屈曲位にして行う。 骨盤の代償を少なくする。	内旋 外旋 0°
	内旋 internal rotation	45				

（肢体の障害関係の測定方法⑦）

部位名	運動方向	参考可動域角度	基本軸	移動軸	測定肢位および注意点	参考図
膝 knee	屈曲 flexion	130	大腿骨	腓骨（腓骨頭と外果を結ぶ線）	屈曲は股関節を屈曲位で行う。	伸展 0° 屈曲
	伸展 extension	0				
足 ankle	屈曲（底屈） flexion (plantar flexion)	45	腓骨への垂直線	第5中足骨	膝関節を屈曲位で行う。	伸展（背屈） 0° 屈曲（底屈）
	伸展（背屈） extension (dorsiflexion)	20				
足部 foot	外がえし eversion	20	下腿軸への垂直線	足底面	膝関節を屈曲位で行う。	外がえし 内がえし 0°
	内がえし inversion	30				
	外転 abduction	10	第1，第2中足骨の間の中央線	同左	足底で足の外縁または内縁で行うこともある。	外転 内転 0°
	内転 adduction	20				
母指（趾） great toe	屈曲（MTP） flexion	35	第1中足骨	第1基節骨		伸展 0° 屈曲
	伸展（MTP） extension	60				
	屈曲（IP） flexion	60	第1基節骨	第1末節骨		伸展 0° 屈曲
	伸展（IP） extension	0				
足指 toes	屈曲（MTP） flexion	35	第2－5中足骨	第2－5基節骨		伸展 0° 屈曲
	伸展（MTP） extension	40				
	屈曲（PIP） flexion	35	第2－5基節骨	第2－5中節骨		伸展 0° 屈曲
	伸展（PIP） extension	0				
	屈曲（DIP） flexion	50	第2－5中節骨	第2－5末節骨		伸展 0° 屈曲
	伸展（DIP） extension	0				

（肢体の障害関係の測定方法⑧）

V．体幹測定

部位名	運動方向		参考可動域角度	基本軸	移動軸	測定肢位および注意点	参考図
頸部 cervical spines	屈曲（前屈） flexion		60	肩峰を通る床への垂直線	外耳孔と頭頂を結ぶ線	頭部体幹の側面で行う。原則として腰かけ座位とする。	0° 屈曲 伸展
	伸展（後屈） extension		50				
	回旋 rotation	左回旋	60	両側の肩峰を結ぶ線への垂直線	鼻梁と後頭結節を結ぶ線	腰かけ座位で行う。	0° 左回旋 右回旋
		右回旋	60				
	側屈 lateral bending	左側屈	50	第７頸椎棘突起と第１仙椎の棘突起を結ぶ線	頭頂と第７頸椎棘突起を結ぶ線	体幹の背面で行う。腰かけ座位とする。	0° 左側屈 右側屈
		右側屈	50				
胸腰部 thoracic and lumbar spines	屈曲（前屈） flexion		45	仙骨後面	第１胸椎棘突起と第５腰椎棘突起を結ぶ線	体幹側面より行う。立位，腰かけ座位または側臥位で行う。股関節の運動が入らないように行う。⇨［VI．その他の検査法］参照	伸展 0° 屈曲
	伸展（後屈） extension		30				
	回旋 rotation	左回旋	40	両側の後上腸骨棘を結ぶ線	両側の肩峰を結ぶ線	座位で骨盤を固定して行う。	右回旋 左回旋 0°
		右回旋	40				
	側屈 lateral bending	左側屈	50	ヤコビー（Jacoby）線の中点にたてた垂直線	第１胸椎棘突起と第５腰椎棘突起を結ぶ線	体幹の背面で行う。腰かけ座位または立位で行う。	0° 左側屈 右側屈
		右側屈	50				

（肢体の障害関係の測定方法⑨）

Ⅵ．その他の検査法

部位名	運動方向	参考可動域角度	基本軸	移動軸	測定肢位および注意点	参考図
肩 shoulder（肩甲骨の動きを含む）	外旋 external rotation	90	肘を通る前額面への垂直線	尺骨	前腕は中間位とする。肩関節は90°外転し，かつ肘関節は90°屈曲した肢位で行う。	外旋 0° 内旋
	内旋 internal rotation	70				
	内転 adduction	75	肩峰を通る床への垂直線	上腕骨	20°または45°肩関節屈曲位で行う。立位で行う。	内転 0°
母指 thumb	対立 opposition				母指先端と小指基部（または先端）との距離（cm）で表示する。	
指 fingers	外転 abduction		第3中手骨延長線	2，4，5指軸	中指先端と2，4，5指先端との距離（cm）で表示する。	
	内転 adduction					
	屈曲 flexion				指尖と近位手掌皮線（proximal palmar crease）または遠位手掌皮線（distal palmar crease）との距離（cm）で表示する。	
胸腰部 thoracic and lumbar spines	屈曲 flexion				最大屈曲は，指先と床との間の距離（cm）で表示する。	

Ⅶ．顎関節計測

顎関節 temporo-mandibular joint	開口位で上顎の正中線で上歯と下歯の先端との間の距離（cm）で表示する。 左右偏位（lateral deviation）は上顎の正中線を軸として下歯列の動きの距離を左右とも cm で表示する。 参考値は上下第1切歯列対向縁線間の距離 5.0 cm，左右偏位は 1.0 cm である。

（肢体の障害関係の測定方法⑩）

（附）関節可動域参考値一覧表

関節可動域は，人種，性別，年齢等による個人差も大きい．また，検査肢位等により変化があるので，ここに参考値の一覧表を付した．

部位名及び運動方向	注1	注2	注3	注4	注5
肩					
屈　曲	130	150	170	180	173
伸　展	80	40	30	60	72
外　転	180	150	170	180	184
内　転	45	30		75	0
内　旋	90	40	60	80	
肩外転 90°				70	81
外　旋	40	90	80	60	
肩外転 90°				90	103
肘					
屈　曲	150	150	135	150	146
伸　展	0	0	0	0	4
前腕					
回　内	50	80	75	80	87
回　外	90	80	85	80	93
手					
伸　展	90	60	65	70	80
屈　曲		70	70	80	86
尺　屈	30	30	40	30	
橈　屈	15	20	20	20	
母指					
外　転（橈側）	50		55	70	
屈　曲					
CM				15	
MCP	50	60	50	50	
IP	90	80	75	80	
伸　展					
CM				20	
MCP	10		5	0	
IP	10		20	20	
指					
屈　曲					
MCP		90	90	90	
PIP		100	100	100	
DIP	90	70	70	90	
伸　展					
MCP	45			45	
PIP				0	
DIP				0	

（肢体の障害関係の測定方法⑪）

部位名及び運動方向	注1	注2	注3	注4	注5
股					
屈　曲	120	100	110	120	132
伸　展	20	30	30	30	15
外　転	55	40	50	45	46
内　転	45	20	30	30	23
内　旋				45	38
外　旋				45	46
膝					
屈　曲	145	120	135	135	154
伸　展	10			10	0
足					
伸　展（背屈）	15	20	15	20	26
屈　曲（底屈）	50	40	50	50	57
母指（趾）					
屈　曲					
MTP		30	35	45	
IP		30		90	
伸　展					
MTP		50	70	70	
IP		0		0	
足指					
屈　曲					
MTP		30		40	
PIP		40		35	
DIP		50		60	
伸　展					
MTP					
PIP					
DIP					
頚部					
屈　曲		30		45	
伸　展		30		45	
側　屈		40		45	
回　旋		30		60	
胸腰部					
屈　曲		90		80	
伸　展		30		20-30	
側　屈		20		35	
回　旋		30		45	

注：1．A System of Joint Measurements, William A. Clark, Mayo Clinic, 1920.
2．The Committee on Medical Rating of Physical Impairment, Journal of American Medical Association, 1958.
3．The Committee of the California Medical Association and Industrial Accident Commission of the State of California, 1960.
4．The Committee on Joint Motion, American Academy of Orthopaedic Surgeons, 1965.
5．渡辺英夫・他：健康日本人における四肢関節可動域について．年齢による変化．日整会誌　53：275-291，1979．

なお，5の渡辺らによる日本人の可動域は，10歳以上80歳未満の平均値をとったものである．

8　精神の障害に係る等級判定ガイドライン

国 民 年 金 ・ 厚 生 年 金 保 険

精神の障害に係る等級判定ガイドライン

平成２８年９月

（精神の障害に係る等級判定ガイドライン②）

目　次

（精神の障害に係る等級判定ガイドライン③）

第１　趣旨･目的

障害基礎年金について新規に申請を受けて決定を行った事例のうち、不支給と決定された件数の割合が都道府県間で異なることから、各都道府県における障害基礎年金の認定事務の実態を調査したところ、精神障害及び知的障害の認定において、地域によりその傾向に違いがあることが確認された。

この調査結果を踏まえ、認定に地域差による不公平が生じないようにするため、精神障害及び知的障害に係る障害等級の判定を行う際に用いるガイドライン（以下「ガイドライン」という。）の策定を目的として、「精神・知的障害に係る障害年金の認定の地域差に関する専門家検討会」が平成２７年２月に設置され、８回にわたる議論を経て、平成２８年２月にガイドラインに盛り込む内容が取りまとめられたところである。

このガイドラインは、精神障害及び知的障害に係る認定において、障害等級の判定時に用いる目安や考慮すべき事項の例等を示すものであり、これにより、精神障害及び知的障害に係る認定が「国民年金・厚生年金保険障害認定基準」（平成１４年３月１５日庁保発第１２号。以下「障害認定基準」という。）に基づき適正に行われるよう改善を図ることを目的とする。

第２　ガイドラインの適用

１．対象給付

このガイドラインの対象とする給付は、障害認定基準により、国民年金法施行令（昭和３４年政令第１８４号）別表並びに厚生年金保険法施行令（昭和２９年政令第１１０号）別表第１及び別表第２に規定する障害の程度の認定を行う給付とする。

２．対象傷病

このガイドラインの対象とする傷病は、障害認定基準第３第１章第８節精神の障害に定める傷病とする。

ただし「てんかん」については、てんかん発作の重症度や頻度等を踏まえた等級判定を行うことについて障害認定基準で規定していることから、このガイドラインの対象傷病から除く。

３．ガイドラインの運用

このガイドラインは、前記１の対象給付であって、かつ前記２の精神の障害に係るものの等級判定を行う際に用いることとする。

⑴新規請求時

⑵再認定時

⑶請求者から額改定請求があったとき　等

- 1 -

（精神の障害に係る等級判定ガイドライン④）

第３　障害等級の判定

障害認定基準に基づく障害の程度の認定については、このガイドラインで定める後記１の「障害等級の目安」を参考としつつ、後記２の「総合評価の際に考慮すべき要素の例」で例示する様々な要素を考慮したうえで、障害認定診査医員（以下「認定医」という。）が専門的な判断に基づき、総合的に判定する（以下「総合評価」という。）。

総合評価では、目安とされた等級の妥当性を確認するとともに、目安だけでは捉えきれない障害ごとの特性に応じた考慮すべき要素を診断書等の記載内容から詳しく診査したうえで、最終的な等級判定を行うこととする。

１．障害等級の目安

診断書の記載項目のうち、「日常生活能力の程度」の評価及び「日常生活能力の判定」の評価の平均を組み合わせたものが、どの障害等級に相当するかの目安を示したもの（表１参照）。

２．総合評価の際に考慮すべき要素の例

診断書の記載項目（「日常生活能力の程度」及び「日常生活能力の判定」を除く。）を５つの分野（現在の病状又は状態像、療養状況、生活環境、就労状況、その他）に区分し、分野ごとに総合評価の際に考慮することが妥当と考えられる要素とその具体的な内容例を示したもの（表２参照）。

３．等級判定にあたっての留意事項

(1) 障害等級の目安

① 「日常生活能力の程度」の評価と「日常生活能力の判定」の平均との整合性が低く、参考となる目安がない場合は、必要に応じて診断書を作成した医師（以下「診断書作成医」という。）に内容確認をするなどしたうえで、「日常生活能力の程度」及び「日常生活能力の判定」以外の診断書等の記載内容から様々な要素を考慮のうえ、総合評価を行う。

② 障害等級の目安が「２級又は３級」など複数になる場合は、総合評価の段階で両方の等級に該当する可能性を踏まえて、慎重に等級判定を行う。

(2)総合評価の際に考慮すべき要素

① 考慮すべき要素は例示であるので、例示にない診断書の記載内容についても同様に考慮する必要があり、個別の事案に即して総合的に評価する。

② 考慮すべき要素の具体的な内容例では「２級の可能性を検討する」等と記載しているが、例示した内容だけが「２級」の該当条件ではないことに留意する。

③ 考慮すべき要素の具体的な内容例に複数該当する場合であっても、一律に上位等級にするのではなく、個別の事案に即して総合的に評価する。

- 2 -

（精神の障害に係る等級判定ガイドライン⑤）

(3)総合評価

① 診断書の記載内容に基づき個別の事案に即して総合的に評価した結果、目安と異なる等級になることもあり得るが、その場合は、合理的かつ明確な理由をもって判定する。

② 障害認定基準に規定する「症状性を含む器質性精神障害」について総合評価を行う場合は、「精神障害」「知的障害」「発達障害」の区分にとらわれず、各分野の考慮すべき要素のうち、該当又は類似するものを考慮して、評価する。

(4)再認定時の留意事項

ガイドライン施行後の再認定にあたっては、提出された障害状態確認届（診断書）の記載内容から、下位等級への変更や２級（又は３級）非該当への変更を検討する場合は、前回認定時の障害状態確認届（診断書）や照会書類等から認定内容を確認するとともに、受給者や家族、診断書作成医への照会を行うなど、認定に必要な情報収集を適宜行い、慎重に診査を行うよう留意する。

第４　既に障害給付等を受給している者への対応

(1)　ガイドライン施行時において、障害基礎年金及び障害厚生年金など第２の１に示す給付を受給している者（以下「既認定者」という。）にガイドラインを最初に適用して等級判定を行う時期は、既認定者が額改定請求をした場合等を除き、ガイドライン施行後に初めて到来する再認定時とする。

(2)　既認定者の再認定にあたっても第３の３（４）により診査を行うが、ガイドライン施行前の認定も障害認定基準及び認定医の医学的知見に基づき認定されたものであること等を踏まえ、既認定者の障害の状態が従前と変わらない場合[注]については、当分の間、等級非該当への変更は行わないことを基本とする。

（注）基本は障害状態確認届（診断書）における「日常生活能力の程度」と「日常生活能力の判定の平均」を目安とするが、最終的には診断書等の全体の情報で総合判断する。

第５　ガイドライン施行前に決定した認定について

ガイドライン施行前の障害年金請求で不支給となった者や再認定によって減額改定や支給停止となった者等から、ガイドライン施行後新たに障害年金請求や額改定請求、支給停止事由消滅の届出があった場合は、ガイドラインを用いて等級判定を行う。

（ガイドライン施行前の障害年金請求等に係る障害の程度の認定は、障害認定基準に基づき、適正な手続きの下で決定されたものであることから、一律にガイドラインに当てはめた再診査は行わない。）

- 3 -

（精神の障害に係る等級判定ガイドライン⑥）

第６　ガイドラインの実施状況の検証及び見直し等

ガイドライン施行後の認定状況については、地域差が改善された適切な認定がなされているか等の観点から、ガイドラインの運用、認定結果等について検証を行い、施行後３年を目途に、必要に応じてこのガイドラインに基づく認定の見直し等を検討する。

上記のほか、障害認定基準の改正などを踏まえ、必要に応じて見直しを行う。

- 4 -

（精神の障害に係る等級判定ガイドライン⑦）

〔表１〕障害等級の目安

判定平均＼程度	(5)	(4)	(3)	(2)	(1)
3.5以上	1級	1級 又は 2級			
3.0以上3.5未満	1級 又は 2級	2級	2級		
2.5以上3.0未満		2級	2級 又は 3級		
2.0以上2.5未満		2級	2級 又は 3級	3級 又は 3級非該当	
1.5以上2.0未満			3級	3級 又は 3級非該当	
1.5未満				3級非該当	3級非該当

《表の見方》

1．「程度」は、診断書の記載項目である「日常生活能力の程度」の５段階評価を指す。
2．「判定平均」は、診断書の記載項目である「日常生活能力の判定」の４段階評価について、程度の軽いほうから１～４の数値に置き換え、その平均を算出したものである。
3．表内の「３級」は、障害基礎年金を認定する場合には「２級非該当」と置き換えることとする。

《留意事項》

障害等級の目安は総合評価時の参考とするが、個々の等級判定は、診断書等に記載される他の要素も含めて総合的に評価されるものであり、目安と異なる認定結果となることもあり得ることに留意して用いること。

（精神の障害に係る等級判定ガイドライン⑧）

〔表２〕総合評価の際に考慮すべき要素の例

①現在の病状又は状態像

	考慮すべき要素	具体的な内容例
共通事項	○　認定の対象となる複数の精神疾患が併存しているときは、併合（加重）認定の取扱いは行わず、諸症状を総合的に判断する。	−
	○　ひきこもりについては、精神障害の病状の影響により、継続して日常生活に制限が生じている場合は、それを考慮する。	−
精神障害	○　統合失調症については、療養及び症状の経過（発病時からの状況、最近１年程度の症状の変動状況）や予後の見通しを考慮する。	−
	○　統合失調症については、妄想・幻覚などの異常体験や、自閉・感情の平板化・意欲の減退などの陰性症状（残遺状態）の有無を考慮する。	・　陰性症状（残遺状態）が長期間持続し、自己管理能力や社会的役割遂行能力に著しい制限が認められれば、１級または２級の可能性を検討する。
	○　気分（感情）障害については、現在の症状だけでなく、症状の経過（病相期間、頻度、発病時からの状況、最近１年程度の症状の変動状況など）及びそれによる日常生活活動等の状態や予後の見通しを考慮する。	・　適切な治療を行っても症状が改善せずに、重篤なそうやうつの症状が長期間持続したり、頻繁に繰り返している場合は、１級または２級の可能性を検討する。
知的障害	○　知能指数を考慮する。ただし、知能指数のみに着眼することなく、日常生活の様々な場面における援助の必要度を考慮する。	−
	○　不適応行動を伴う場合に、診断書の⑩「ア　現在の病状又は状態像」のⅦ知能障害等またはⅧ発達障害関連症状と合致する具体的記載があれば、それを考慮する。	−
発達障害	○　知能指数が高くても日常生活能力が低い（特に対人関係や意思疎通を円滑に行うことができない）場合は、それを考慮する。	−
	○　不適応行動を伴う場合に、診断書の⑩「ア現在の病状又は状態像」のⅦ知能障害等またはⅧ発達障害関連症状と合致する具体的記載があれば、それを考慮する。	−
	○　臭気、光、音、気温などの感覚過敏があり、日常生活に制限が認められれば、それを考慮する。	−

- 6 -

（精神の障害に係る等級判定ガイドライン⑨）

②療養状況

	考慮すべき要素	具体的な内容例
共通事項	○　通院の状況（頻度、治療内容など）を考慮する。薬物治療を行っている場合は、その目的や内容（種類・量（記載があれば血中濃度）・期間）を考慮する。また、服薬状況も考慮する。 通院や薬物治療が困難又は不可能である場合は、その理由や他の治療の有無及びその内容を考慮する。	－
精神障害	○　入院時の状況（入院期間、院内での病状の経過、入院の理由など）を考慮する。	・　病棟内で、本人の安全確保などのために、常時個別の援助が継続して必要な場合は、１級の可能性を検討する。
	○在宅での療養状況を考慮する。	・　在宅で、家族や重度訪問介護等から常時援助を受けて療養している場合は、１級または２級の可能性を検討する。
知的障害 発達障害	○　著しい不適応行動を伴う場合や精神疾患が併存している場合は、その療養状況も考慮する。	－

③生活環境

	考慮すべき要素	具体的な内容例
共通事項	○　家族等の日常生活上の援助や福祉サービスの有無を考慮する。	・　独居であっても、日常的に家族等の援助や福祉サービスを受けることによって生活できている場合（現に家族等の援助や福祉サービスを受けていなくても、その必要がある状態の場合も含む）は、それらの支援の状況（または必要性）を踏まえて、２級の可能性を検討する。
	○　入所施設やグループホーム、日常生活上の援助を行える家族との同居など、支援が常態化した環境下では日常生活が安定している場合でも、単身で生活するとしたときに必要となる支援の状況を考慮する。	－
	○　独居の場合、その理由や独居になった時期を考慮する。	－
精神障害	－	－

- 7 -

（精神の障害に係る等級判定ガイドライン⑩）

知的障害 発達障害	○在宅での援助の状況を考慮する。	・　在宅で、家族や重度訪問介護等から常時個別の援助を受けている場合は、１級または２級の可能性を検討する。
	○　施設入所の有無、入所時の状況を考慮する。	・　入所施設において、常時個別の援助が必要な場合は、１級の可能性を検討する。

④就労状況

	考慮すべき要素	具体的な内容例
共通事項	○　労働に従事していることをもって、直ちに日常生活能力が向上したものと捉えず、現に労働に従事している者については、その療養状況を考慮するとともに、仕事の種類、内容、就労状況、仕事場で受けている援助の内容、他の従業員との意思疎通の状況などを十分確認したうえで日常生活能力を判断する。	
	○　援助や配慮が常態化した環境下では安定した就労ができている場合でも、その援助や配慮がない場合に予想される状態を考慮する。	
	○　相当程度の援助を受けて就労している場合は、それを考慮する。	・　就労系障害福祉サービス（就労継続支援Ａ型、就労継続支援Ｂ型）及び障害者雇用制度による就労については、１級または２級の可能性を検討する。就労移行支援についても同様とする。 ・　障害者雇用制度を利用しない一般企業や自営・家業等で就労している場合でも、就労系障害福祉サービスや障害者雇用制度における支援と同程度の援助を受けて就労している場合は、２級の可能性を検討する。
	○　就労の影響により、就労以外の場面での日常生活能力が著しく低下していることが客観的に確認できる場合は、就労の場面及び就労以外の場面の両方の状況を考慮する。	－
	○　一般企業（障害者雇用制度による就労を除く）での就労の場合は、月収の状況だけでなく、就労の実態を総合的にみて判断する。	－

- 8 -

（精神の障害に係る等級判定ガイドライン⑪）

精神障害	○　安定した就労ができているか考慮する。１年を超えて就労を継続できていたとしても、その間における就労の頻度や就労を継続するために受けている援助や配慮の状況も踏まえ、就労の実態が不安定な場合は、それを考慮する。	－
	○　発病後も継続雇用されている場合は、従前の就労状況を参照しつつ、現在の仕事の内容や仕事場での援助の有無などの状況を考慮する。	－
	○　精神障害による出勤状況への影響（頻回の欠勤・早退・遅刻など）を考慮する。	－
	○　仕事場での臨機応変な対応や意思疎通に困難な状況が見られる場合は、それを考慮する。	－
知的障害	○　仕事の内容が専ら単純かつ反復的な業務であれば、それを考慮する。	・　一般企業で就労している場合（障害者雇用制度による就労を含む）でも、仕事の内容が保護的な環境下での専ら単純かつ反復的な業務であれば、２級の可能性を検討する。
	○　仕事場での意思疎通の状況を考慮する。	・　一般企業で就労している場合（障害者雇用制度による就労を含む）でも、他の従業員との意思疎通が困難で、かつ不適切な行動がみられることなどにより、常時の管理・指導が必要な場合は、２級の可能性を検討する。
発達障害	○　仕事の内容が専ら単純かつ反復的な業務であれば、それを考慮する。	・　一般企業で就労している場合（障害者雇用制度による就労を含む）でも、仕事の内容が保護的な環境下での専ら単純かつ反復的な業務であれば、２級の可能性を検討する。
	○　執着が強く、臨機応変な対応が困難である等により常時の管理・指導が必要な場合は、それを考慮する。	・　一般企業で就労している場合（障害者雇用制度による就労を含む）でも、執着が強く、臨機応変な対応が困難であることなどにより、常時の管理・指導が必要な場合は、２級の可能性を検討する。
	○　仕事場での意思疎通の状況を考慮する。	・　一般企業で就労している場合（障害者雇用制度による就労を含む）でも、他の従業員との意思疎通が困難で、かつ不適切な行動がみられることなどにより、常時の管理・指導が必要な場合は、２級の可能性を検討する。

- 9 -

（精神の障害に係る等級判定ガイドライン⑫）

⑤その他

	考慮すべき要素	具体的な内容例
共通事項	○「日常生活能力の程度」と「日常生活能力の判定」に齟齬があれば、それを考慮する。	－
	○「日常生活能力の判定」の平均が低い場合であっても、各障害の特性に応じて特定の項目に著しく偏りがあり、日常生活に大きな支障が生じていると考えられる場合は、その状況を考慮する。	－
精神障害	○　依存症については、精神病性障害を示さない急性中毒の場合及び明らかな身体依存が見られるか否かを考慮する。	－
知的障害	○　発育・養育歴、教育歴などについて、考慮する。	・　特別支援教育、またはそれに相当する支援の教育歴がある場合は、２級の可能性を検討する。
	○療育手帳の有無や区分を考慮する。	・　療育手帳の判定区分が中度以上（知能指数がおおむね５０以下）の場合は、１級または２級の可能性を検討する。それより軽度の判定区分である場合は、不適応行動等により日常生活に著しい制限が認められる場合は、２級の可能性を検討する。
	○　中高年になってから判明し請求する知的障害については、幼少期の状況を考慮する。	・　療育手帳がない場合、幼少期から知的障害があることが、養護学校や特殊学級の在籍状況、通知表などから客観的に確認できる場合は、２級の可能性を検討する。
発達障害	○　発育・養育歴、教育歴、専門機関による発達支援、発達障害自立訓練等の支援などについて、考慮する。	－
	○　知的障害を伴う発達障害の場合、発達障害の症状も勘案して療育手帳を考慮する。	・　療育手帳の判定区分が中度より軽い場合は、発達障害の症状により日常生活に著しい制限が認められれば、１級または２級の可能性を検討する。
	○　知的障害を伴わない発達障害は、社会的行動や意思疎通能力の障害が顕著であれば、それを考慮する。	－
	○　青年期以降に判明した発達障害については、幼少期の状況、特別支援教育またはそれに相当する支援の教育歴を考慮する。	－

- 10 -

（精神の障害に係る等級判定ガイドライン⑬）

障害年金（精神の障害）の等級判定に必要な情報の充実を図るための
新規書類の作成について

1．目的

障害認定基準において、精神の障害の程度は「その原因、諸症状、治療及びその病状の経過、具体的な日常生活状況等により、総合的に認定する」こととされており、実際の障害の程度の診査においては、障害認定診査医員（以下「認定医」という。）が診断書や病歴・就労状況等申立書の記載内容等から病状や日常生活状況等の様々な情報を確認して等級判定を行っているところである。

精神障害及び知的障害に係る障害等級の判定を行う際に用いるガイドライン（以下「ガイドライン」という。）の策定を目的として開催された「精神・知的障害に係る障害年金の認定の地域差に関する専門家検討会」（以下「専門家検討会」という。）において、構成員や障害者の関係団体から「診断書等の書類の記載内容にばらつきがあったり、十分でないことから、請求者本人の病状や日常生活状況を適切に把握し、認定することが困難になっている。」との指摘があった。

専門家検討会でのこうした議論を踏まえ、適切な等級判定に必要な情報の充実を図るための対策として、下記２及び３の書類を新たに作成し、ガイドラインとあわせて実施する。

2．診断書（精神の障害用）の記載要領

「診断書（精神の障害用）の記載要領」（以下「記載要領」という。）は、医師が精神の障害に関する診断書を作成する際に、障害年金の認定における診断書情報の重要性について理解を深め、記載方法を適宜確認できるようにすることにより、適切かつ充足した内容の診断書が作成されるよう、診断書の各欄に関する記載例や留意すべきポイントなどを示したものである。

記載要領の様式は別紙１のとおりとし、障害認定基準が改正された場合等、必要に応じて見直しを行う。

3．日常生活及び就労に関する状況について（照会）

「日常生活及び就労に関する状況について（照会）」（以下「照会文書」という。）は、認定医が障害の程度を診査するにあたり、診断書や病歴・就労状況等申立書など現行の提出書類に記載された内容に加えて、障害年金請求者や受給者（以下「請

（精神の障害に係る等級判定ガイドライン⑭）

求者等」という。）の診査時点における詳細な日常生活状況を確認することが必要であると判断した場合に、請求者等に対して照会を行う際に使用する。

照会文書の様式は別紙２のとおりとし、今後の実施状況等を踏まえ、必要に応じて見直しを行う。

照会文書の運用方法及び留意事項は次のとおり。

① 照会文書の提出を求めることが望ましい場合を下記に例示する。ただし、診断書を作成した医師へ照会を行う方が適切であると認定医が認める場合には、医師へ照会する。

・ 診査の結果、ガイドラインの等級の目安と大きく異なる等級を検討する必要がある場合

・ 診断書の「日常生活能力の程度」の評価と「日常生活能力の判定」の評価の整合性が低く、参考となる目安がない場合

・ 再認定時の診査において、現在の等級から下位等級への変更や２級（又は３級）非該当への変更を検討する必要がある場合

② 照会文書は、請求者等本人や家族のほか、日常的に本人と接していて、日常生活状況をよく把握している第三者（地域や職場での支援者など）が記載することも可能とする。

9　障害年金の診断書（精神の障害用）記載要領

国民年金・厚生年金の障害年金の診断書を作成する医師の皆様へ

障害年金の診断書（精神の障害用）記載要領
～記載にあたって留意していただきたいポイント～

日頃より、年金用診断書の作成にご協力を賜り誠にありがとうございます。

精神の障害に対する障害年金は、精神障害、知的障害又は発達障害により日常生活に継続的に制限が生じ、支援が必要な場合に、これを障害状態と捉え、その障害の程度（＝日常生活の制限度合いや労働能力の喪失）に応じて障害等級を決定し、支給するものです。

適切な障害等級の決定にあたっては、作成していただく診断書の内容ができるかぎり詳細かつ具体的に記載されていることが大変重要になります。

診断書作成時に留意していただきたい事項について、記載欄ごとにまとめましたので、参考としてください。

【この診断書で日本年金機構が確認すること】

精神疾患による病態に起因する日常生活の制限の度合いを確認します。

そのため診断書（精神の障害用）では、以下の内容を確認するための記載項目を設けております。

1．精神疾患の存在、その病状及び重症度
〔例えば、⑩ア・イ欄「現在の病状又は病態像」、カ欄「臨床検査」〕

2．日常生活及び社会生活上の制限の度合い
〔例えば、⑩ウ２・３欄「日常生活能力の判定／程度」、エ欄「就労状況」〕

※　確認にあたっては、疾患名や病歴・治療経過・病状等の内容と日常生活能力に関する評価について、齟齬や矛盾がなく、整合性があるか、という点にも着目して行います。

【注】この記載要領では、「統合失調症、統合失調症型障害及び妄想性障害」、「気分（感情）障害」を《精神障害》としてまとめ、《知的障害》《発達障害》とは別に区分しています。

「症状性を含む器質性精神障害」（認知症、高次脳機能障害など）は、記載欄ごとに掲げた《精神障害》《知的障害》《発達障害》の留意事項のうち類似するものを参考にご記入ください。

1

（診断書記載要領②）

①障害の原因となった傷病名～⑥傷病が治ったかどうか

（再認定のための障害状態確認届では「③傷病名」欄以外はありません。）

〔記載例〕

① 障害の原因となった傷病名	統合失調症 ICD－10コード（ F20 ）	② 傷病の発生年月日	昭和・(平成) 20 年 6 月 頃 日 (診療録で確認)・本人の申立て（ 年 月 日）	本人の発病時の職業	会社員
		③ ①のため初めて医師の診療を受けた日	昭和・(平成) 20 年 10 月 14 日 (診療録で確認)・本人の申立て（ 年 月 日）	④既存障害	無
⑥傷病が治った（症状が固定した状態を含む。）かどうか。	平成 年 月 日 確認 推定		症状のよくなる見込…… 有 ・(無)・ 不明	⑤既往症	無

単独の精神疾患の場合

○　①欄は、障害年金を請求する傷病名及び該当するICD－10コードを記載してください。

○　②欄は、傷病の発生した年月日を記載してください。外傷や脳血管疾患による器質性精神障害など、発生年月日が診療録から明らかに確認できる場合は、「診療録で確認」に○印を付してください。

　また、発生年月日を本人等から聴取された場合は同欄右の「本人の申立て」に○印を付した上で聴取日を記載してください。

○　③欄は、①の傷病について初めて医師の診療を受けた日を記載してください。

　貴院（診断書作成医療機関）の初診より前に他の医師が診察している場合で、他院からの紹介状によりその初診日が診療録に転記されているなどの場合は「診療録で確認」に、貴院初診時等に本人等より聴取した初診日を記載する場合は「本人の申立て」に、○印を付してください。

○　④欄は、貴院（診断書作成医療機関）の初診より前から既に有していた障害を記載してください。精神疾患以外の障害があれば、その障害を記載してください。

○　⑤欄は、貴院（診断書作成医療機関）の初診より前に罹患したことのある疾患を記載してください。

○　⑥欄は、貴院（診断書作成医療機関）の初診から診断書を作成する日までの間に傷病が治っていればその日を記載してください。また、傷病が治った日当時に貴院で直接診察した場合は「確認」に、傷病が治った日当時に貴院で直接診察していない場合には「推定」に、○印を付してください。

複数の精神疾患が併存している場合

同時期に発症している場合

○　①欄は、障害年金を請求する全ての傷病名及び該当するICD－10コードを記載してください。

○　②欄は、①欄に記載した全ての傷病のなかで最も古い傷病の発生年月日を、③欄は、全ての傷病のいずれかについて、初めて医師の診察を受けた日を記載して下さい。

（「診療録で確認」「本人の申立て」の別は、単独の精神疾患の場合の②欄及び③欄の要領と同様）

逐次発症している場合

○　①欄は、障害年金を請求するすべての傷病名を、主たる傷病名から順に傷病名の冒頭に丸付き番号を①、②…と付して記載してください。ICD－10コードも同様に記載してください。

○　②及び③欄は、①欄の丸付き番号を付した上で、それぞれの傷病の発生年月日及び初めて医師の診療を受けた日を段書きにしてください。

2

（診断書記載要領③）

⑦発病から現在までの病歴及び治療の経過、内容、就学・就労状況等、期間、その他参考となる事項

（再認定のための障害状態確認届では④欄になります。）

〔記載例〕

⑦ 発病から現在までの病歴及び治療の経過、内容、就学・就労状況等、期間、その他参考となる事項	陳述者の氏名　○○○○　請求人との続柄　義姉　聴取年月日　27 年 3 月 9 日 高校卒業後、いくつかの職を経て、現在の会社に就職。自宅で両親と生活していた。 平成20年6月頃から人目が気になるようになり、欠勤しだした。その後、不眠、幻声、思考化声、被害妄想が出現し、平成20年10月14日○○駅前メンタルクリニックを受診し、同日当院に紹介入院した。以降、薬物療法、精神療法が定期的に継続されているが、幻覚妄想は常に顕在し、症状は難治性に経過している。3回目の入院中に失職、現在に至っている。日常生活は支援なしには成り立たない。

○　発病からの病歴を聴取した日を、聴取年月日欄に記載してください。また、貴院（診断書作成医療機関）の初診日以後の治療経過等については、段落を変えて記載してください。

○　再認定の際に使う診断書（障害状態確認届）では、最近一年間の症状の変動状況や治療の経過等を記載してください。

《精神障害》

○　問診により把握できた範囲で、発病するまでの生活歴、発病のきっかけとなった心理的・環境的な要因、発病してから現在までの病歴、治療の経過や内容（薬物の種類、量、期間など）、治療の効果・転帰、さらに就学・就労状況などをできるだけ詳しく記載してください。

《知的障害・発達障害》

○　問診により把握できた範囲で、現在までの病歴や生育状況、治療があればその経過、内容（薬物の種類、量、期間など）、さらに就学・就労状況などをできるだけ詳しく記載してください。

○　知的障害を伴わない発達障害については、問診により把握できた範囲で、判明したきっかけ（例えば、対人関係に多くの支障があったことや職場で臨機応変に対応できなかったことなど）及び小児期に見られた発達障害をうかがわせる症状、行動等について、できるだけ詳しく記載してください。

⑧診断書作成医療機関における初診時所見

（再認定のための障害状態確認届には、この欄はありません。）

〔記載例〕

⑧ 診断書作成医療機関における初診時所見 初診年月日 （昭和・平成）20 年 10 月 14 日	「死ね」「太っている」という悪口が聞こえる、人目が気になる、音が気になる、考えたことが声になって聞こえる、夜中に霊が来て眠れない、常に身構えてしまう、といった訴えが聞かれた。問診に的外れな回答をしたり、ひとりで勝手に話したり、非現実的な内容の発言があった。

○　貴院（診断書作成医療機関）の初診時の所見をできるだけ詳しく記載してください。⑧欄の「初診年月日」には、貴院における初診年月日を記載してください。

3

（診断書記載要領④）

⑨これまでの発育・養育歴等

（再認定のための障害状態確認届では⑤欄になります。）

〔記載例〕

⑨ これまでの発育・養育歴等（出生から発育の状況や教育歴及びこれまでの職歴をできるだけ詳しく記入してください。）	ア 発育・養育歴 特記すべきことなし。	イ 教育歴 乳児期 不就学 ・就学猶予 小学校（普通学級・ 特別支援学級 ・ 特別支援学校） 中学校（普通学級・ 特別支援学級 ・ 特別支援学校） 高 校（普通学級・ 特別支援学校） その他	ウ 職歴 ・会社員 発病後は就労できていない。

エ 治療歴（書ききれない場合は⑬「備考」欄に記入してください。）（※ 同一医療機関の入院・外来は分けて記入してください。）

医療機関名	治療期間	入院・外来	病名	主な療法	転帰（軽快・悪化・不変）
△△病院	20年 10月～ 20年 10月	入院・外来	統合失調症	薬物治療、精神療法	軽快
○○駅前メンタルクリニック	20年 11月～ 21年 5月	入院・外来	〃	〃	悪化
△△病院	21年 5月～ 21年 12月	入院・外来	〃	〃	軽快
○○駅前メンタルクリニック	22年 1月～ 23年 11月	入院・外来	〃	〃	悪化
△△病院	23年 11月～ 年 月	入院・外来	〃	〃	不変

《精神障害》

○ エ欄について、受診医療機関が多い、入退院を繰り返すなどにより記入欄が不足する場合は、⑬「備考」欄へ記入していただくか、任意の別紙に記入のうえ、この診断書に添付してください。別紙の添付にあたっては、別紙の作成日や貴院（診断書作成医療機関）の名称・所在地の記入、ご署名・ご捺印を必ずお願いいたします。

《知的障害・発達障害》

○ 特別支援教育や、それに相当する支援の教育歴がある場合は、問診により把握できた範囲で、イ欄にもれなく記載してください。その状況がイ欄に書ききれない場合は、⑦欄にできるだけ詳しく記載してください。

「特別支援教育」とは、下記のものを指します。

- 特別支援学校や、小・中・高等学校での特別支援学級で教育を受けること
- 通常の学級に在籍し、障害の状態に応じた特別の指導を通級指導教室で受けること
- 通常の学級内での特別支援教育支援員による支援を受けること

「それに相当する支援」とは、例えば下記のものを指します。

- 特別支援教育実施前（平成１９年３月以前）の養護学校や特殊学級での教育、通常の学級での個別支援など

○ 特別支援教育や、それに相当する支援の教育歴がない場合には、幼少期の状況（例えば不適応行動やいじめなどの問題や学習の遅れの有無など）について、ア欄にできるだけ詳しく記載してください。

○ 障害が背景にあると考えられる学力の低下、学業の不振、不登校あるいは中途退学など、障害の経過を把握する上で参考となる就学状況がある場合には、その状況をイ欄の「その他」に記載してください。その状況がイ欄に書ききれない場合には、⑦欄にできるだけ詳しく記載してください。

○ 障害児通園施設等における専門的な指導訓練や、児童デイサービスを利用した適応訓練など、専門機関による発達支援、発達障害者自立訓練等の支援を受けていた場合は、ア欄にできるだけ詳しく記載してください。

○ 成人以降に判明した知的障害や発達障害の場合であっても、問診により把握できた範囲で発育・養育の状況や通学・学習の状況を、ア欄及びイ欄にできるだけ詳しく記載してください。

　また、母子手帳や通知表等により、知的障害や発達障害をうかがわせる症状や行動等を把握されている場合には、その状況をア欄及びイ欄にできるだけ詳しく記載してください。

4

（診断書記載要領⑤）

⑩障害の状態（ア　現在の病状又は状態像）
（イ　左記の状態について、その程度・症状・処方薬等の具体的記載）

（再認定のための障害状態確認届では⑥欄になります。）

〔記載例〕

⑩　障　害　の　状　態　（　平成 27 年 3 月 18 日 現症　）

ア 現在の病状又は状態像（該当のローマ数字、英数字を○で囲んでください。）

前回の診断書の記載時との比較（前回の診断書を作成している場合は記入してください。）
　1 変化なし　2 改善している　3 悪化している　4 不明

Ⅰ 抑うつ状態
　1 思考・運動制止　2 刺激性、興奮　3 憂うつ気分
　4 自殺企図　5 希死念慮
　6 その他（　　）

Ⅱ そう状態
　1 行為心迫　2 多弁・多動　3 気分（感情）の異常な高揚・刺激性
　4 観念奔逸　⑤ 易怒性・被刺激性亢進　6 誇大妄想
　7 その他（　　）

Ⅲ 幻覚妄想状態 等
　① 幻覚　② 妄想　3 させられ体験　④ 思考形式の障害
　⑤ 著しい奇異な行為　6 その他（　　）

Ⅳ 精神運動興奮状態及び昏迷の状態
　1 興奮　2 昏迷　3 拒絶・拒食　④ 滅裂思考
　5 衝動行為　6 自傷　7 無動・無反応
　8 その他（　　）

Ⅴ 統合失調症等残遺状態
　① 自閉　② 感情の平板化　③ 意欲の減退
　4 その他（　　）

Ⅵ 意識障害・てんかん
　1 意識混濁　2 （夜間）せん妄　3 もうろう　4 錯乱
　5 てんかん発作　6 不機嫌症　7 その他（　　）
　・てんかん発作の状態　※発作のタイプは記入上の注意参照
　1 てんかん発作のタイプ　（ A ・ B ・ C ・ D ）
　2 てんかん発作の頻度（年間　回、月平均　回、週平均　回 程度）

Ⅶ 知能障害等
　1 知的障害　ア 軽度　イ 中等度　ウ 重度　エ 最重度
　2 認知症　ア 軽度　イ 中等度　ウ 重度　エ 最重度
　3 高次脳機能障害
　　ア 失行　イ 失認
　　ウ 記憶障害　エ 注意障害　オ 遂行機能障害　カ 社会的行動障害
　4 学習障害　ア 読み　イ 書き　ウ 計算　エ その他（　　）
　5 その他（　　）

Ⅷ 発達障害関連症状
　1 相互的な社会関係の質的障害　2 言語コミュニケーションの障害
　3 限定した常同的で反復的な関心と行動　4 その他（　　）

Ⅸ 人格変化
　1 欠陥状態　② 無関心　③ 無為
　4 その他症状等（　　）

Ⅹ 乱用、依存等（薬物等名：　　）
　1 乱用　2 依存

Ⅺ その他 〔　　〕

イ 左記の状態について、その程度・症状・処方薬等を具体的に記載してください。

治療抵抗性統合失調症に対して薬物療法を中心に治療をしているが、幻覚妄想状態は持続し、症状はなかなか改善しない。常時独語空笑が認められるなど病的体験に埋没した生活を送っている。診察時も一方的に滅裂な話を続けるばかりで、全くまとまりを欠いている。

幻覚妄想状態にあり、宇宙人ややくざが来ているのが見える、彼らが皆を殺す、病棟が血の海になっている、そこへ行ったら殺される、と言う。訴えはしないが、幻声の存在が疑われる。聞こえた声に応じるように荒い言葉を発して怒ったりすることがある。亡くなっている家族のことを、生きていて外国に居る、と言う。薬は重油でできているので毒と述べ拒薬が見られたり、食事に入れられた毒を体外へ排出するためジュースを飲むと言ったり、肺の中に薬が入っているなどと身体幻覚様の話をしたりする。

易怒性・衝動性が認められ、いきなり病的体験が活発化して、実世界での事象・人物に対してまで怒りっぽく当たり、ときに病棟の液晶テレビやドアなどの器物損壊に至ることもある。

病識はなく、思考は幻覚妄想に殆ど左右されている。病気や治療・看護に関してだけでなく、日常生活や身体介助・介護に関しても現実的な検討ができないため、身体の健康やADLを損なうことにもなる。

周囲には無関心で、自発的な活動は見られない。感情は平板であり、意欲は減退している。社会的には無為自閉的である。他者との交流は殆どない。

RP① クロザリル錠（100mg） 1日5錠
　② ロラゼパム錠（1mg） 1日2錠
　③ ブロチゾラムOD錠0.25mg 1日1錠

ア欄について　《共通》

○ 「症状性を含む器質性精神障害」（認知症、高次脳機能障害など）で、病状が多岐にわたる場合は、「Ⅶ 知能障害等」の２または３の記載だけでなく、該当する全ての病状又は状態像に○印を付してください。

○ 「てんかん」に合併する精神神経症状や認知障害などがある場合は、「Ⅵ 意識障害・てんかん」のてんかん発作の記載だけでなく、該当する全ての病状又は状態像に○印を付してください。

イ欄について　《共通》

○ ア欄に○印を付した病状又は状態像について、問診による精神医学的所見、病状の程度、処方内容などをできるだけ具体的に記載してください。

○ 在宅で、家族や重度訪問介護等により常時援助を受けて療養している場合は、その療養状況をできるだけ詳しく記載してください。

○ 通院や薬物治療が困難又は不可能である場合は、その理由やそれに代わる他の治療内容について、できるだけ詳しく記載してください。

○ ひきこもりについて、精神障害の病状に起因するものか否かも含め、その状況をできるだけ詳しく記載してください。

5

（診断書記載要領⑥）

イ欄について　《精神障害》

○ 現症日における状態のほか、現症日以前１年程度での症状の好転と増悪（あるいは症状の著明な時期と消失する時期）の状況について、通院の頻度や治療内容（薬物治療を行っている場合は、薬の種類、量、期間など、薬物によるもの以外の治療を行っている場合は、具体的な治療内容とその治療を選択した理由など）をできるだけ詳しく記載してください。好転と増悪を繰り返している場合には、その状況を記載してください。

○ 入院している場合、入院の理由及び入院形態（任意、医療保護、措置など）を記載してください。また、病棟内で本人の安全確保などのために常時個別の援助を必要としている場合は、その状況をできるだけ詳しく記載してください。

○ 気分（感情）障害について、標準的な治療を行っても症状が改善していない場合には、その状況を治療内容とともにできるだけ詳しく記載してください。
　また、重篤なそうやうつの症状が長期間持続したり、頻繁に繰り返している場合は、その状況をできるだけ詳しく記載してください。

○ 統合失調症について、妄想・幻覚等の陽性症状がある場合は、その具体的内容（本人が訴えている内容など）を、陰性症状（残遺状態）が長期間持続して自己管理能力や役割遂行能力に著しい制限が見られる場合は、その具体的な制限内容について、それぞれの治療内容とともに、できるだけ詳しく記載してください。

イ欄について　《知的障害・発達障害》

○ ア欄で○印を付した状態像によって、日常生活上にどのような制限が生じているかについて、できるだけ具体的に記載して下さい。

○ 施設に入所している場合、施設内で、本人の安全確保などのために常時あるいは頻繁に個別の援助を必要としている場合は、その状況をできるだけ詳しく記載してください。

○ 不適応行動が見られる場合は、その状況及び療養状況をできるだけ具体的に記載してください。
　不適応行動とは、例えば以下のような行為を指します。
　・自分の身体を傷つける行為
　・他人や物に危害を及ぼす行為
　・周囲の人に恐怖や強い不安を与える行為（迷惑行為や突発的な外出など）
　・著しいパニックや興奮、こだわり等の不安定な行動
　　（自分でコントロールできない行為で、頻発して日常生活に支障が生じるもの）

○ 知的障害または発達障害で、他の精神疾患が併存していることなどにより、通院や薬物治療を行っている場合は、通院の頻度や薬物治療の目的や内容（種類、量、期間）、さらに服薬状況などをできるだけ詳しく記載してください。

○ トゥレット症候群やチック障害特有の症状等により、日常生活に著しい困難が生じている場合には、その症状や程度、頻度をできるだけ詳しく記載してください。

○ 臭気、光、音、気温などの感覚過敏があり、それにより日常生活に制限が認められる場合は、その状況をできるだけ詳しく記載してください。

6

（診断書記載要領⑦）

イ欄について　《その他》

○　ア欄の「てんかん発作のタイプ、頻度」に記載した際には、イ欄に、発作を起こした直近の年月日（可能であれば、発作タイプ別に最近数年間のすべての発作年月日）を記載してください。

○　ア欄の「てんかん発作のタイプ、頻度」に記載した際には、イ欄に、発作があることによって日常生活上の活動や行為に生じている制限（自動車の運転、単独外出、入浴、就労など）や、発作間欠期の精神神経症状（抗てんかん薬の服用に起因する精神神経症状も含む。）や認知障害によって生じている日常生活能力の制限内容について、できるだけ具体的に記載してください。

○　ア欄の「Ｘ　乱用、依存等」に薬物依存について記載した際には、イ欄に、使用薬物名ごとに使用時期（始期及び終期）及び使用頻度（回数あるいは常用）をできるだけ詳しく記載してください。可能であれば、画像検査や血液検査などの検査所見を、⑩障害の状態の「カ　臨床検査」欄に記載してください。

7

（診断書記載要領⑧）

⑩障害の状態（ウ　日常生活状況）

（再認定のための障害状態確認届では⑥欄になります。）

〔記載例〕

ウ　日常生活状況

1　家庭及び社会生活についての具体的な状況

（ア）現在の生活環境（該当するもの一つを○で囲んでください。）

（入院）・入所・在宅・その他（　　　　　　）
（施設名　　　　　　　　）
同居者の有無（ 有 ・ 無 ）

（イ）全般的状況（家族及び家族以外の者との対人関係についても具体的に記入してください。）

［意思疎通は困難で、他者との交流は殆んどない。日常生活全般で精神状態に配慮した援助に加え、身体的介護を常に要する。］

2　日常生活能力の判定（該当するものにチェックしてください。）
（判断にあたっては、単身で生活するとしたら可能かどうかで判断してください。）

（1）**適切な食事** — 配膳などの準備も含めて適当量をバランスよく摂ることがほぼできるなど。
☐できる　☐自発的にできるが時には助言や指導を必要とする　☐自発的かつ適正に行うことはできないが助言や指導があればできる　☑助言や指導をしてもできない若しくは行わない

（2）**身辺の清潔保持** — 洗面、洗髪、入浴等の身体の衛生保持や着替え等ができる。また、自室の清掃や片付けができるなど。
☐できる　☐自発的にできるが時には助言や指導を必要とする　☐自発的かつ適正に行うことはできないが助言や指導があればできる　☑助言や指導をしてもできない若しくは行わない

（3）**金銭管理と買い物** — 金銭を独力で適切に管理し、やりくりがほぼできる。また、一人で買い物が可能であり、計画的な買い物がほぼできるなど。
☐できる　☐おおむねできるが時には助言や指導を必要とする　☐助言や指導があればできる　☑助言や指導をしてもできない若しくは行わない

（4）**通院と服薬**（（要）・不要） — 規則的に通院や服薬を行い、病状等を主治医に伝えることができるなど。
☐できる　☐おおむねできるが時には助言や指導を必要とする　☐助言や指導があればできる　☑助言や指導をしてもできない若しくは行わない

（5）**他人との意思伝達及び対人関係** — 他人の話を聞く、自分の意思を相手に伝える、集団的行動が行えるなど。
☐できる　☐おおむねできるが時には助言や指導を必要とする　☐助言や指導があればできる　☑助言や指導をしてもできない若しくは行わない

（6）**身辺の安全保持及び危機対応** — 事故等の危険から身を守る能力がある、通常と異なる事態となった時に他人に援助を求めるなどを含めて、適正に対応することができるなど。
☐できる　☐おおむねできるが時には助言や指導を必要とする　☐助言や指導があればできる　☑助言や指導をしてもできない若しくは行わない

（7）**社会性** — 銀行での金銭の出し入れや公共施設等の利用が一人で可能。また、社会生活に必要な手続きが行えるなど。
☐できる　☐おおむねできるが時には助言や指導を必要とする　☐助言や指導があればできる　☑助言や指導をしてもできない若しくは行わない

3　日常生活能力の程度（該当するもの一つを○で囲んでください。）
※日常生活能力の程度を記載する際には、状態をもっとも適切に記載できる（精神障害）又は（知的障害）のどちらかを使用してください。

（精神障害）

（1）精神障害（病的体験・残遺症状・認知障害・性格変化等）を認めるが、社会生活は普通にできる。

（2）精神障害を認め、家庭内での日常生活は普通にできるが、社会生活には、援助が必要である。
（たとえば、日常的な家事をこなすことはできるが、状況や手順が変化したりすると困難を生じることがある。社会行動や自発的な行動が適切に出来ないこともある。金銭管理はおおむねできる場合など。）

（3）精神障害を認め、家庭内での単純な日常生活はできるが、時に応じて援助が必要である。
（たとえば、習慣化した外出はできるが、家事をこなすために助言や指導を必要とする。社会的な対人交流は乏しく、自発的な行動に困難がある。金銭管理が困難な場合など。）

（4）精神障害を認め、日常生活における身のまわりのことも、多くの援助が必要である。
（たとえば、著しく適正を欠く行動が見受けられる。自発的な発言が少ない、あっても発言内容が不適切であったり不明瞭であったりする。金銭管理ができない場合など。）

（（5））精神障害を認め、身のまわりのこともほとんどできないため、常時の援助が必要である。
（たとえば、家庭内生活においても、食事や身のまわりのことを自発的にすることができない。また、在宅の場合に通院等の外出には、付き添いが必要な場合など。）

（知的障害）

（1）知的障害を認めるが、社会生活は普通にできる。

（2）知的障害を認め、家庭内での日常生活は普通にできるが、社会生活には、援助が必要である。
（たとえば、簡単な漢字は読み書きができ、会話も意思の疎通が可能であるが、抽象的なことは難しい。身辺生活も一人でできる程度）

（3）知的障害を認め、家庭内での単純な日常生活はできるが、時に応じて援助が必要である。
（たとえば、ごく簡単な読み書きや計算はでき、助言などがあれば作業は可能である。具体的指示であれば理解ができ、身辺生活についてもおおむね一人でできる程度）

（4）知的障害を認め、日常生活における身のまわりのことも、多くの援助が必要である。
（たとえば、簡単な文字や数字は理解でき、保護的環境であれば単純作業は可能である。習慣化していることであれば言葉での指示を理解し、身辺生活についても部分的にできる程度）

（5）知的障害を認め、身のまわりのこともほとんどできないため、常時の援助が必要である。
（たとえば、文字や数の理解力がほとんど無く、簡単な手伝いもできない。言葉による意思の疎通がほとんど不可能であり、身辺生活の処理も一人ではできない程度）

【1 家庭及び社会生活についての具体的な状況】

○　独居である場合、独居になった理由や時期について、（イ）欄に記載してください。

○　日常的に家族等から援助を受けている場合、（イ）欄にその内容などを具体的に記載してください。

○　自助グループから日常生活上の支援（援助）を受けている場合、（イ）欄にその支援（援助）内容などを具体的に記載してください。（イ）欄に書ききれない場合は、⑬備考欄に記入してください。

8

（診断書記載要領⑨）

【「２ 日常生活能力の判定」及び「３ 日常生活能力の程度」】

この２項目については、P. 10～14 を参考に相互の整合性についても留意の上記載してください。

この２項目の評価はそれぞれ次の意義をもち、相互に関係しています。

日常生活能力の判定	日常生活の７つの場面における制限度合いを、それぞれ具体的に評価するもの。
日常生活能力の程度	「日常生活能力の判定」の７つの場面も含めた日常生活全般における制限度合いを包括的に評価するもの。

したがって、７つの場面における制限度合いには顕著に表れないが、日常生活全般は大幅に制限されるなど、相互の関係が必ずしも整合しない場合には、その理由を⑪欄にできるだけ具体的に記載してください。

○ 日常生活能力の制限の度合いを適切に把握するため、入所施設やグループホーム、日常生活上の援助を行える家族との同居などにより、支援が常態化した環境下で日常生活が安定している場合であっても、単身でかつ支援がない状況で生活した場合を想定し、その場合の日常生活能力について記載してください。

○ 診察時（来院時）の一時的な状態ではなく、現症日以前１年程度での障害状態の変動について、症状の好転と増悪の両方を勘案した上で、当てはまるものをご判断ください。

○ 独居であっても、日常的に家族の援助や福祉サービスを受けることによって生活できている場合（現に家族等の援助や福祉サービスを受けていなくても、その必要がある状態の場合も含む）は、それらの支援の状況（または必要性）を踏まえ、能力の過大評価にならないように留意してください。

○ 「てんかん」の発作間欠期に精神神経症状や認知障害がある場合、この２項目の評価にあたっては、これらの症状によって生じている日常生活能力の制限度合いについて評価して下さい。

9

（診断書記載要領⑩）

「２ 日常生活能力の判定」

※　身体的機能の障害に起因する能力の制限（たとえば下肢麻痺による歩行障害など）は、この診断書による評価の対象としません。
※　「できる」とは、日常生活および社会生活を行う上で、他者による特別の援助（助言や指導）を要さない程度のものを言います。また、「行わない」とは、介護者に過度に依存して自分でできるのに行わない場合や、性格や好き嫌いなどで行わないことは含みません。

（１）適切な食事

※　嗜癖的な食行動（たとえば拒食症や過食症）をもって「食べられない」とはしない。

1	できる	栄養のバランスを考え適当量の食事を適時にとることができる。（外食、自炊、家族・施設からの提供を問わない）
2	自発的にできるが時には助言や指導を必要とする	だいたいは自主的に適当量の食事を栄養のバランスを考え適時にとることができるが、時に食事内容が貧しかったり不規則になったりするため、家族や施設からの提供、助言や指導を必要とする場合がある。
3	自発的かつ適正に行うことはできないが助言や指導があればできる	１人では、いつも同じものばかりを食べたり、食事内容が極端に貧しかったり、いつも過食になったり、不規則になったりするため、経常的な助言や指導を必要とする。
4	助言や指導をしてもできない若しくは行わない	常に食事へ目を配っておかないと不食、偏食、過食などにより健康を害するほどに適切でない食行動になるため、常時の援助が必要である。

（２）身辺の清潔保持

1	できる	洗面、整髪、ひげ剃り、入浴、着替え等の身体の清潔を保つことが自主的に問題なく行える。必要に応じて（週に１回くらいは）、自主的に掃除や片付けができる。また、ＴＰＯ（時間、場所、状況）に合った服装ができる。
2	自発的にできるが時には助言や指導を必要とする	身体の清潔を保つことが、ある程度自主的に行える。回数は少ないが、だいたいは自室の清掃や片付けが自主的に行える。身体の清潔を保つためには、週１回程度の助言や指導を必要とする。
3	自発的かつ適正に行うことはできないが助言や指導があればできる	身体の清潔を保つためには、経常的な助言や指導を必要とする。自室の清掃や片付けを自主的にはせず、いつも部屋が乱雑になるため、経常的な助言や指導を必要とする。
4	助言や指導をしてもできない若しくは行わない	常時支援をしても身体の清潔を保つことができなかったり、自室の清掃や片付けをしないか、できない。

（３）金銭管理と買い物

※　行為嗜癖に属する浪費や強迫的消費行動については、評価しない。

1	できる	金銭を独力で適切に管理し、１ヵ月程度のやりくりが自分でできる。また、１人で自主的に計画的な買い物ができる。
2	おおむねできるが時には助言や指導を必要とする	１週間程度のやりくりはだいたい自分でできるが、時に収入を超える出費をしてしまうため、時として助言や指導を必要とする。
3	助言や指導があればできる	１人では金銭の管理が難しいため、３～４日に一度手渡して買い物に付き合うなど、経常的な援助を必要とする。
4	助言や指導をしてもできない若しくは行わない	持っているお金をすぐに使ってしまうなど、金銭の管理が自分ではできない、あるいは行おうとしない。

10

（診断書記載要領⑪）

（4）通院と服薬

1	できる	通院や服薬の必要性を理解し、自発的かつ規則的に通院・服薬ができる。また、病状や副作用について、主治医に伝えることができる。
2	おおむねできるが時には助言や指導を必要とする	自発的な通院・服薬はできるものの、時に病院に行かなかったり、薬の飲み忘れがある（週に２回以上）ので、助言や指導を必要とする。
3	助言や指導があればできる	飲み忘れや、飲み方の間違い、拒薬、大量服薬をすることがしばしばあるため、経常的な援助を必要とする。
4	助言や指導をしてもできない若しくは行わない	常時の援助をしても通院・服薬をしないか、できない。

（5）他人との意思伝達及び対人関係

※　１対１や集団の場面で、他人の話を聞いたり、自分の意思を相手に伝えたりするコミュニケーション能力や他人と適切につきあう能力に着目する。

1	できる	近所、仕事場等で、挨拶など最低限の人づきあいが自主的に問題なくできる。必要に応じて、誰に対しても自分から話せる。友人を自分からつくり、継続して付き合うことができる。
2	おおむねできるが時には助言や指導を必要とする	最低限の人づきあいはできるものの、コミュニケーションが挨拶や事務的なことにとどまりがちで、友人を自分からつくり、継続して付き合うには、時として助言や指導を必要とする。あるいは、他者の行動に合わせられず、助言がなければ、周囲に配慮を欠いた行動をとることがある。
3	助言や指導があればできる	他者とのコミュニケーションがほとんどできず、近所や集団から孤立しがちである。友人を自分からつくり、継続して付き合うことができず、あるいは周囲への配慮を欠いた行動がたびたびあるため、助言や指導を必要とする。
4	助言や指導をしてもできない若しくは行わない	助言や指導をしても他者とコミュニケーションができないか、あるいはしようとしない。また、隣近所・集団との付き合い・他者との協調性がみられず、友人等とのつきあいがほとんどなく、孤立している。

（6）身辺の安全保持及び危機対応

※　自傷（リストカットなど行為嗜癖的な自傷を含む。）や他害が見られる場合は、自傷・他害行為を本項目の評価対象に含めず、⑩障害の状態のア欄（現在の病状又は状態像）及びイ欄（左記の状態について、その程度・症状・処方薬等の具体的記載）になるべく具体的に記載してください。

1	できる	道具や乗り物などの危険性を理解・認識しており、事故等がないよう適切な使い方・利用ができる（例えば、刃物を自分や他人に危険がないように使用する、走っている車の前に飛び出さない、など）。また、通常と異なる事態となった時（例えば火事や地震など）に他人に援助を求めたり指導に従って行動するなど、適正に対応することができる。
2	おおむねできるが時には助言や指導を必要とする	道具や乗り物などの危険性を理解・認識しているが、時々適切な使い方・利用ができないことがある（例えば、ガスコンロの火を消し忘れる、使用した刃物を片付けるなどの配慮や行動を忘れる）。また、通常と異なる事態となった時に、他人に援助を求めたり指示に従って行動できない時がある。
3	助言や指導があればできる	道具や乗り物などの危険性を十分に理解・認識できておらず、それらの使用・利用において、危険に注意を払うことができなかったり、頻回に忘れてしまう。また、通常と異なる事態となった時に、パニックになり、他人に援助を求めたり、指示に従って行動するなど、適正に対応することができないことが多い。
4	助言や指導をしてもできない若しくは行わない	道具や乗り物などの危険性を理解・認識しておらず、周囲の助言や指導があっても、適切な使い方・利用ができない、あるいはしようとしない。また、通常と異なる事態となった時に、他人に援助を求めたり、指示に従って行動するなど、適正に対応することができない。

11

（診断書記載要領⑫）

（7）社会性

1	できる	社会生活に必要な手続き（例えば行政機関の各種届出や銀行での金銭の出し入れ等）や公共施設・交通機関の利用にあたって、基本的なルール（常識化された約束事や手順）を理解し、周囲の状況に合わせて適切に行動できる。
2	おおむねできるが時には助言や指導を必要とする	社会生活に必要な手続きや公共施設・交通機関の利用について、習慣化されたものであれば、各々の目的や基本的なルール、周囲の状況に合わせた行動がおおむねできる。だが、急にルールが変わったりすると、適正に対応することができないことがある。
3	助言や指導があればできる	社会生活に必要な手続きや公共施設・交通機関の利用にあたって、各々の目的や基本的なルールの理解が不十分であり、経常的な助言や指導がなければ、ルールを守り、周囲の状況に合わせた行動ができない。
4	助言や指導をしてもできない若しくは行わない	社会生活に必要な手続きや公共施設・交通機関の利用にあたって、その目的や基本的なルールを理解できない、あるいはしようとしない。そのため、助言・指導などの支援をしても、適切な行動ができない、あるいはしようとしない。

12

（診断書記載要領⑬）

「3 日常生活能力の程度」

※ 本項目について、「①障害の原因となった傷病名」欄に知的障害が含まれる場合（又は発達障害などで知的障害を伴っていて、《知的障害》欄の方が本人の状態を適切に評価できる場合）は本項目の《知的障害》欄で判定し、①欄に知的障害が含まれない場合は《精神障害》欄で判定してください。

《精神障害》

（1）	**精神障害（病的体験・残遺症状・認知障害・性格変化等）を認めるが、社会生活は普通にできる。** ○ 適切な食事摂取、身辺の清潔保持、金銭管理や買い物、通院や服薬、適切な対人交流、身辺の安全保持や危機対応、社会的手続きや公共施設の利用などが自発的にできる。あるいは適切にできる。 ○ 精神障害を持たない人と同じように日常生活及び社会生活を送ることができる。
（2）	**精神障害を認め、家庭内での日常生活は普通にできるが、社会生活には援助が必要である。** ○（1）のことが概ね自発的にできるが、時に支援を必要とする場合がある。 ○ 例えば、一人で外出できるが、過大なストレスがかかる状況が生じた場合に対処が困難となる。 ○ 日常的な家事をこなすことはできるが、状況や手順が変化したりすると困難が生じることがある。身辺の清潔保持は困難が少ない。ひきこもりは顕著ではない。自発的な行動や、社会生活の中で発言が適切に出来ないことがある。行動のテンポはほぼ他の人に合わせることができる。普通のストレスでは症状の再燃や悪化が起きにくい。金銭管理は概ねできる。社会生活の中で不適切な行動をとってしまうことは少ない。
（3）	**精神障害を認め、家庭内での単純な日常生活はできるが、時に応じて援助が必要である。** ○（1）のことを行うためには、支援を必要とする場合が多い。 ○ 例えば、医療機関等に行くなどの習慣化された外出は付き添われなくても自らできるものの、ストレスがかかる状況が生じた場合に対処することが困難である。食事をバランスよく用意するなどの家事をこなすために、助言などの支援を必要とする。身辺の清潔保持が自発的かつ適切にはできない。対人交流が乏しいか、ひきこもっている。自発的な行動に困難がある。日常生活の中での発言が適切にできないことがある。行動のテンポが他の人と隔たってしまうことがある。ストレスが大きいと症状の再燃や悪化を来たしやすい。金銭管理ができない場合がある。社会生活の中でその場に適さない行動をとってしまうことがある。
（4）	**精神障害を認め、日常生活における身のまわりのことも、多くの援助が必要である。** ○（1）のことは経常的な援助がなければできない。 ○ 例えば、親しい人間がいないか、あるいはいても家族以外は医療・福祉関係者にとどまる。自発性が著しく乏しい。自発的な発言が少なく発言内容が不適切であったり不明瞭であったりする。日常生活において行動のテンポが他の人のペースと大きく隔たってしまう。些細な出来事で病状の再燃や悪化を来たしやすい。金銭管理は困難である。日常生活の中でその場に適さない行動をとってしまいがちである。
（5）	**精神障害を認め、身のまわりのこともほとんどできないため、常時の援助が必要である。** ○（1）のことは援助があってもほとんどできない。 ○ 入院・入所施設内においては、病棟内・施設内で常時個別の援助を必要とする。在宅の場合においては、医療機関等への外出も自発的にできず、付き添いが必要であったり、往診等の対応が必要となる。家庭生活においても、適切な食事を用意したり、後片付けなどの家事や身辺の清潔保持も自発的には行えず、常時の援助を必要とする。

13

（診断書記載要領⑭）

《知的障害》

（1）	**知的障害を認めるが、社会生活は普通にできる。** ○　適切な食事摂取、身辺の清潔保持、金銭管理や買い物、通院や服薬、適切な対人交流、身辺の安全保持や危機対応、社会的手続きや公共施設の利用などがある程度自発的にできる。あるいは適切にできる。 ○　知的障害を持たない人と同じように日常生活及び社会生活を送ることができる。
（2）	**知的障害を認め、家庭内での日常生活は普通にできるが、社会生活には援助が必要である。** ○（1）のことが１人で自発的にできるが、時に支援を必要とする場合がある。 ○　日常会話はできるが、抽象的な思考が不得手で、込み入った話は困難である。また簡単な漢字の読み書きはできる。 ○　日常的な家事をこなすことはできるが、状況や手順が変化したりすると困難が生じることがある。身辺の清潔保持は困難が少ない。対人交流は乏しくない。ひきこもりがちではない。行動のテンポはほぼ他の人に合わせることができる。金銭管理は概ねできる。社会生活の中で不適切な行動をとってしまうことは少ない。
（3）	**知的障害を認め、家庭内での単純な日常生活はできるが、時に応じて援助が必要である。** ○（1）のことが概ねできるが、支援を必要とする場合が多い。 ○　具体的な事柄についての理解や簡単な日常会話はできるが、声かけなどの配慮が必要である。ごく簡単な読み書きや計算はできるが、生活場面で実際に使うことは困難である。 ○　医療機関等に行くなどの習慣化された外出は付き添われなくても自らできるものの、ストレスがかかる状況が生じた場合に対処することが困難である。食事をバランスよく用意するなどの家事をこなすために、助言などの支援を必要とする。身辺の清潔保持が自発的かつ適切にはできない。適切な指導のもとで、社会的な対人交流や集団行動がある程度できる。自発的な行動に困難がある。日常生活の中での発言が適切にできないことがある。行動のテンポが他の人と隔たってしまうことがある。金銭管理ができない場合がある。社会生活の中でその場に適さない行動をとってしまうことがある。適切な指導があれば単純作業はできる。
（4）	**知的障害を認め、日常生活における身のまわりのことも、多くの援助が必要である。** ○（1）のことは経常的な援助がなければできない。 ○　読み書きや計算は不得手だが、簡単な日常会話はできる。生活習慣になっていることであれば、言葉での指示を理解し、ごく身近なことについては、身振りや短い言葉で自ら表現することができる。日常生活では、経常的な支援を必要とする。 ○　例えば、親しい人との交流も乏しく引きこもりがちである、自発性が著しく乏しい。自発的な発言が少なく発言内容が不適切であったり不明瞭であったりする。日常生活において行動のテンポが他の人のペースと大きく隔たってしまう。金銭管理は困難である。日常生活の中でその場に適さない行動をとってしまいがちである。保護的な環境下での専ら単純かつ反復的な作業はできる。
（5）	**知的障害を認め、身のまわりのこともほとんどできないため、常時の援助が必要である。** ○（1）のことは援助があってもほとんどできない。 ○　言葉の理解も困難またはごく身近なことに限定されており、意思表示はごく簡単なものに限られる。 ○　入院・入所施設内においては、病棟内・施設内で常時個別の援助を必要とする。在宅の場合においては、医療機関等への外出も自発的にできず、付き添いが必要である。家庭生活においても、適切な食事を用意したり、後片付けなどの家事や身辺の清潔保持も自発的には行えず、常時の援助を必要とする。

14

（診断書記載要領⑮）

⑩障害の状態（エ　現症時の就労状況～キ　福祉サービスの利用状況）

（再認定のための障害状態確認届では⑥欄になります。）

〔記載例〕

エ 現症時の就労状況	オ 身体所見（神経学的な所見を含む。）
○勤務先　・一般企業　・就労支援施設　・その他（　　　） ○雇用体系　・障害者雇用　・一般雇用　・自営　・その他（　　　） ○勤続年数（　　年　　ヶ月）　○仕事の頻度（週に・月に（　　）日） ○ひと月の給与（　　　　円程度） ○仕事の内容 ○仕事場での援助の状況や意思疎通の状況 現在は就労していない。	特記すべきことなし カ 臨床検査（心理テスト・認知検査、知能障害の場合は、知能指数、精神年齢を含む。） 特記すべきことなし キ　福祉サービスの利用状況（障害者自立支援法に規定する自立訓練、共同生活援助、共同生活介護、在宅介護、その他障害福祉サービス等） 入院中につき利用なし

【エ 現症時の就労状況】

この欄は、精神障害者がどのような働き方をしているか（どの程度の援助を受けて就労ができているか）を確認するために、就労に関する情報をできる限り収集することを目的に設けたものです。

就労している事実だけで、障害年金の支給決定が判断されることはありません。

○　就労の有無を本人や家族などから聴きとり、できるだけ記入をお願いします。

○　仕事場の内外を問わず、就労を継続するために受けている日常の援助や配慮の状況も、できるだけ記入をお願いします。

○　現症日以前一年間に病気休暇または休職の期間がある場合は、「仕事場での援助の状況や意思疎通の状況」欄に、病気休暇や休職の時期（始期及び終期）及び就労復帰後の状況をできるだけ詳しく記入してください。

○　現症時に就労していないことを聴取されている場合には、「勤務先」のその他欄に、その旨の記入をお願いします。

【オ 身体所見】

○　精神疾患に伴う神経学的な所見のほか、アルコールや薬物等の精神作用物質の乱用・依存が見られる患者の場合は、精神病性障害を示さない急性中毒かどうか、あるいは明らかな身体依存が見られるかどうかをできるだけ詳しく記載してください。

【カ 臨床検査】

○　現症日以前３か月以内に実施した検査の結果を、検査日とともに記載してください。現症日以前３か月よりも前に実施した臨床検査のみの場合には、当該検査結果を検査日とともに記載してください。

カの記入欄では書ききれない場合は、別紙として、検査結果写しの添付をお願いいたします。別紙を添付する場合は、別紙の作成日や貴院（診断書作成医療機関）の名称・所在地の記入、ご署名・ご捺印を必ずお願いいたします。

15

（診断書記載要領⑯）

○知的障害及び発達障害の場合は、知能指数及び精神年齢を検査日や検査名とあわせて必ず記入してください。（療育手帳又は精神障害者保健福祉手帳を取得している場合は、等級及び交付年月日についても、記入してください。）

○「症状性を含む器質性精神障害」（認知症、高次脳機能障害など）あるいは他の精神の障害の状態について参考となる神経心理学検査（ミニメンタルステート検査や改訂版長谷川式簡易知能評価スケールなど）や画像検査を実施している場合は、別紙として、その検査結果写しの添付をお願いいたします。

別紙を添付する場合は、検査した医療機関や検査日がわかるように作成してください。また、別紙の作成日や診断書作成医療機関（又は検査した医療機関）の名称・所在地の記入、ご署名・ご捺印をその別紙にも必ずお願いいたします。

【キ 福祉サービスの利用状況】

○　問診で聴取できた範囲で、障害者総合支援法による福祉サービスの利用状況（サービスの種類や内容、頻度など）をなるべく詳しく記載してください。

○　専門機関による発達支援、発達障害者自立訓練等の支援を受けている場合は、キ欄にできるだけ詳しく記載してください。

16

（診断書記載要領⑰）

⑪現症時の日常生活活動能力及び労働能力

（再認定のための障害状態確認届では⑦欄になります。）

〔記載例〕

⑪ 現症時の日常生活活動能力及び労働能力（必ず記入してください。）	援助しないと偏食に陥ったり、食事を摂らなくなる。服薬にも援助と助言が欠かせず、日常生活全般に援助が必要で単身生活はできない。就労は不可能と判断する。病的体験症状が強く持続しており、現実検討能力の低下が著しい。退院のメドが立たない状態。

○　現症時において日常生活がどのような状況であるのか、また、どの程度の労働ができるのか（実際の就労の有無ではありません）などをできるだけ具体的に記載してください。

○　⑩エ「現症時の就労状況」欄に記載された就労の影響により、就労以外の場面での日常生活能力が著しく低下していると考えられる場合には、その日常生活活動の状況をできるだけ詳しく記載してください。

○　ひきこもりについては、精神障害の病状に起因するものか否かも含め、その状況をできるだけ詳しく記載してください。

⑫予後

（再認定のための障害状態確認届では⑧欄になります。）

〔記載例〕

⑫  予　後（必ず記入してください。）	長期にわたり病状の改善は得られていない。現実検討能力の著しい低下により生活状況は一層不良となっており、状況の好転は望み難く、予後不良。

○　診断書作成時点において予想される病状の今後の見通しについて記載してください。判断できない場合には「不詳」と記入してください。

特に統合失調症や気分（感情）障害では、十分な期間の治療を経たうえでの予後を記入してください。

⑬備考

（再認定のための障害状態確認届では⑨欄になります。）

○　①「障害の原因となった傷病名」欄に神経症圏（ICD-10 コードが F4）の傷病名を記入した場合であっても、「統合失調症、統合失調症型障害および妄想性障害」または「気分（感情）障害」の病態を示しているときは、その病態と ICD-10 コードを記入してください。

○　日常生活の状態（制限の度合い）について①～⑫欄までに書ききれないことや参考になる事柄を記入してください。

○　継続的治療が必要な疾患にもかかわらず、診断書作成を依頼する目的以外では来院していない場合は、問診により把握できた範囲で、未受診の背景（例えば、民間療法を行っていた等）について記入してください。

17

10　併合等認定基準

第 2 章　　併合等認定基準

（併合等認定基準②）

第１節／基本的事項

２つ以上の障害がある場合の障害の程度の認定は、次による。

1　併合（加重）認定

併合（加重）認定は、次に掲げる場合に行う。

(1)　障害認定日において、認定の対象となる障害が２つ以上ある場合（併合認定）

(2)　「はじめて２級」による障害基礎年金又は障害厚生年金を支給すべき事由が生じた場合（併合認定）

(3)　障害基礎年金受給権者及び障害厚生年金受給権者（障害等級が１級若しくは２級の場合に限る。）に対し、さらに障害基礎年金または障害厚生年金（障害等級が１級若しくは２級の場合に限る。）を支給すべき事由が生じた場合（加重認定）

(4)　併合認定の制限

同一部位に複数の障害が併存する場合、併合認定の結果が国年令別表、厚年令別表第１又は厚年令別表第２に明示されているものとの均衡を失する場合には、明示されている等級を超えることはできない。

2　総合認定

内科的疾患の併存している場合及び前章の認定要領において特に定めている場合は、総合的に認定する。

3　差引認定

(1)　障害認定の対象とならない障害（以下「前発障害」という。）と同一部位に新たな障害（以下「後発障害」という。）が加わった場合は、現在の障害の程度（複数の障害が混在している状態）から前発障害の障害の程度を差し引いて、後発障害の障害の程度を認定する。

(2)　同一部位とは、障害のある箇所が同一であるもの（上肢又は下肢については、それぞれ１側の上肢又は下肢）のほか、その箇所が同一でなくても眼又は耳のような相対性器官については、両側の器官をもって同一部位とする。

(3)　「はじめて２級による年金」に該当する場合には、適用しない。

- 100 -

（併合等認定基準③）

第2節／併合（加重）認定

1　2つの障害が併存する場合

個々の障害について、併合判定参考表（別表1）における該当番号を求めた後、当該番号に基づき併合〔加重〕認定表（別表2）による併合番号を求め、障害の程度を認定する。

［認定例］

右手のおや指及びひとさし指を併せ一上肢の4指の用を廃し、両眼の視力が0.1になった場合

併合判定参考表によれば次のとおりである。

部位	障害の状態	併合判定参考表
右手の障害	右手のおや指及びひとさし指を併せ一上肢の4指の用を廃したもの	7号—5
両眼の障害	両眼の視力の和が0.1以下に減じたもの	6号—1

併合（加重）認定表により、上位の障害6号と下位の障害7号の併合番号4号を求め、2級と認定する。

2　3つ以上の障害が併存する場合

併合判定参考表の「障害の状態」に該当する障害を対象とし、次により認定する。

(1) 併合判定参考表から各障害についての番号を求める。

(2) (1)により求めた番号の最下位及びその直近位について、併合（加重）認定表により、併合番号を求め、以下順次、その求めた併合番号と残りのうち最下位のものとの組合せにより、最終の併合番号を求め認定する。

［認定例］

左下肢を大腿部から切断し、両眼の視力が0.1になり、右上肢のひとさし指、なか指及び小指を近位指節間関節より切断し、さらに、左上肢のおや指を指節間関節より切断した場合

- 101 -

（併合等認定基準④）

併合判定参考表によれば、次のとおりである。

部　位	障　害　の　状　態	併合判定参考表
左下肢の障害	一下肢を足関節以上で欠くもの	４号―６
両眼の障害	両眼の視力の和が 0.1 以下に減じたもの	６号―１
右手の障害	ひとさし指を併せ一上肢の３指を近位指節間関節以上で欠くもの	７号―４
左手の障害	一上肢のおや指を指節間関節以上で欠くもの	９号―８

併合（加重）認定表により、３位の障害７号と４位の障害９号の併合番号７号を求め、次に同表により、これと２位の障害６号との併合番号４号を求め、さらに同表により、これと１位の障害４号との併合番号１号を求め１級と認定する。

３　併合認定の特例

(1) 併合（加重）認定の対象となる障害の程度が、国年令別表、厚年令別表第１、厚年令別表第２に明示されている場合又は併合判定参考表に明示されている場合は、併合（加重）認定の結果にかかわらず、同令別表等により認定する。

［認定例１］

左下肢の５趾を失った後、さらに右下肢の５趾を失った場合

併合判定参考表によれば、次のとおりである。

部　位	障　害　の　状　態	併合判定参考表
左足ゆびの障害	一下肢の５趾を中足趾節関節以上で欠くもの	８号―１１
右足ゆびの障害	一下肢の５趾を中足趾節関節以上で欠くもの	８号―１１

併合（加重）認定表により併合すると、併合番号７号となり、障害等級は３級となるが、国年令別表の２級１１号に「両下肢のすべての指を欠くもの」と明示されているので、併合認定の結果にかかわらず、２級と認定する。

［認定例２］

右上肢のおや指及びひとさし指と、左上肢の小指以外の４指の用を廃したものに、さらに右上肢のおや指及びひとさし指以外の３指と、左上肢の小指の用を廃した場合

- 102 -

(併合等認定基準⑤)

併合判定参考表によれば、次のとおりである。

部　位	障　　害　　の　　状　　態	併合判定参考表
右手の障害	一上肢のおや指及びひとさし指の用を廃したもの	８号—９
左手の障害	おや指及びひとさし指を併せ一上肢の４指の用を廃したもの	７号—５
右手の障害	おや指及びひとさし指以外の一上肢の３指の用を廃したもの	１０号—１３
左手の障害	一上肢の小指の用を廃したもの	—

すでにある障害について、併合（加重）認定表により併合し、併合番号７号となり、障害等級３級となっているものに、さらに、併合判定参考表の１０号に該当する障害と併合判定参考表に明示されていない程度の障害が加わったものであるが併合判定参考表の２級３号－３の「両上肢のすべての指の用を廃したもの」に該当するので、併合認定の結果にかかわらず２級と認定する。

(2) 併合（加重）認定の結果が、国年令別表、厚年令別表第１又は厚年令別表第２に明示されているものとの均衡を失する場合

同一部位に障害が併存する場合に生じることがあるが、国年令別表、厚年令別表第１又は厚年令別表第２に明示されているものとの均衡を失うことのないよう認定する。

［認定例１］

左手関節が用を廃し、左肘関節に著しい障害が併存する場合

併合判定参考表によれば、次のとおりである。

部　位	障　　害　　の　　状　　態	併合判定参考表
左手関節の障害	一上肢の３大関節のうち、１関節の用を廃したもの	８号—３
左肘関節の障害	一上肢の３大関節のうち、１関節に著しい機能障害を残すもの	１０号—５

併合（加重）認定表により併合すると、併合番号７号となり、障害等級は３級となるが、厚年令別表第１の３級５号に「一上肢の３大関節のうち、２関節の用を廃したもの」と明示されており、上肢の障害で３級となるための障害の程度は、原則として併合判定参考表８号以上の障害が併存している場合であるので、併合判定参考表の８

- 103 -

（併合等認定基準⑥）

号と９号との障害が併存している場合を除き、併合認定の結果にかかわらず、障害手当金と認定する。

［認定例２］

左足関節が強直し、左下肢が４センチメートル短縮している場合

併合判定参考表によれば、次のとおりである。

部　位	障　害　の　状　態	併合判定参考表
左足関節の障害	一下肢の３大関節のうち、１関節の用を廃したもの	８号—４
左下肢の短縮障害	一下肢を３センチメートル以上短縮したもの	１０号—７

併合（加重）認定表により併合すると、併合番号７号となり、障害等級は３級となるが、厚年令別表第１の３級６号に「一下肢の３大関節のうち、２関節の用を廃したもの」と明示されており、下肢の障害で３級となるための障害の程度は、原則として併合判定参考表８号以上の障害が併存している場合であるので、併合判定参考表の８号と９号との障害が併存している場合を除き、併合判定の結果にかかわらず、障害手当金と認定する。

（併合等認定基準⑦）

第３節／総合認定

認定の対象となる内科的疾患が併存している場合については、併合（加重）認定の取扱いは行わず、総合的に判断して認定する。

第４節／差引認定

1　現在の障害の状態の活動能力減退率から前発障害の前発障害差引活動能力減退率を差し引いた残りの活動能力減退率（以下「差引残存率」という。）に応じて、差引結果認定表により認定する。

2　後発障害の障害の状態が、併合判定参考表に明示されている場合、その活動能力減退率が差引残存率より大であるときは、その明示されている後発障害の障害の状態の活動能力減退率により認定する。

3　「はじめて２級による年金」に該当する場合は、適用しない。

［認定例１］

厚生年金保険に加入する前に、右手のおや指の指節間関節及び小指の近位指節間関節（ＰＩＰ）より切断していた者が、厚生年金保険に加入後、事故により右手のひとさし指、なか指及びくすり指を近位指節間関節（ＰＩＰ）より切断した場合

併合判定参考表によれば、次のとおりである。

	障　害　の　状　態	併合判定参考表	活動能力減退率 前発障害差引 活動能力減退率
現在の障害	一上肢の５指を近位指節間関節（おや指にあっては指節間関節）以上で欠くもの	６号―７	６７％
前発障害	一上肢のおや指を指節間関節で欠き、かつ、ひとさし指以外の１指を近位指節間関節以上で欠くもの	８号―８	１８％
後発障害	ひとさし指を併せ一上肢の３指を近位指節間関節以上で欠くもの	７号―４	５６％

１により差引認定すると差引残存率は、67％－18％＝49％となり、差引結果認定表により認定すれば、障害手当金該当となるが、後発障害のみの活動能力減退率は56％であり、差引残存率より大であるため後発障害の活動能力減退率により厚年令別表第１の３級と認定する。

- 105 -

（併合等認定基準⑧）

［認定例２］

先天性の脳性麻痺により、両下肢に機能障害がある者が、厚生年金保険に加入後、事故が原因の脊髄損傷により両下肢の機能を完全に廃した場合

併合判定参考表によれば、次のとおりである。

	障　害　の　状　態	併合判定参考表	活動能力減退率 前発障害差引 活動能力減退率
現在の障害	両下肢の用を全く廃したもの	１号—６	１３４％
前発障害	身体の機能の障害又は長期にわたる安静を必要とする病状が、日常生活が著しい制限を受けるか、又は日常生活に著しい制限を加えることを必要とする程度のもの	４号—７	６３％
後発障害	両下肢の用を全く廃したもの	１号—６	１３４％

１により差引認定すると、差引残存率は134％－63％＝71％となり、差引結果認定表により認定すれば、後発障害は２級となるが、後発障害の障害の状態は、前発障害の影響を受けることなく生じたものであると判断でき、その状態が併合判定参考表の１号－６に明示されていることから、その活動能力減退率（134％）は差引残存率より大であるため、後発障害の活動能力減退率により国年令別表の１級と認定する。

- 106 -

（併合等認定基準⑨）

別表１　併合判定参考表

障害の程度	番号	区分	障害の状態
1級	1号	1	両眼が失明したもの
		2	両耳の平均純音聴力レベル値が 100 デシベル以上のもの
		3	両上肢を肘関節以上で欠くもの
		4	両上肢の用を全く廃したもの
		5	両下肢を膝関節以上で欠くもの
		6	両下肢の用を全く廃したもの
		7	体幹の機能に座っていることができない程度又は立ち上がることができない程度の障害を有するもの
		8	身体の機能の障害又は長期にわたる安静を必要とする病状が日常生活の用を弁ずることを不能ならしめる程度のもの
		9	精神の障害で日常生活の用を弁ずることを不能ならしめる程度のもの
		10	両眼の視力の和が 0.04 以下のもの
		11	両上肢のすべての指を基部から欠き、有効長が 0 のもの
		12	両上肢のすべての指の用を全く廃したもの
		13	両下肢を足関節以上で欠くもの
2級	2号	1	両眼の視力の和が 0.05 以上 0.08 以下のもの
		2	平衡機能に著しい障害を有するもの
		3	そしゃくの機能を欠くもの
		4	音声又は言語の機能に著しい障害を有するもの
		5	両上肢のすべての指を近位指節間関節（おや指にあっては指節間関節）以上で欠くもの
		6	体幹の機能に歩くことができない程度の障害を有するもの
	3号	1	両耳の平均純音聴力レベル値が 90 デシベル以上のもの
		2	両耳の平均純音聴力レベル値が 80 デシベル以上で、かつ、最良語音明瞭度が 30％以下のもの
		3	両上肢のすべての指の用を廃したもの
		4	両上肢のおや指及びひとさし指又は中指を基部から欠き、有効長が 0 のもの
		5	両上肢のおや指及びひとさし指又は中指の用を全く廃したもの
		6	両下肢をリスフラン関節以上で欠くもの

- 107 -

（併合等認定基準⑩）

2 級	4 号	1	一上肢のすべての指を基部から欠き、有効長が0のもの
		2	一上肢の用を全く廃したもの
		3	一上肢のすべての指の用を全く廃したもの
		4	両下肢の10趾を中足趾節関節以上で欠くもの
		5	一下肢の用を全く廃したもの
		6	一下肢を足関節以上で欠くもの
		7	身体の機能の障害又は長期にわたる安静を必要とする病状が、日常生活が著しい制限を受けるか、又は日常生活に著しい制限を加えることを必要とする程度のもの
		8	精神の障害で日常生活が著しい制限を受けるか、又は日常生活に著しい制限を加えることを必要とする程度のもの
3 級	5 号	1	両眼の視力がそれぞれ0.06以下のもの
		2	一眼の視力が0.02以下に減じ、かつ、他眼の視力が0.1以下に減じたもの
		3	両耳の平均純音聴力レベル値が80デシベル以上のもの
		4	両耳の平均純音聴力レベル値が50デシベル以上80デシベル未満で、かつ、最良語音明瞭度が30%以下のもの
	6 号	1	両眼の視力が0.1以下に減じたもの
		2	そしゃく又は言語の機能に相当程度の障害を残すもの
		3	脊柱の機能に著しい障害を残すもの
		4	一上肢の3大関節のうち、2関節の用を廃したもの
		5	一下肢の3大関節のうち、2関節の用を廃したもの
		6	両上肢のおや指を基部から欠き、有効長が0のもの
		7	一上肢の5指又はおや指及びひとさし指を併せ一上肢の4指を近位指節間関節（おや指にあっては指節間関節）以上で欠くもの
		8	一上肢のすべての指の用を廃したもの
		9	一上肢のおや指及びひとさし指を基部から欠き、有効長が0のもの

- 108 -

（併合等認定基準⑪）

級		号		
3級		7号	1	両耳の平均純音聴力レベル値が70デシベル以上のもの
			2	両耳の平均純音聴力レベル値が50デシベル以上で、かつ、最良語音明瞭度が50%以下のもの
			3	長管状骨に偽関節を残し、運動機能に著しい障害を残すもの
			4	一上肢のおや指及びひとさし指を近位指節間関節（おや指にあっては指節間関節）以上で欠くもの、又はおや指若しくはひとさし指を併せ一上肢の３指を近位指節間関節（おや指にあっては指節間関節）以上で欠くもの
			5	おや指及びひとさし指を併せ一上肢の４指の用を廃したもの
			6	一下肢をリスフラン関節以上で欠くもの
			7	両下肢の10趾の用を廃したもの
			8	身体の機能に労働が著しい制限を受けるか、又は労働に著しい制限を加えることを必要とする程度の障害を残すもの
			9	精神又は神経系統に労働が著しい制限を受けるか、又は労働に著しい制限を加えることを必要とする程度の障害を残すもの
3級（治らないもの）	障害手当金（治ったもの）	8号	1	一眼の視力が0.02以下に減じたもの
			2	脊柱の機能に障害を残すもの
			3	一上肢の３大関節のうち、１関節の用を廃したもの
			4	一下肢の３大関節のうち、１関節の用を廃したもの
			5	一下肢が５センチメートル以上短縮したもの
			6	一上肢に偽関節を残すもの
			7	一下肢に偽関節を残すもの
			8	一上肢のおや指を指節間関節で欠き、かつ、ひとさし指以外の１指を近位指節間関節以上で欠くもの
			9	一上肢のおや指及びひとさし指の用を廃したもの
			10	おや指又はひとさし指を併せ一上肢の３指以上の用を廃したもの
			11	一下肢の５趾を中足趾節関節以上で欠くもの
			12	精神又は神経系統に労働が制限を受けるか、又は労働に制限を加えることを必要とする程度の障害を残すもの
		9号	1	両眼の視力が0.6以下に減じたもの
			2	一眼の視力が0.06以下に減じたもの
			3	両眼のまぶたに著しい欠損を残すもの
			4	両眼による視野が２分の１以上欠損したもの又は両眼の視野が10度以内のもの

（併合等認定基準⑫）

<table>
<tr><td rowspan="25">3級（治らないもの）</td><td rowspan="25">障害手当金（治ったもの）</td><td rowspan="10">9号</td><td>5</td><td>一耳の平均純音聴力レベル値が 90 デシベル以上のもの</td></tr>
<tr><td>6</td><td>そしゃく及び言語の機能に障害を残すもの</td></tr>
<tr><td>7</td><td>鼻を欠損し、その機能に著しい障害を残すもの</td></tr>
<tr><td>8</td><td>一上肢のおや指を指節間関節以上で欠くもの</td></tr>
<tr><td>9</td><td>一上肢のおや指の用を全く廃したもの</td></tr>
<tr><td>10</td><td>ひとさし指を併せ一上肢の２指を近位指節間関節以上で欠くもの</td></tr>
<tr><td>11</td><td>おや指及びひとさし指以外の一上肢の３指を近位指節間関節以上で欠くもの</td></tr>
<tr><td>12</td><td>一上肢のおや指を併せ２指の用を廃したもの</td></tr>
<tr><td>13</td><td>一下肢の第１趾を併せ２以上の趾を中足趾節関節以上で欠くもの</td></tr>
<tr><td>14</td><td>一下肢の５趾の用を廃したもの</td></tr>
<tr><td rowspan="15">10号</td><td>1</td><td>一眼の視力が 0.1 以下に減じたもの</td></tr>
<tr><td>2</td><td>両眼の調整機能及び輻輳機能に著しい障害を残すもの</td></tr>
<tr><td>3</td><td>一耳の平均純音聴力レベル値が 80 デシベル以上のもの</td></tr>
<tr><td>4</td><td>そしゃく又は言語の機能に障害を残すもの</td></tr>
<tr><td>5</td><td>一上肢の３大関節のうち、１関節に著しい機能障害を残すもの</td></tr>
<tr><td>6</td><td>一下肢の３大関節のうち、１関節に著しい機能障害を残すもの</td></tr>
<tr><td>7</td><td>一下肢を３センチメートル以上短縮したもの</td></tr>
<tr><td>8</td><td>長管状骨に著しい転位変形を残すもの</td></tr>
<tr><td>9</td><td>一上肢のひとさし指を近位指節間関節以上で欠くもの</td></tr>
<tr><td>10</td><td>おや指及びひとさし指以外の一上肢の２指を近位指節間関節以上で欠くもの</td></tr>
<tr><td>11</td><td>一上肢のおや指の用を廃したもの</td></tr>
<tr><td>12</td><td>ひとさし指を併せ一上肢の２指の用を廃したもの</td></tr>
<tr><td>13</td><td>おや指及びひとさし指以外の一上肢の３指の用を廃したもの</td></tr>
<tr><td>14</td><td>一下肢の第１趾又は他の４趾を中足趾節関節以上で欠くもの</td></tr>
<tr><td>15</td><td>身体の機能に労働が制限を受けるか、又は労働に制限を加えることを必要とする程度の障害を残すもの</td></tr>
</table>

（併合等認定基準⑬）

	11号	1	両眼の調節機能又は運動機能に著しい障害を残すもの
		2	両眼のまぶたに著しい運動障害を残すもの
		3	一眼のまぶたに著しい欠損を残すもの
		4	一耳の平均純音聴力レベル値が 70 デシベル以上のもの
		5	一上肢のなか指又はくすり指を近位指節間関節以上で欠くもの
		6	一上肢のひとさし指の用を廃したもの
		7	おや指及びひとさし指以外の一上肢の２指の用を廃したもの
		8	第１趾を併せ一下肢の２趾以上の用を廃したもの
	12号	1	一眼の調節機能に著しい障害を残すもの
		2	一眼のまぶたに著しい運動障害を残すもの
		3	一上肢の３大関節のうち、１関節に機能障害を残すもの
		4	一下肢の３大関節のうち、１関節に機能障害を残すもの
		5	長管状骨に奇形を残すもの
		6	一上肢のなか指又はくすり指の用を廃したもの
		7	一下肢の第１趾又は他の４趾の用を廃したもの
		8	一下肢の第２趾を中足趾節関節以上で欠くもの
		9	第２趾を併せ一下肢の２趾を中足趾節関節以上で欠くもの
		10	一下肢の第３趾以下の３趾を中足趾節関節以上で欠くもの
		11	局部に頑固な神経症状を残すもの
	13号	1	一眼の視力が 0.6 以下に減じたもの
		2	一眼の半盲症、視野狭窄又は視野変状を残すもの
		3	両眼のまぶたの一部に欠損を残すもの
		4	一上肢の小指を近位指節間関節以上で欠くもの
		5	一上肢のおや指の指骨の一部を欠くもの
		6	一上肢のひとさし指の指骨の一部を欠くもの
		7	一上肢のひとさし指の遠位指節間関節の屈伸が不能になったもの
		8	一下肢を１センチメートル以上短縮したもの
		9	一下肢の第３趾以下の１又は２趾を中足趾節関節以上で欠くもの
		10	一下肢の第２趾の用を廃したもの
		11	第２趾を併せ一下肢の２趾の用を廃したもの
		12	一下肢の第３趾以下の３趾の用を廃したもの

- 111 -

（併合等認定基準⑭）

別表２　併合（加重）認定表

		2 級			3 級			障害手当金					
		2号	3号	4号	5号	6号	7号	8号	9号	10号	11号	12号	13号
2級	2号	1	1	1	1	2	2	2	2	2	2	2	2
	3号	1	1	1	1	2	2	2	2	2	2	2	2
	4号	1	1	1	1	2	2	4	4	4	4	4	4
3級	5号	1	1	1	3	4	4	5	5	5	5	5	5
	6号	2	2	2	4	4	4	6	6	6	6	6	6
	7号	2	2	2	4	4	6	7	7	7	7	7	7
障害手当金	8号	2	2	4	5	6	7	7	7	7	8	8	8
	9号	2	2	4	5	6	7	7	7	8	9	9	9
	10号	2	2	4	5	6	7	7	8	9	10	10	10
	11号	2	2	4	5	6	7	8	9	10	10	10	10
	12号	2	2	4	5	6	7	8	9	10	10	11	12
	13号	2	2	4	5	6	7	8	9	10	10	12	12

注１　表頭及び表側の２号から13号までの数字は、併合判定参考表（別表１）の各番号を示す。

注２　表中の数字（１号から12号まで）は、併合番号を示し、障害の程度は、次の表のとおりである。

注３　次に掲げる障害をそれぞれ併合した場合及び次の障害と併合判定参考表の５号ないし７号の障害と併合した場合は、併合認定表の結果にかかわらず、次表の併合番号４号に該当するものとみなす。

①　両上肢のおや指の用を全く廃したもの

②　一上肢のおや指及び中指を基部から欠き、有効長が０のもの

③　一上肢のおや指及びひとさし指又は中指の用を全く廃したもの

併合番号	障害の程度
1 号	国年令別表１級
2 号	国年令別表２級
3 号	
4 号	
5 号	厚年令別表第１　３級
6 号	
7 号	
8 号	厚年令別表第２ 障害手当金
9 号	
10 号	
11 号	厚年令別表不該当
12 号	

- 112 -

（併合等認定基準⑮）

別表３　現在の活動能力減退率及び前発障害の活動能力減退率

併合判定参考表（別表１）		現在の活動能力減退率（%）	前発障害の活動能力減退率（%）
１号	区分１～９	１３４	９５
	区分 10～13	１１９	
２号		１０５	８４
３号		９２	７４
４号		７９	６３
５号		７３	４４
６号		６７	４０
７号		５６	３４
８号		４５	１８
９号		３５	１４
10 号		２７	１１
11 号		２０	８
12 号		１４	６
13 号		９	４

別表４　差引結果認定表

差　引　残　存　率	後　発　障　害　の　程　度
１００%以上	国年令別表　１級　９号・11 号
９９%～７０%	国年令別表　２級　15 号・17 号
６９%～４２%（治ったもの）	厚年令別表第１　３級　12 号
６９%～２４%（治らないもの）	厚年令別表第１　３級　14 号
４１%～２４%（治ったもの）	厚年令別表第２　21 号

注１　差引結果認定表による後発障害の程度が、次の表の第１欄及び第２欄の区分に応じた、第３欄に掲げる後発障害の程度と異なる場合は、後発障害の程度は同表の第３欄に掲げる等級とする。

第１欄（現在の障害の状態　併合判定参考表（別表１））	第２欄（前発障害の状態　併合判定参考表（別表１））	第３欄（後　発　障　害　の　程　度）
１号	６号～13 号	国年令別表　１級　９号・11 号
２号～４号	７号～13 号	国年令別表　２級　15 号・17 号
５号～７号	８号～13 号	厚年令別表第１　３級　12 号

注２　同一部位に複数の障害が併存する場合の併合（加重）認定は、併合（加重）認定表を準用して認定する。

- 113 -

11　年金証書・年金決定通知書（見本）

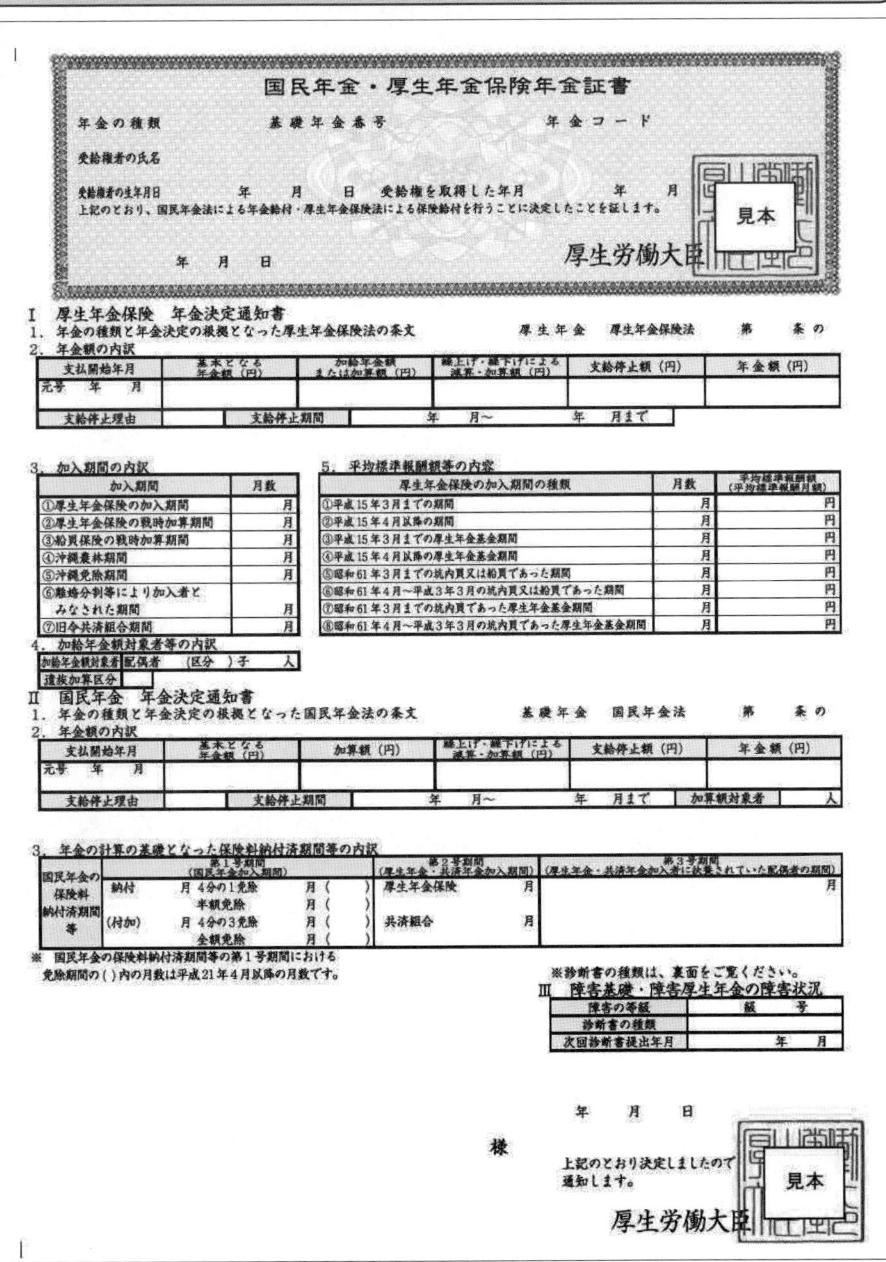

国民年金・厚生年金保険年金証書

年金の種類　　基礎年金番号　　年金コード

受給権者の氏名

受給権者の生年月日　　年　月　日　受給権を取得した年月　　年　月

上記のとおり、国民年金法による年金給付・厚生年金保険法による保険給付を行うことに決定したことを証します。

年　月　日

厚生労働大臣　見本

Ⅰ　厚生年金保険　年金決定通知書

1．年金の種類と年金決定の根拠となった厚生年金保険法の条文　　厚生年金　厚生年金保険法　第　条の

2．年金額の内訳

支払開始年月	基本となる年金額（円）	加給年金額または加算額（円）	繰上げ・繰下げによる減算・加算額（円）	支給停止額（円）	年金額（円）
元号　年　月					
支給停止理由		支給停止期間	年　月～　年　月まで		

3．加入期間の内訳

加入期間	月数
①厚生年金保険の加入期間	月
②厚生年金保険の戦時加算期間	月
③船員保険の戦時加算期間	月
④沖縄農林期間	月
⑤沖縄免除期間	月
⑥離婚分割等により加入者とみなされた期間	月
⑦旧令共済組合期間	月

4．加給年金額対象者等の内訳

加給年金額対象者	配偶者　（区分　）子　人
遺族加算区分	

5．平均標準報酬額等の内容

厚生年金保険の加入期間の種類	月数	平均標準報酬額（平均標準報酬月額）
①平成15年3月までの期間	月	円
②平成15年4月以降の期間	月	円
③平成15年3月までの厚生年金基金期間	月	円
④平成15年4月以降の厚生年金基金期間	月	円
⑤昭和61年3月までの坑内員又は船員であった期間	月	円
⑥昭和61年4月～平成3年3月の坑内員又は船員であった期間	月	円
⑦昭和61年3月までの坑内員であった厚生年金基金期間	月	円
⑧昭和61年4月～平成3年3月の坑内員であった厚生年金基金期間	月	円

Ⅱ　国民年金　年金決定通知書

1．年金の種類と年金決定の根拠となった国民年金法の条文　　基礎年金　国民年金法　第　条の

2．年金額の内訳

支払開始年月	基本となる年金額（円）	加算額（円）	繰上げ・繰下げによる減算・加算額（円）	支給停止額（円）	年金額（円）
元号　年　月					
支給停止理由		支給停止期間	年　月～　年　月まで	加算額対象者	人

3．年金の計算の基礎となった保険料納付済期間等の内訳

国民年金の保険料納付済期間等	第1号期間（国民年金加入期間）	第2号期間（厚生年金・共済年金加入期間）	第3号期間（厚生年金・共済年金加入者に扶養されていた配偶者の期間）
	納付　月　4分の1免除　月（　）	厚生年金保険　月	月
	半額免除　月（　）		
	（付加）　月　4分の3免除　月（　）	共済組合　月	
	全額免除　月（　）		

※　国民年金の保険料納付済期間等の第1号期間における免除期間の（ ）内の月数は平成21年4月以降の月数です。

※診断書の種類は、裏面をご覧ください。

Ⅲ　障害基礎・障害厚生年金の障害状況

障害の等級	級　号
診断書の種類	
次回診断書提出年月	年　月

年　月　日

様

上記のとおり決定しましたので通知します。

厚生労働大臣　見本

巻末書式

1　受診状況等証明書

年金等の請求用

障害年金等の請求を行うとき、その障害の原因又は誘因となった傷病で初めて受診した医療機関の初診日を明らかにすることが必要です。そのために使用する証明書です。

受　診　状　況　等　証　明　書

① 氏　　　　名 ＿＿＿＿＿＿＿＿＿＿＿＿

② 傷　　病　　名 ＿＿＿＿＿＿＿＿＿＿＿＿

③ 発　病　年　月　日　昭和・平成　　年　　月　　日

④ 傷病の原因又は誘因 ＿＿＿＿＿＿＿＿＿＿＿＿

⑤ 発病から初診までの経過

前医からの紹介状はありますか。⇒　　有　　　無　（有の場合はコピーの添付をお願いします。）

....

....

....

....

⑥ 初診年月日　昭和・平成　　年　　月　　日

⑦ 終診年月日　昭和・平成　　年　　月　　日

⑧ 終診時の転帰（ 治癒・転医・中止 ）

⑨ 初診から終診までの治療内容及び経過の概要

....

....

....

....

....

⑩ 次の該当する番号（1～4）に○印をつけてください。

複数に○をつけた場合は、それぞれに基づく記載内容の範囲がわかるように余白に記載してください。

上記の記載は　1　当時の診療録より記載したものです。

2　当時の受診受付簿、入院記録より記載したものです。

3　その他（　　　　　　　　　　　）より記載したものです。

4　昭和・平成　　年　　月　　日の本人の申し立てによるものです。

⑪ 平成　　年　　月　　日	
医療機関名	診療担当科名
所　在　地	医師氏名　　　　　印

（提出先）日本年金機構　　　　（裏面もご覧ください。）

2　受診状況等証明書が添付できない申立書

年金等の請求用

受診状況等証明書が添付できない申立書

傷　病　名 ＿＿＿＿＿＿＿＿＿＿

医療機関名 ＿＿＿＿＿＿＿＿＿＿

医療機関の所在地 ＿＿＿＿＿＿＿＿＿＿

受　診　期　間　昭和・平成　　年　　月　　日 ～ 昭和・平成　　年　　月　　日

上記医療機関の受診状況等証明書が添付できない理由をどのように確認しましたか。
次の＜添付できない理由＞と＜確認方法＞の該当する□に✓をつけ、＜確認年月日＞に確認した日付を記入してください。
その他の□に✓をつけた場合は、具体的な添付できない理由や確認方法も記入してください。

＜添付できない理由＞　　＜確認年月日＞　平成　　年　　月　　日

□　カルテ等の診療録が残っていないため

□　廃業しているため

□　その他 ＿＿＿＿＿＿＿＿＿＿

＜確認方法＞　□　電話　□　訪問　□　その他（　　　　　）

上記医療機関の受診状況などが確認できる参考資料をお持ちですか。
お持ちの場合は、次の該当するものすべての□に✓をつけて、そのコピーを添付してください。
お持ちでない場合は、「添付できる参考資料は何もない」の□に✓をつけてください。

□　身体障害者手帳・療育手帳・精神障害者保健福祉手帳

□　身体障害者手帳等の申請時の診断書

□　生命保険・損害保険・労災保険の給付申請時の診断書

□　事業所等の健康診断の記録

□　母子健康手帳

□　健康保険の給付記録（レセプトも含む）

□　お薬手帳・糖尿病手帳・領収書・診察券
（可能な限り診察日や診療科が分かるもの）

□　小学校・中学校等の健康診断の記録や成績通知表

□　盲学校・ろう学校の在学証明・卒業証書

□　その他（　　　　　）

□　添付できる参考資料は何もない

上記のとおり相違ないことを申し立てます。

平成　　年　　月　　日

請　求　者
住　所 ＿＿＿＿＿＿＿＿＿＿
氏　名 ＿＿＿＿＿＿＿＿＿＿ 印　※本人自らが署名する場合押印は不要です。

代筆者氏名 ＿＿＿＿＿＿＿＿＿＿　請求者との続柄 ＿＿＿＿＿

（提出先）日本年金機構　　（裏面もご覧ください。）

3　初診日に関する第三者からの申立書（第三者証明）

初診日に関する第三者からの申立書（第三者証明）

私（申立者）は、障害年金の請求者＿＿＿＿＿＿＿＿の初診日頃の受診状況などを知っていますので、以下申し立てます。

知ったきっかけ

私（申立者）が申し立てる請求者の受診状況などは、

1．直接見て知りました。

2．請求者や請求者の家族などから聞いて知りました。
なお、聞いた時期は（昭和・平成　年　月　日）（頃）です。

請求者との関係

見た（聞いた）当時の関係：＿＿＿＿＿＿　現在の関係：＿＿＿＿＿＿

○傷病名：＿＿＿＿＿＿　○初診日：昭和・平成　年　月　日（頃）

○医療機関名・診療科：＿＿＿＿＿＿　○所在地：＿＿＿＿＿＿

申立者が知っている当時の状況等

※記入いただく内容は、別紙「初診日に関する第三者からの申立書（第三者証明）を記入される方へ」の「裏面」をご覧ください。
申立者が見たり聞いたりした当時に知った内容のみを記入してください。記入できない項目があっても構いません。

【申立日】平成　年　月　日

＜申立者＞

住　所：〒

連絡先：（　　）　氏　名：　㊞

※ 訂正する場合は、二重線で消した上で訂正印を押印してください。

※ 後日、申立者あてに申立内容の確認をさせていただく場合がございます。平日日中でもご連絡が可能な電話番号を記入してください。

※ ご記入いただいた個人情報は、独立行政法人等の保有する個人情報の保護に関する法律に基づき適切に取り扱われます。

201510

4　診断書（眼の障害用）

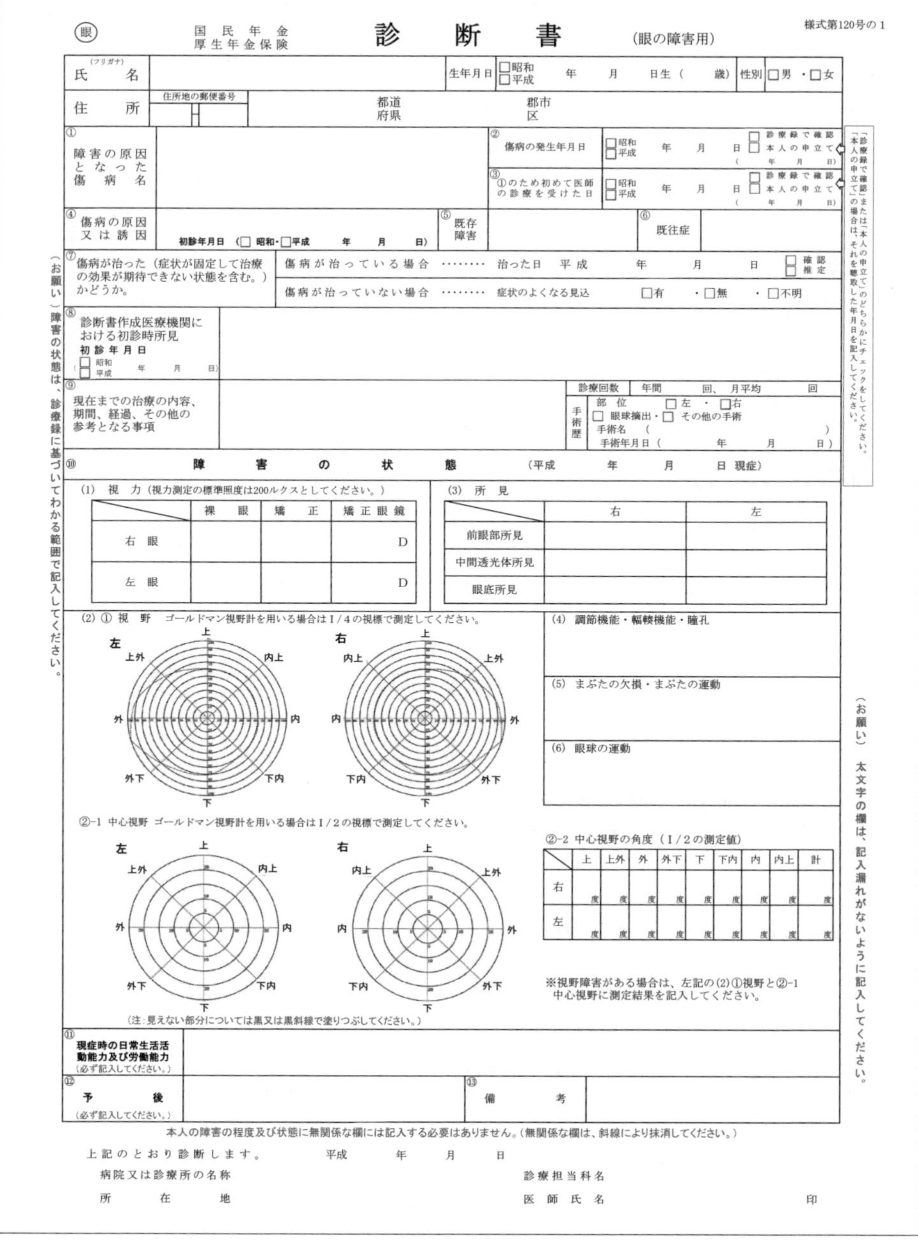

眼　国民年金 厚生年金保険　**診断書**（眼の障害用）　様式第120号の1

(フリガナ) 氏名		生年月日	□昭和 □平成　年　月　日生（　歳）	性別	□男・□女
住所	住所地の郵便番号	都道府県	郡市区		

① 障害の原因となった傷病名

② 傷病の発生年月日　□昭和 □平成　年　月　日　□診療録で確認 □本人の申立て（　年　月　日）

③ ①のため初めて医師の診療を受けた日　□昭和 □平成　年　月　日　□診療録で確認 □本人の申立て（　年　月　日）

④ 傷病の原因又は誘因　初診年月日（□昭和・□平成　年　月　日）

⑤ 既存障害

⑥ 既往症

⑦ 傷病が治った（症状が固定して治療の効果が期待できない状態を含む。）かどうか。
傷病が治っている場合………治った日　平成　年　月　日　□確認 □推定
傷病が治っていない場合………症状のよくなる見込　□有・□無・□不明

⑧ 診断書作成医療機関における初診時所見
初診年月日（□昭和 □平成　年　月　日）

⑨ 現在までの治療の内容、期間、経過、その他の参考となる事項
診療回数　年間　回、月平均　回
手術歴　部位　□左・□右　□眼球摘出・□その他の手術　手術名（　）　手術年月日（　年　月　日）

⑩ 障害の状態（平成　年　月　日現症）

(1) 視力（視力測定の標準照度は200ルクスとしてください。）

	裸眼	矯正	矯正眼鏡
右眼			D
左眼			D

(3) 所見

	右	左
前眼部所見		
中間透光体所見		
眼底所見		

(2) ① 視野　ゴールドマン視野計を用いる場合はI/4の視標で測定してください。

(4) 調節機能・輻輳機能・瞳孔

(5) まぶたの欠損・まぶたの運動

(6) 眼球の運動

②-1 中心視野　ゴールドマン視野計を用いる場合はI/2の視標で測定してください。

②-2 中心視野の角度（I/2の測定値）

	上	上外	外	外下	下	下内	内	内上	計
右	度	度	度	度	度	度	度	度	度
左	度	度	度	度	度	度	度	度	度

※視野障害がある場合は、左記の(2)①視野と②-1中心視野に測定結果を記入してください。

（注：見えない部分については黒又は黒斜線で塗りつぶしてください。）

⑪ **現症時の日常生活活動能力及び労働能力**（必ず記入してください。）

⑫ **予後**（必ず記入してください。）

⑬ 備考

本人の障害の程度及び状態に無関係な欄には記入する必要はありません。（無関係な欄は、斜線により抹消してください。）

上記のとおり診断します。　平成　年　月　日

病院又は診療所の名称　　診療担当科名

所在地　　医師氏名　　印

（お願い）障害の状態は、診療録に基づいてわかる範囲で記入してください。

「診療録で確認」または「本人の申立て」のどちらかにチェックをしてください。「本人の申立て」の場合は、それを聴取した年月日を記入してください。

（お願い）太文字の欄は、記入漏れがないように記入してください。

5　診断書（聴覚・鼻腔機能・平衡機能・そしゃく・嚥下

様式第120号の2

㊞聴　国民年金 厚生年金保険　**診　断　書**（聴覚・鼻腔機能・平衡機能 そしゃく・嚥下機能 音声又は言語機能 の障害用）

(フリガナ) 氏　名		生年月日	昭和 平成　年　月　日生(　歳)	性別	男・女
住　所	住所地の郵便番号 □□□-□□□□	都道府県	郡市区		
① 障害の原因となった傷病名		② 傷病の発生年月日	昭和 平成　年　月　日	診療録で確認 本人の申立て（　年　月　日）	
		③ ①のため初めて医師の診療を受けた日	昭和 平成　年　月　日	診療録で確認 本人の申立て（　年　月　日）	
④ 傷病の原因又は誘因	初診年月日（昭和・平成　年　月　日）	⑤ 既存障害		⑥ 既往症	
⑦ 傷病が治った（症状が固定して治療の効果が期待できない状態を含む。）かどうか。	傷病が治っている場合 ………… 治った日　平成　年　月　日	確認 推定			
	傷病が治っていない場合 ………… 症状のよくなる見込　有・無・不明				
⑧ 診断書作成医療機関における初診時所見 初診年月日（昭和・平成　年　月　日）					
⑨ 現在までの治療の内容、期間、経過、その他参考となる事項		診療回数	年間　回、月平均　回		
		手術歴	喉頭全摘・その他の手術 手術名（　） 手術年月日（　年　月　日）		

「診療録で確認」または「本人の申立て」のどちらかを○で囲み、本人の申立ての場合は、それを聴取した年月日を記入してください。

⑩ 障害の状態（平成　年　月　日現症）

(1) 聴覚の障害

聴力レベル			
右	dB	左	dB

最良語音明瞭度			
右	%	左	%

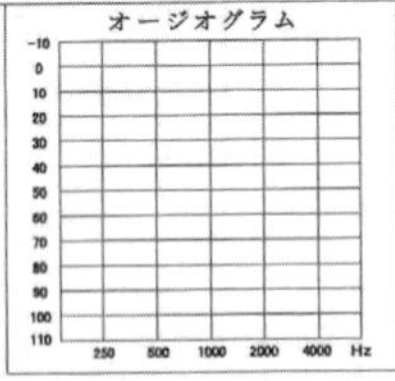

オージオグラム
-10
0
10
20
30
40
50
60
70
80
90
100
110
250
500
1000
2000
4000
Hz

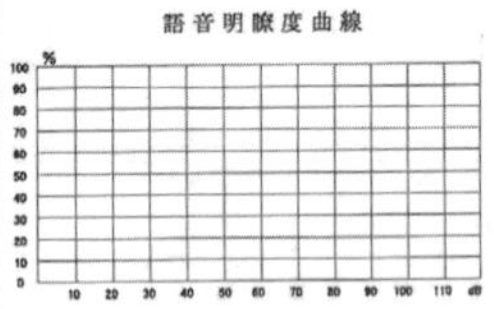

語音明瞭度曲線
%
100
90
80
70
60
50
40
30
20
10
0
10
20
30
40
50
60
70
80
90
100
110
dB

所見［聴覚の障害で障害年金を受給していない人に両耳の聴力レベルが100dB以上との診断を行う場合は、聴性脳幹反応検査（ABR）等の検査を実施し、検査方法及び検査所見を記入してください。］

(2) 鼻腔機能の障害	(3) 平衡機能の障害	(4) そしゃく・嚥下機能の障害
ア 鼻軟骨の欠損 1 一部分 2 大部分 3 全部 イ 鼻呼吸障害の有無 1 無 2 有	ア 閉眼での起立・立位保持の状態 1 可能である。 2 不安定である。 3 不可能である。 イ 開眼での直線10m歩行の状態 1 まっすぐ歩き通す。 2 多少転倒しそうになったりよろめいたりするが、どうにか歩き通す。 3 転倒あるいは著しくよろめいて、歩行を中断せざるを得ない。 ウ 自覚症状・他覚所見及び検査所見	ア 機能障害 イ 栄養状態 1 良　2 中　3 不良 （身長　cm、体重　kg） ウ 食事内容 1 食事内容に制限がない。 2 ある程度の常食は摂取できるが、そしゃく・嚥下機能が十分でないため食事が制限される。 3 全粥、軟菜以外は摂取できない。 4 経口摂取のみでは十分な栄養摂取ができないためにゾンデ栄養の併用が必要である。 5 流動食以外は摂取できない。 6 経口的に食物を摂取することが極めて困難である。 7 経口的に食物を摂取することができない。 8 その他（　）

（お願い）障害の状態は、診療録に基づいてわかる範囲で記入してください。

（お願い）太文字の欄は、記入漏れがないように記入してください。

(27.5)
1505 1018 003

機能・音声又は言語機能の障害用）

(5) 音声又は言語機能の障害

ア 会話による意思疎通の程度（該当するものを選んでどれか1つを○で囲んでください。）

1 患者は、話すことや話を理解することにほとんど制限がなく、日常会話が誰とでも成立する。

2 患者は、話すことや聞いて理解することのどちらか又はその両方に一定の制限があるものの、日常会話が、互いに確認することなどで、ある程度成り立つ。

3 患者は、話すことや聞いて理解することのどちらか又はその両方に多くの制限があるため、日常会話が、互いに内容を推論したり、たずねたり、見当をつけることなどで部分的に成り立つ。

4 患者は、発音に関わる機能を喪失するか、話すことや聞いて理解することのどちらか又は両方がほとんどできないため、日常会話が誰とも成立しない。

イ 発音不能な語音（構音障害、音声障害又は聴覚障害による障害がある場合に、記入してください。）

Ⅰ 4種の語音（該当するもの1つを○で囲んでください。）

口唇音（ま行音、ぱ行音、ば行音等）
1 全て発音できる　2 一部発音できる　3 発音不能

歯音、歯茎音（さ行音、た行音、ら行音等）
1 全て発音できる　2 一部発音できる　3 発音不能

歯茎硬口蓋音（しゃ、ちゃ、じゃ等）
1 全て発音できる　2 一部発音できる　3 発音不能

軟口蓋音（か行音、が行音等）
1 全て発音できる　2 一部発音できる　3 発音不能

Ⅱ 発音に関する検査結果（語音発語明瞭度検査など）

〔　　〕

ウ 失語症の障害の程度（失語症がある場合に、記入してください。）

Ⅰ 音声言語の表出及び理解の程度（該当するもの1つを○で囲んでください。）

単語の呼称（単語の例 ： 家、靴下、自動車、電話、水）
1 できる　2 おおむねできる　3 あまりできない　4 できない

短文の発話（2～3文節程度、例：女の子が本を読んでいる）
1 できる　2 おおむねできる　3 あまりできない　4 できない

長文の発話（4～6文節程度、例：私の家に田舎から大きな小包が届いた）
1 できる　2 おおむねできる　3 あまりできない　4 できない

単語の理解（例：単語の呼称と同じ）
1 できる　2 おおむねできる　3 あまりできない　4 できない

短文の理解（例：短文の発話と同じ）
1 できる　2 おおむねできる　3 あまりできない　4 できない

長文の理解（例：長文の発話と同じ）
1 できる　2 おおむねできる　3 あまりできない　4 できない

Ⅱ 失語症に関する検査結果（標準失語症検査など）

〔　　〕

⑪ 現症時の日常生活活動能力及び労働能力（必ず記入してください。）	
⑫ 予　後（必ず記入してください。）	
⑬ 備　考	

本人の障害の程度及び状態に無関係な欄には記入する必要はありません。（無関係な欄は、斜線により抹消してください。）

上記のとおり、診断します。　　平成　年　月　日

病院又は診療所の名称　　　　診療担当科名

所　在　地　　　　医師氏名　　　　印

6　診断書（肢体の障害用）

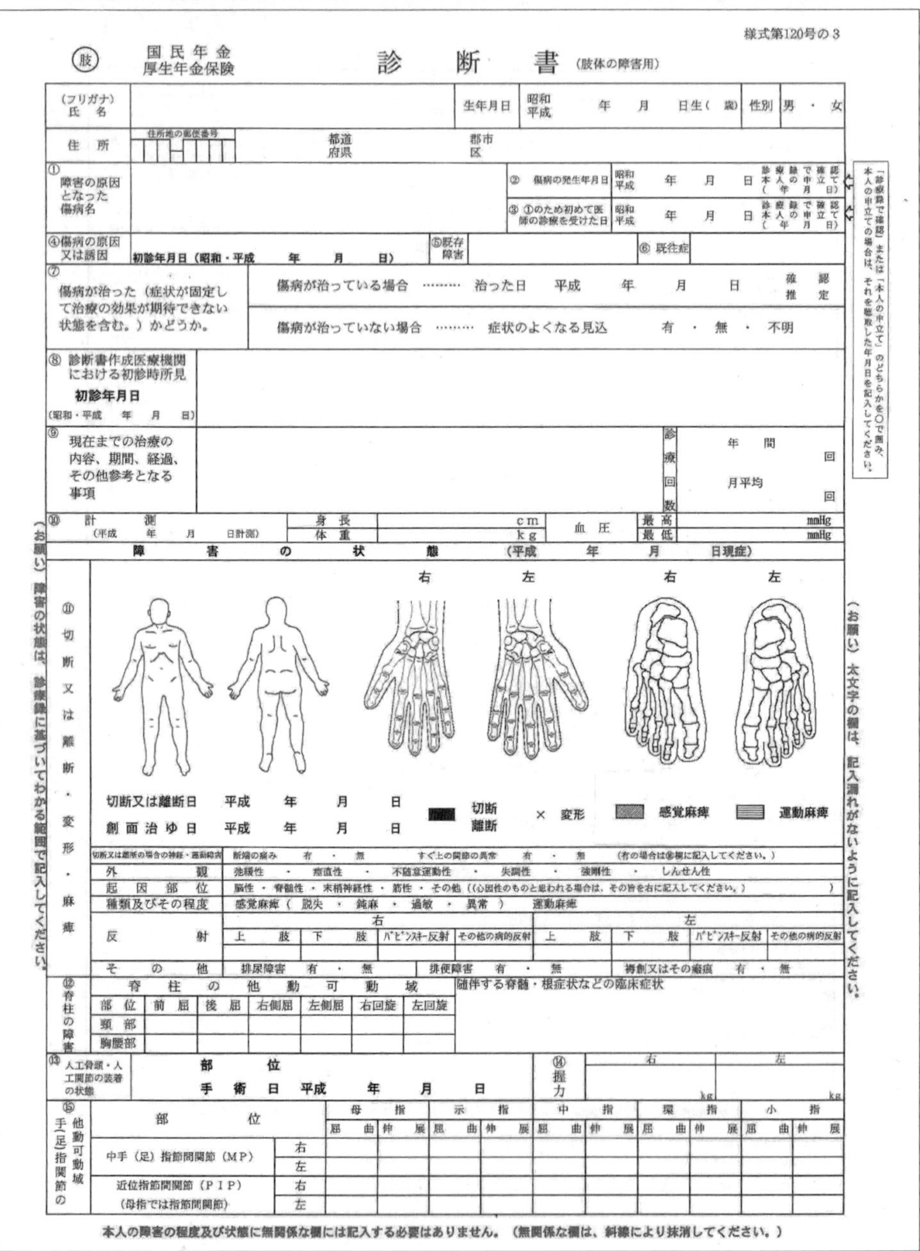

様式第120号の３

㊹　国民年金　厚生年金保険　　**診　断　書**（肢体の障害用）

（フリガナ）氏　名		生年月日	昭和 平成　年　月　日生（　歳）　性別　男・女
住　所	住所地の郵便番号	都道府県	郡市区

① 障害の原因となった傷病名		② 傷病の発生年月日	昭和 平成　年　月　日　診療録で確認　本人の申立て（　年　月　日）
		③ ①のため初めて医師の診療を受けた日	昭和 平成　年　月　日　診療録で確認　本人の申立て（　年　月　日）
④傷病の原因又は誘因	初診年月日（昭和・平成　年　月　日）	⑤既存障害	⑥ 既往症

「診療録で確認」または「本人の申立て」のどちらかを○で囲み、本人の申立ての場合は、それを聴取した年月日を記入してください。

⑦ 傷病が治った（症状が固定して治療の効果が期待できない状態を含む。）かどうか。	傷病が治っている場合　………　治った日　平成　年　月　日　確認　推定
	傷病が治っていない場合　………　症状のよくなる見込　有・無・不明
⑧ 診断書作成医療機関における初診時所見　初診年月日（昭和・平成　年　月　日）	
⑨ 現在までの治療の内容、期間、経過、その他参考となる事項	診療回数　年間　回　月平均　回

⑩ 計　測（平成　年　月　日計測）	身長	cm	血圧	最高　mmHg
	体重	kg		最低　mmHg

障　害　の　状　態（平成　年　月　日現症）

⑪ 切断又は離断・変形・麻痺

右　左　右　左

切断又は離断日　平成　年　月　日
創面治ゆ日　平成　年　月　日
切断 離断　×　変形　感覚麻痺　運動麻痺

切断又は離断の場合の神経・運動障害	断端の痛み　有・無　すぐ上の関節の異常　有・無（有の場合は⑯欄に記入してください。）
外　観	弛緩性・痙直性・不随意運動性・失調性・強剛性・しんせん性
起因部位	脳性・脊髄性・末梢神経性・筋性・その他（（心因性のものと思われる場合は、その旨を右に記入してください。）　）
種類及びその程度	感覚麻痺（脱失・鈍麻・過敏・異常）　運動麻痺

	右				左			
反　射	上肢	下肢	バビンスキー反射	その他の病的反射	上肢	下肢	バビンスキー反射	その他の病的反射

その他　排尿障害　有・無　排便障害　有・無　褥創又はその瘢痕　有・無

⑫ 脊柱の障害

脊柱の他動可動域							随伴する脊髄・根症状などの臨床症状
部位	前屈	後屈	右側屈	左側屈	右回旋	左回旋	
頸部							
胸腰部							

⑬ 人工骨頭・人工関節の装着の状態	部位　手術日　平成　年　月　日	⑭ 握力	右　kg　左　kg

⑮ 手(足)指関節の他動可動域

部位		母指 屈曲	母指 伸展	示指 屈曲	示指 伸展	中指 屈曲	中指 伸展	環指 屈曲	環指 伸展	小指 屈曲	小指 伸展
中手（足）指節間関節（MP）	右										
	左										
近位指節間関節（PIP）（母指では指節間関節）	右										
	左										

（お願い）障害の状態は、診療録に基づいてわかる範囲で記入してください。

（お願い）太文字の欄は、記入漏れがないように記入してください。

本人の障害の程度及び状態に無関係な欄には記入する必要はありません。（無関係な欄は、斜線により抹消してください。）

（診断書（肢体の障害用）②）

（お願い）関節可動域は、健側についても記入してください。

障害の状態（平成　年　月　日現症）															
⑯関節可動域及び筋力	部位	運動の種類	右							左					
			関節可動域（角度）		筋力					関節可動域（角度）		筋力			
			強直肢位	他動可動域	正常	やや減	半減	著減	消失	強直肢位	他動可動域	正常	やや減	半減	著減	消失
	肩関節	屈曲													
		伸展													
		内転													
		外転													
	肘関節	屈曲													
		伸展													
	前腕	回内													
		回外													
	手関節	背屈													
		掌屈													
	股関節	屈曲													
		伸展													
		内転													
		外転													
	膝関節	屈曲													
		伸展													
	足関節	背屈													
		底屈													

股関節屈曲値は次のどちらですか。1膝屈曲位 2膝伸展位

⑰四肢長及び四肢囲	右						左					
	上肢長	上腕囲	前腕囲	下肢長	大腿囲	下腿囲	上肢長	上腕囲	前腕囲	下肢長	大腿囲	下腿囲
	cm	cm	cm	cm	cm	cm	cm	cm	cm	cm	cm	cm

⑱日常生活における動作の障害の程度

補助用具を使用しない状態で判断してください。

- 一人でうまくできる場合には …………「○」
- 一人でできてもやや不自由な場合には ……「○△」
- 一人でできるが非常に不自由な場合には ……「△×」
- 一人で全くできない場合には …………「×」

（該当する記号を下欄に記入してください。）

日常生活における動作	右	左	日常生活における動作	右	左
a つまむ（新聞紙が引き抜けない程度）			m 片足で立つ		
b 握る（丸めた週刊誌が引き抜けない程度）			n 座る〔正座、横すわり、あぐら、脚なげだし〕（このような姿勢を持続する）		
c タオルを絞る（水をきれる程度）	両手		o 深くおじぎ（最敬礼）をする		
d ひもを結ぶ	両手				
e さじで食事をする			p 歩く（屋内）		
f 顔を洗う（顔に手のひらをつける）			q 歩く（屋外）		
g 用便の処置をする（ズボンの前のところに手をやる）			r 立ち上がる	ア 支持なしでできる　イ 支持があればできるがやや不自由　ウ 支持があればできるが非常に不自由　エ 支持があってもできない	
h 用便の処置をする（尻のところに手をやる）					
i 上衣の着脱（かぶりシャツを着て脱ぐ）	両手		s 階段を上る	ア 手すりなしでできる　イ 手すりがあればできるがやや不自由　ウ 手すりがあればできるが非常に不自由　エ 手すりがあってもできない	
j 上衣の着脱（ワイシャツを着てボタンをとめる）	両手				
k ズボンの着脱（どのような姿勢でもよい）	両手		t 階段を下りる	ア 手すりなしでできる　イ 手すりがあればできるがやや不自由　ウ 手すりがあればできるが非常に不自由　エ 手すりがあってもできない	
l 靴下を履く（どのような姿勢でもよい）	両手				

平衡機能	1 閉眼での起立・立位保持の状態	2 開眼での直線の10m歩行の状態	3 自覚症状・他覚所見及び検査所見
	ア 可能である。 イ 不安定である。 ウ 不可能である。	ア まっすぐ歩き通す。 イ 多少転倒しそうになったりよろめいたりするがどうにか歩き通す。 ウ 転倒あるいは著しくよろめいて、歩行を中断せざるを得ない。	

⑲補助用具使用状況	該当する数字を○で囲み、右のア・イのいずれかの使用状況を選び、〔 〕内に記載してください。	使用状況を詳しく記入してください。
	1〔 〕上肢補装具　2〔 〕下肢補装具（左・右） 3〔 〕杖（　　）4〔 〕松葉杖（左・右） 5〔 〕車椅子　6〔 〕歩行車 7〔 〕その他（具体的に　　） 8 補助用具は使用していない ア 常時（起床より就寝まで）使用 イ 常時ではないが使用	

⑳その他の精神・身体の障害の状態	
㉑現症時の日常生活活動能力及び労働能力（必ず記入してください。）	（補助用具を使用しない状態で判断してください。）
㉒予後（必ず記入してください。）	
㉓備考	

上記のとおり、診断します。　　平成　年　月　日

病院又は診療所の名称　　　　診療担当科名

所在地　　　　医師氏名　　　　印

7　診断書（精神の障害用）

㊕　国民年金　厚生年金保険

診断書（精神の障害用）

様式第120号の4

(フリガナ) 氏名		生年月日	昭和 平成　年　月　日生（　歳）	性別	男・女
住所	住所地の郵便番号 □□□－□□□□	都道府県	郡市区		

① 障害の原因となった傷病名 ICD－10コード(　　)	② 傷病の発生年月日	昭和 平成　年　月　日	診療録で確認 本人の申立て（　年　月　日）	本人の発病時の職業	
	③ ①のため初めて医師の診療を受けた日	昭和 平成　年　月　日	診療録で確認 本人の申立て（　年　月　日）	④既存障害	
⑥傷病が治った（症状が固定した状態を含む。）かどうか。	平成　年　月　日　確認 推定	症状のよくなる見込・・・　有・無・不明		⑤既往症	

⑦ 発病から現在までの病歴及び治療の経過、内容、就学・就労状況等、期間、その他参考となる事項	陳述者の氏名　　請求人との続柄　　聴取年月日　　年　月　日
⑧ 診断書作成医療機関における初診時所見 初診年月日（昭和 平成　年　月　日）	

⑨ これまでの発育・養育歴等（出生から発育の状況や教育歴及びこれまでの職歴をできるだけ詳しく記入してください。）	ア　発育・養育歴	イ　教育歴 乳児期 不就学　・　就学猶予 小学校（普通学級・特別支援学級・特別支援学校） 中学校（普通学級・特別支援学級・特別支援学校） 高　校（普通学級・特別支援学校） その他	ウ　職歴

エ　治療歴（書ききれない場合は⑬「備考」欄に記入してください。）（※　同一医療機関の入院・外来は分けて記入してください。）

医療機関名	治療期間	入院・外来	病名	主な療法	転帰(軽快・悪化・不変)
	年　月～　年　月	入院・外来			
	年　月～　年　月	入院・外来			
	年　月～　年　月	入院・外来			
	年　月～　年　月	入院・外来			
	年　月～　年　月	入院・外来			

⑩　障害の状態　（平成　年　月　日現症）

ア　現在の病状又は状態像（該当のローマ数字、英数字を○で囲んでください。）

前回の診断書の記載時との比較（前回の診断書を作成している場合は記入してください。）
1　変化なし　2　改善している　3　悪化している　4　不明

Ⅰ　抑うつ状態
1　思考・運動制止　2　刺激性、興奮　3　憂うつ気分
4　自殺企図　5　希死念慮
6　その他（　）

Ⅱ　そう状態
1　行為心迫　2　多弁・多動　3　気分（感情）の異常な高揚・刺激性
4　観念奔逸　5　易怒性・被刺激性亢進　6　誇大妄想
7　その他(　)

Ⅲ　幻覚妄想状態　等
1　幻覚　2　妄想　3　させられ体験　4　思考形式の障害
5　著しい奇異な行為　6　その他（　）

Ⅳ　精神運動興奮状態及び昏迷の状態
1　興奮　2　昏迷　3　拒絶・拒食　4　滅裂思考
5　衝動行為　6　自傷　7　無動・無反応
8　その他（　）

Ⅴ　統合失調症等残遺状態
1　自閉　2　感情の平板化　3　意欲の減退
4　その他（　）

Ⅵ　意識障害・てんかん
1　意識混濁　2　(夜間)せん妄　3　もうろう　4　錯乱
5　てんかん発作　6　不機嫌症　7　その他（　）
・てんかん発作の状態　※発作のタイプは記入上の注意参照
1　てんかん発作のタイプ　（A・B・C・D）
2　てんかん発作の頻度（年間　回、月平均　回、週平均　回　程度）

Ⅶ　知能障害等
1　知的障害　ア　軽度　イ　中等度　ウ　重度　エ　最重度
2　認知症　ア　軽度　イ　中等度　ウ　重度　エ　最重度
3　高次脳機能障害
ア　失行　イ　失認
ウ　記憶障害　エ　注意障害　オ　遂行機能障害　カ　社会的行動障害
4　学習障害　ア　読み　イ　書き　ウ　計算　エ　その他（　）
5　その他（　）

Ⅷ　発達障害関連症状
1　相互的な社会関係の質的障害　2　言語コミュニケーションの障害
3　限定した常同的で反復的な関心と行動　4　その他（　）

Ⅸ　人格変化
1　欠陥状態　2　無関心　3　無為
4　その他症状等（　）

Ⅹ　乱用、依存等（薬物等名：　）
1　乱用　2　依存

Ⅺ　その他〔　〕

イ　左記の状態について、その程度・症状・処方薬等を具体的に記載してください。

本人の障害の程度及び状態に無関係な欄には記入する必要はありません。（無関係な欄は、斜線により抹消してください。）

「診療録で確認」または、本人の申立て」のどちらかを○で囲み、本人の申立ての場合は、それを聴取した年月日を記入してください。

（お願い）臨床所見等は、診療録に基づいてわかる範囲で記入してください。

（お願い）太文字の欄は、記入漏れがないように記入してください。

(診断書（精神の障害用）②)

ウ **日常生活状況**

1　家庭及び社会生活についての具体的な状況

（ア）現在の生活環境（該当するもの一つを○で囲んでください。）

入院　・　入所　・　在宅　・　その他（　　　　　　）

（施設名　　　　　　　　　　）

同居者の有無　（　有　・　無　）

（イ）全般的状況（家族及び家族以外の者との対人関係についても具体的に記入してください。）

［　　　　　　　　　　　　　　　　］

2　**日常生活能力の判定（該当するものにチェックしてください。）**

（判断にあたっては、単身で生活するとしたら可能かどうかで判断してください。）

（1）**適切な食事**―配膳などの準備も含めて適当量をバランスよく摂ることがほぼできるなど。

☐できる　☐自発的にできるが時には助言や指導を必要とする　☐自発的かつ適正に行うことはできないが助言や指導があればできる　☐助言や指導をしてもできない若しくは行わない

（2）**身辺の清潔保持**―洗面、洗髪、入浴等の身体の衛生保持や着替え等ができる。また、自室の清掃や片付けができるなど。

☐できる　☐自発的にできるが時には助言や指導を必要とする　☐自発的かつ適正に行うことはできないが助言や指導があればできる　☐助言や指導をしてもできない若しくは行わない

（3）**金銭管理と買い物**―金銭を独力で適切に管理し、やりくりがほぼできる。また、一人で買い物が可能であり、計画的な買い物がほぼできるなど。

☐できる　☐おおむねできるが時には助言や指導を必要とする　☐助言や指導があればできる　☐助言や指導をしてもできない若しくは行わない

（4）**通院と服薬（要・不要）**―規則的に通院や服薬を行い、病状等を主治医に伝えることができるなど。

☐できる　☐おおむねできるが時には助言や指導を必要とする　☐助言や指導があればできる　☐助言や指導をしてもできない若しくは行わない

（5）**他人との意思伝達及び対人関係**―他人の話を聞く、自分の意思を相手に伝える、集団的行動が行えるなど。

☐できる　☐おおむねできるが時には助言や指導を必要とする　☐助言や指導があればできる　☐助言や指導をしてもできない若しくは行わない

（6）**身辺の安全保持及び危機対応**―事故等の危険から身を守る能力がある、通常と異なる事態となった時に他人に援助を求めるなどを含めて、適正に対応することができるなど。

☐できる　☐おおむねできるが時には助言や指導を必要とする　☐助言や指導があればできる　☐助言や指導をしてもできない若しくは行わない

（7）**社会性**―銀行での金銭の出し入れや公共施設等の利用が一人で可能。また、社会生活に必要な手続きが行えるなど。

☐できる　☐おおむねできるが時には助言や指導を必要とする　☐助言や指導があればできる　☐助言や指導をしてもできない若しくは行わない

3　**日常生活能力の程度（該当するもの一つを○で囲んでください。）**

※日常生活能力の程度を記載する際には、状態をもっとも適切に記載できる（精神障害）又は（知的障害）のどちらかを使用してください。

（精神障害）

（1）精神障害（病的体験・残遺症状・認知障害・性格変化等）を認めるが、社会生活は普通にできる。

（2）精神障害を認め、家庭内での日常生活は普通にできるが、社会生活には、援助が必要である。
（たとえば、日常的な家事をこなすことはできるが、状況や手順が変化したりすると困難を生じることがある。社会行動や自発的な行動が適切に出来ないこともある。金銭管理はおおむねできる場合など。）

（3）精神障害を認め、家庭内での単純な日常生活はできるが、時に応じて援助が必要である。
（たとえば、習慣化した外出はできるが、家事をこなすために助言や指導を必要とする。社会的な対人交流は乏しく、自発的な行動に困難がある。金銭管理が困難な場合など。）

（4）精神障害を認め、日常生活における身のまわりのことも、多くの援助が必要である。
（たとえば、著しく適正を欠く行動が見受けられる。自発的な発言が少ない、あっても発言内容が不適切であったり不明瞭であったりする。金銭管理ができない場合など。）

（5）精神障害を認め、身のまわりのこともほとんどできないため、常時の援助が必要である。
（たとえば、家庭内生活においても、食事や身のまわりのことを自発的にすることができない。また、在宅の場合に通院等の外出には、付き添いが必要な場合など。）

（知的障害）

（1）知的障害を認めるが、社会生活は普通にできる。

（2）知的障害を認め、家庭内での日常生活は普通にできるが、社会生活には、援助が必要である。
（たとえば、簡単な漢字は読み書きができ、会話も意思の疎通が可能であるが、抽象的なことは難しい。身辺生活も一人でできる程度）

（3）知的障害を認め、家庭内での単純な日常生活はできるが、時に応じて援助が必要である。
（たとえば、ごく簡単な読み書きや計算はでき、助言などがあれば作業は可能である。具体的指示であれば理解ができ、身辺生活についてもおおむね一人でできる程度）

（4）知的障害を認め、日常生活における身のまわりのことも、多くの援助が必要である。
（たとえば、簡単な文字や数字は理解でき、保護的環境であれば単純作業は可能である。習慣化していることであれば言葉での指示を理解し、身辺生活についても部分的にできる程度）

（5）知的障害を認め、身のまわりのこともほとんどできないため、常時の援助が必要である。
（たとえば、文字や数の理解力がほとんど無く、簡単な手伝いもできない。言葉による意思の疎通がほとんど不可能であり、身辺生活の処理も一人ではできない程度）

エ　現症時の就労状況

○勤務先　・一般企業　・就労支援施設　・その他（　　　）

○雇用体系　・障害者雇用　・一般雇用　・自営　・その他（　　　）

○勤続年数（　年　ヶ月）　○仕事の頻度（週に・月に（　　）日）

○ひと月の給与（　　　　円程度）

○仕事の内容

○仕事場での援助の状況や意思疎通の状況

オ　身体所見（神経学的な所見を含む。）

カ　臨床検査（心理テスト・認知検査、知能障害の場合は、知能指数、精神年齢を含む。）

キ　福祉サービスの利用状況（障害者自立支援法に規定する自立訓練、共同生活援助、共同生活介護、在宅介護、その他障害福祉サービス等）

⑪ 現症時の日常生活活動能力及び労働能力（必ず記入してください。）	
⑫ 予　後（必ず記入してください。）	
⑬ 備　考	

上記のとおり、診断します。　　平成　　年　　月　　日

病院又は診療所の名称　　　　　　診療担当科名

所　在　地　　　　　　医師氏名　　　　　　印

8　診断書（呼吸器疾患の障害用）

Ⓒ呼　国民年金 厚生年金保険 船員保険　**診　断　書**　（呼吸器疾患の障害用）　様式第120号の5

(フリガナ) 氏名		昭和 平成　年　月　日生(　歳)	男・女
住所	住所地の郵便番号	郡市 区　町区 村	
① 障害の原因となった傷病名		② 傷病の発生年月日　昭和 平成　年　月　日	診療録で確認 本人の申立て(　年　月　日)
		③ ①のため初めて医師の診療を受けた日　昭和 平成　年　月　日	診療録で確認 本人の申立て(　年　月　日)
④傷病の原因又は誘因　初診年月日(昭和・平成　年　月　日)	⑤既存障害	⑥既往症	
⑦ 傷病が治った（症状が固定して治療の効果が期待できない状態を含む。）かどうか。	傷病が治っている場合………治った日　平成　年　月　日 確認 推定		
	傷病が治っていない場合………症状のよくなる見込　有・無・不明		
⑧ 診断書作成医療機関における初診時所見 初診年月日 (昭和・平成　年　月　日)			
⑨ 現在までの治療の内容、期間、経過、その他参考となる事項 (抗結核化学療法を行った場合は、使用薬剤名及び使用期間を明記してください。)		診療回数　年間　回、月平均　回	
		手術歴　手術名（　） 手術年月日（　年　月　日）	

「診療録で確認」または「本人の申立て」のどちらかを○で囲み、本人の申立ての場合は、それを聴取した年月日を記入してください。

障　害　の　状　態

⑩共　通　項　目　（この欄は、必ず記入してください。）

1　身体計測（平成　年　月　日）

身長　cm：体重　kg

2　胸部X線所見(A)

(A図)

(1)	胸膜癒着	なし・軽・中・高
(2)	気腫化	なし・軽・中・高
(3)	線維化	なし・軽・中・高
(4)	不透明肺	なし・軽・中・高
(5)	胸郭変形	なし・軽・中・高
(6)	心縦隔の変形	なし・軽・中・高
(7)	蜂巣肺	なし・軽・中・高

撮影年月日（平成　年　月　日）

3　一般状態区分表（平成　年　月　日）
（該当するものを選んでどれか1つを○で囲んでください。）

ア　無症状で社会活動ができ、制限を受けることなく、発病前と同等にふるまえるもの
イ　軽度の症状があり、肉体労働は制限を受けるが、歩行、軽労働や座業はできるもの　例えば、軽い家事、事務など
ウ　歩行や身のまわりのことはできるが、時に少し介助が必要なこともあり、軽労働はできないが、日中の50%以上は起居しているもの
エ　身のまわりのある程度のことはできるが、しばしば介助が必要で、日中の50%以上は就床しており、自力では屋外への外出等がほぼ不可能となったもの
オ　身のまわりのこともできず、常に介助を必要とし、終日就床を強いられ、活動の範囲がおおむねベッド周辺に限られるもの

4　臨床所見（平成　年　月　日現症）

(1) 自覚症状
- 咳（無・有・著）
- 痰（無・有・著）
- 胸痛（無・有・著）
- 呼吸困難
  - 安静時（無・有・著）
  - 体動時（無・有・著）
- 喘鳴（無・有・著）

(2) 他覚所見
- 肺性心所見（無・有）
- チアノーゼ（無・有）
- ばち状指（無・有）
- 栄養状態（良・中・不良）
- ラ音（有・一部・広範囲）
- 脈拍数（　）

6　換気機能（平成　年　月　日）

(1) 肺活量実測値(VC)	ml	
(2) 予測肺活量	ml	（　%肺活量）
(3) 努力性肺活量(FVC)	ml	
(4) 1秒量(FEV1.0)		
(5) 努力性肺活量1秒率(FEV1%)		(4)/(3)×100
(6) 予測肺活量1秒率		(4)/(2)×100

7　動脈血ガス分析（平成　年　月　日）

(1) 酸素吸入を　施行している　・　施行していない
在宅酸素吸入ではない
(どの様な方法ですか　)
在宅酸素吸入である
平成　年　月　日開始
施行時間（　時間／日・常時）
酸素吸入量　ℓ／分

(2) 動脈血ガス分析値
①動脈血酸素分圧　・（　）Torr
②動脈血炭酸ガス分圧　・（　）Torr
③動脈血 ph

(注) 酸素吸入中の場合は、検査値を（ ）に記入してください。

5　活動能力(呼吸不全)の程度（該当するものを選んでどれか1つを○で囲んでください。）

i　同年齢の健康人と同様に歩行、段階の昇降ができる。
ii　ア　階段を人並みの速さで登れないが、ゆっくりなら登れる。
　イ　階段をゆっくりでも登れないが、途中休み休みなら登れる。
　ウ　人並みの速さで歩くと息苦しくなるが、ゆっくりなら歩ける。
　エ　ゆっくりでも少し歩くと息切れがする。
　オ　息苦しくて身のまわりのこともできない。

8　その他の所見

本人の障害の程度及び状態に無関係な欄には記入する必要はありません。（無関係な欄は、斜線により抹消してください。）

（お願い）臨床所見等は、診療録に基づいてわかる範囲で記入してください。

（お願い）太文字の欄は、記入漏れがないように記入してください。

（診断書（呼吸器疾患の障害用）②）

⑪肺結核症（平成　年　月　日現症）

1 胸部X線所見（B）
初診時（昭和・平成　年　月　日）

前頁のA図のX線所見の日本結核病学会分類を記入してください

日本結核病学会分類			
病側	右 左 両	右 左 両
病巣の拡がり	1 2 3	1 2 3
病型	Ⅰ Ⅱ Ⅲ Ⅳ Ⅴ	Ⅰ Ⅱ Ⅲ Ⅳ Ⅴ

2 結核菌検査成績
（現在陰性のときはその旨と最終陽性時期を併記してください。）
検査材料（たん、喉頭粘液、気管支洗滌液、胃液、穿刺液）

	塗抹	培養
昭和・平成　年　月　日	－＋（ガフキー　号）；	－＋（　コロニー）
昭和・平成　年　月　日	－＋（ガフキー　号）；	－＋（　コロニー）

3 安静度
（結核の治療指針の安静度表によって記入してください。）
1度　2度　3度　4度　5度　6度　7度　8度　無制限

4 その他の所見

（結核予防法による公費負担医療適用の有無　有・無）

⑫じん肺（平成　年　月　日現症）

1 じん肺法X線写真区分（ 1 2 3 4 ）
2 じん肺管理区分（ 1 2 3 イ・ロ 4 ）

⑬気管支喘息（平成　年　月　日現症）

1 時間の経過と症状
(1) 喘息症状の間に無症状の期間がある。
(2) 持続する喘息症状のために無症状の期間がない。

2 ピークフロー値（PEFR）
最近（1ヶ月程度の期間）の
最高値　ℓ/分，最低値　ℓ/分，平均約　ℓ/分
（但し慢性安定期であることを前提とし、発作時の成績は除く）

3 発作の強度
(1) 大発作：苦しくて動けなく、会話も困難
(2) 中発作：苦しくて横になれなく、会話も苦しい
(3) 小発作：苦しいが横になれる、会話はほぼ普通
(4) その他　① 喘鳴のみ　② 急ぐと苦しい　③ 急いでも苦しくない

4 発作の頻度
(1) 1週に 5日以上
(2) 1週に 3 ～ 4日
(3) 1週に 1 ～ 2日
(4) その他

5 入院・救急室受診歴
(1) 入院歴　有・無
（過去2年間に喘息のために入院した場合は、その期間を記入）
(2) 救急室受診歴　有・無
（6ヶ月以内に受診した場合は、記入）

6 治療
治療で使用している薬剤に○印をつけてください。
① 吸入ステロイド薬（有・無）：使用量（低用量・中用量・高用量）
② その他の薬剤（併用している）
・長時間作用性β_2刺激薬　・ロイコトリエン受容体拮抗薬　・テオフィリン徐放製剤
・抗IgE抗体　・経口ステロイド薬　・その他（　　）

薬剤投与の方法
(1) プレドニゾロンを1日に10mg相当以上を連用している。
(2) プレドニゾロンを1日に5mg相当以上と吸入ステロイドを600μg以上を連用している。
(3) ステロイド薬を経口又は注射で、月1回以上投与している。（月平均　回）
(4) 吸入ステロイドを1日400μg以上を連用している。
(5) 発作時のみ経口ステロイドを併用する。
(6) 気管支拡張薬のみでコントロールしている。

7 喫煙歴
吸ったことがない
やめた：1日（　）本×（　）年間
吸う：1日（　）本×（　）年間

⑭ その他の障害又は症状の所見等（平成　年　月　日現症）	
⑮ 現症時の日常生活活動能力及び労働能力（必ず記入して下さい）	
⑯ 予後（必ず記入して下さい）	
⑰ 備考	

上記のとおり、診断します。　平成　年　月　日
病院又は診療所の名称
所在地　　　診療担当科名
医師氏名　　　印

9 診断書（循環器疾患の障害用）

様式第120号の６-（１）

㊞ 国民年金 厚生年金保険 **診断書**（循環器疾患の障害用）

(フリガナ) 氏名		生年月日	昭和 平成 年 月 日生（ 歳）	性別	男・女
住所	住所地の郵便番号 都道府県 郡市区				
① 障害の原因となった傷病名		② 傷病の発生年月日	昭和 平成 年 月 日	診療録で確認 本人の申立て（ 年 月 日）	
		③ ①のため初めて医師の診療を受けた日	昭和 平成 年 月 日	診療録で確認 本人の申立て（ 年 月 日）	
④ 傷病の原因または誘因	初診年月日（昭和・平成 年 月 日）	⑤ 既存障害		⑥ 既往症	
⑦ 傷病が治った（症状が固定して治療の効果が期待できない状態を含む。）かどうか	傷病が治っている場合 ………… 治った日 平成 年 月 日 確認 推定				
	傷病が治っていない場合 ……… 症状のよくなる見込 有・無・不明				
⑧ 診断書作成医療機関における初診時所見 初診年月日（昭和・平成 年 月 日）					
⑨ 現在までの治療の内容、期間、経過、その他参考となる事項		診療回数 年間 回、月平均 回	手術歴 手術名（ ） 手術年月日（ 年 月 日）		
⑩ 計測（平成 年 月 日計測）	身長 cm 体重 kg	脈拍 回／分	血圧 最大 mmHg 最小 mmHg	降圧薬服用 無・有	

「診療録で確認」または「本人の申立て」のどちらかを○で囲み、本人の申立ての場合は、それを聴取した年月日を記入してください。

（お願い）臨床所見等は、診療録に基づいてわかる範囲で記入してください。

（お願い）太文字の欄は、記入漏れがないように記入してください。

障害の状態

⑪ **循環器疾患**（平成 年 月 日現症）

1 臨床所見

(1) 自覚症状

動悸	（無・有・著）
呼吸困難	（無・有・著）
息切れ	（無・有・著）
胸痛	（無・有・著）
咳	（無・有・著）
痰	（無・有・著）
失神	（無・有）

(2) 他覚所見

チアノーゼ	（無・有・著）
浮腫	（無・有・著）
頸静脈怒張	（無・有）
ばち状指	（無・有）
尿量減少	（無・有）
器質的雑音	（無・有）
	（Levine 度）

2 **一般状態区分表**（平成 年 月 日）

（該当するものを選んでどれか一つを○で囲んでください。）

ア 無症状で社会活動ができ、制限を受けることなく、発病前と同等にふるまえるもの

イ 軽度の症状があり、肉体労働は制限を受けるが、歩行、軽労働や座業はできるもの 例えば、軽い家事、事務など

ウ 歩行や身のまわりのことはできるが、時に少し介助が必要なこともあり、軽労働はできないが、日中の50%以上は起居しているもの

エ 身のまわりのある程度のことはできるが、しばしば介助が必要で、日中の50%以上は就床しており、自力では屋外への外出等がほぼ不可能となったもの

オ 身のまわりのこともできず、常に介助を必要とし、終日就床を強いられ、活動の範囲がおおむねベッド周辺に限られるもの

3 心機能分類（NYHA）（Ⅰ・Ⅱ・Ⅲ・Ⅳ）

4 検査所見

(1) 心電図所見

（心電図所見のあるものは、必ず心電図（コピー）を添付してください。）

① 安静時心電図（平成 年 月 日）

心室性期外収縮	（無・有）	完全房室ブロック	（無・有）
心房細動・粗動	（無・有）	MobitzⅡ型房室ブロック	（無・有）
完全左脚ブロック	（無・有）	0.2mV以上のST低下	（無・有）
陳旧性心筋梗塞	（無・有）	深い陰性T波	（無・有（ mV））

その他（ ）

② 負荷心電図（無・有）（平成 年 月 日）

（陰性・疑陽性・陽性）＿＿＿＿ METs

③ ホルター心電図（無・有）（平成 年 月 日）

（所見 ）

(2) 胸部X線所見（平成 年 月 日）

心胸郭係数（ %）

肺静脈うっ血（無・有・著）

(3) 動脈血ガス分析値（平成 年 月 日）

動脈血 O_2 分圧 ＿＿＿ Torr

動脈血 CO_2 分圧 ＿＿＿ Torr

(4) 心カテーテル検査（平成 年 月 日）

左室駆出率 EF ＿＿＿ %

冠動脈れん縮誘発試験（無・有）（陰性・陽性）

左主幹部に50%以上の狭窄（無・有）

3本の主要冠動脈に75%以上の狭窄（無・有）

所見

(5) 心エコー検査（平成 年 月 日）

左室拡張期径 ＿＿＿ mm　左室収縮期径 ＿＿＿ mm

左室駆出率 EF ＿＿＿ %

所見（左室肥大、弁膜症、拡張能の制限、推定肺動脈圧等）

(6) 血液検査（平成 年 月 日）

BNP値（脳性ナトリウム利尿ペプチド）＿＿＿ pg/mL

NT-proBNP値（脳性ナトリウム利尿ペプチド前駆体N端フラグメント）＿＿＿ pg/mL

5 その他の所見（平成 年 月 日）

本人の障害の程度および状態に無関係な欄には記入する必要はありません。（無関係な欄は、斜線により抹消してください。）

（診断書（循環器疾患の障害用）②）

障　害　の　状　態
⑫ 疾患別所見　（平成　年　月　日 現症）　（該当する疾患について記入してください。）
1 心筋疾患 (1) 肥大型心筋症　無・有 (2) 拡張型心筋症　無・有 (3) その他の心筋症　無・有 (4) 所見（　）
2 虚血性心疾患 (1) 心不全症状　無・軽労作で有・安静時有 (2) 狭心症状　無・軽労作で有・安静時有 (3) 梗塞後狭心症状　無・軽労作で有・安静時有 (4) 心室性期外収縮　無・有　(Lown　度) (5) インターベンション　無・有　初回：(平成　年　月　日)、計　回、手技（　） (6) ＡＣバイパス術　無・有　初回：(平成　年　月　日) (7) 再狭窄　無・有　(平成　年　月　日) (8) その他の手術　無・有　(手術名　)　(平成　年　月　日) (9) その他（　）
3 不整脈 (1) 難治性不整脈　無・有　（　）　(平成　年　月　日) (2) ペースメーカー治療　無・有　**(平成　年　月　日)** (3) 植込み型除細動器(ICD)　無・有　**(平成　年　月　日)** (4) その他（　）
4 大動脈疾患 (1) 胸部大動脈解離　無・有　Stanford分類（Ａ型・Ｂ型）（平成　年　月　日） (2) 大動脈瘤　無・有　（部位：胸部・胸腹部・腹部）（最大血管短径　cm）(平成　年　月　日) (3) 人工血管　無・有　（部位：胸部・胸腹部・腹部）**（平成　年　月　日）** (4) ステントグラフト　無・有　（部位：胸部・胸腹部・腹部）**（平成　年　月　日）** (5) その他の手術　無・有　(手術名　)（平成　年　月　日） (6) その他（　） **注：高血圧症がある場合は、「7　高血圧症」にも記載してください。**
5 先天性心疾患・弁疾患 (1) 先天性心疾患の場合 症状の出現時期　(昭和・平成　年　月　日) 小・中学生時代の体育の授業　普通にできた　参観していた (2) 弁疾患の場合 原因疾患 発病時期　(昭和・平成　年　月　日) (3) Eisenmenger症候群　無・有 (4) 肺体血流比　＿＿＿ (5) 肺動脈収縮期圧　＿＿mmHg (6) 人工弁置換術　無・有 (手術名　) **(平成　年　月　日)** (7) その他の手術　無・有 (手術名　)（平成　年　月　日) (8) その他（　）
6 重症心不全 (1) 心臓移植　無・有　**(平成　年　月　日)** (2) 人工心臓　無・有　**(平成　年　月　日)** (3) 心臓再同期医療機器 (CRT)　無・有　**(平成　年　月　日)** (4) 除細動器機能付き心臓再同期医療機器 (CRT-D)　無・有　**(平成　年　月　日)**
7 高血圧症 (1) 本態性高血圧症・二次性高血圧症（病名：　） (2) 検査成績 尿蛋白の有無（－・±・＋・＋＋） (3) 一過性脳虚血発作の既往　無・有　：1年以内・1年以上前（　年　月頃) (4) 眼底検査所見　(平成　年　月　日) KW・Scheie・その他（　法）：＿＿＿ (5) その他の合併症（大動脈解離、大動脈瘤、末梢動脈閉塞など） 無・有　(病名：　) (6) 血清クレアチニン濃度　mg/dℓ
8 その他の循環器疾患 (1) 手術　無・有　(手術名　)（平成　年　月　日) (2) その他（　）

血圧測定年月日	最大血圧	最小血圧	降圧薬服用
・　・			無・有（　種）
・　・			無・有（　種）
・　・			無・有（　種）

⑬ **現症時の日常生活活動能力および労働能力**（必ず記入してください。）	
⑭ **予　後**（必ず記入してください。）	
⑮ 備　考	

上記のとおり、診断します。　平成　年　月　日

病院または診療所の名称　　　　診療担当科名

所　在　地　　　　医師氏名　　　印

10　診断書（腎疾患・肝疾患・糖尿病の障害用）

様式第120号の6-(2)

㊏　国民年金　厚生年金保険　診　断　書（腎疾患・肝疾患　糖尿病　の障害用）

(フリガナ) 氏名		生年月日	昭和 平成　年　月　日生（　歳）	性別	男・女
住所	住所地の郵便番号 □□□-□□□□　都道府県　郡市区				
① 障害の原因となった傷病名		② 傷病の発生年月日	昭和 平成　年　月　日	診療録で確認 本人の申立て（年　月　日）	
		③ ①のため初めて医師の診療を受けた日	昭和 平成　年　月　日	診療録で確認 本人の申立て（年　月　日）	
④傷病の原因又は誘因	初診年月日（昭和・平成　年　月　日）	⑤既存障害		⑥ 既往症	

⑦ 傷病が治った（症状が固定して治療の効果が期待できない状態を含む。）かどうか。	傷病が治っている場合 ………… 治った日　平成　年　月　日　確認 推定
	傷病が治っていない場合 ……… 症状のよくなる見込　有・無・不明
⑧ 診断書作成医療機関における初診時所見 初診年月日 (昭和・平成　年　月　日)	
⑨ 現在までの治療の内容、期間、経過、その他参考となる事項	診療回数　年間　回、月平均　回 / 手術歴　手術名（　） 手術年月日（　年　月　日）

⑩ 計測 (平成　年　月　日計測)	身長	cm	脈拍	回／分	血圧	最大	mmHg	降圧薬服用
	体重	kg				最小	mmHg	無・有

「診療録で確認」または「本人の申立て」のどちらかを○で囲み、本人の申立ての場合は、それを聴取した年月日を記入してください。

⑪ 一般状態区分表（平成　年　月　日）（該当するものを選んでどれか一つを○で囲んでください。）

ア 無症状で社会活動ができ、制限を受けることなく、発病前と同等にふるまえるもの
イ 軽度の症状があり、肉体労働は制限を受けるが、歩行、軽労働や座業はできるもの　例えば、軽い家事、事務など
ウ 歩行や身のまわりのことはできるが、時に少し介助が必要なこともあり、軽労働はできないが、日中の50%以上は起居しているもの
エ 身のまわりのある程度のことはできるが、しばしば介助が必要で、日中の50%以上は就床しており、自力では屋外への外出等がほぼ不可能となったもの
オ 身のまわりのこともできず、常に介助を必要とし、終日就床を強いられ、活動の範囲がおおむねベッド周辺に限られるもの

障害の状態

⑫ 腎疾患（平成　年　月　日現症）（腎性網膜症又は糖尿病を合併する例では、糖尿病（⑭）の欄にも必要事項を記入してください。）

1 臨床所見

(1)自覚症状
- 悪心・嘔吐（無・有・著）
- 食欲不振（無・有・著）
- 頭痛（無・有・著）
- 呼吸困難（無・有・著）

(2)他覚所見
- 浮腫（無・有・著）
- 貧血（無・有・著）
- アシドーシス（無・有・著）
- 腎不全に基づく 神経症状（無・有・著）
- 視力障害（無・有・著）

(3)検査成績（記入上の注意を参照）

検査項目＼検査日	・・	・・	・・
1日尿蛋白量 g／日			
尿蛋白/尿クレアチニン比 g/gCr			
尿蛋白（定性）			
赤血球数 ×10⁴/μℓ			
ヘモグロビン g/dℓ			
白血球数 /μℓ			
血小板数 ×10⁴/μℓ			
血清総蛋白 g/dℓ			
血清アルブミン g/dℓ BCG法・BCP法・改良型BCP法			
総コレステロール mg/dℓ			
血液尿素窒素(BUN) mg/dℓ			
血清クレアチニン mg/dℓ			
eGFR mℓ/分/1.73㎡			
1日尿量 mℓ/日			
内因性クレアチニン・クリアランス mℓ/分			
動脈血(HCO_3^-) mEq/ℓ			

2 腎生検　無・有　検査年月日（平成　年　月　日）
所見

3 人工透析療法
(1)人工透析療法の実施の有無　無・有（血液透析・腹膜透析・血液濾過）
(2)人工透析開始日（平成　年　月　日）
(3)人工透析（腹膜透析を除く）実施状況　回数・　回／週、1回　時間
(4)人工透析導入後の臨床経過
(5)長期透析による合併症　無・有
所見

4 その他の所見
(1)腎移植　無・有（有の場合は移植年月日（平成　年　月　日））
経過
(2)その他

（お願い）臨床所見等は、診療録に基づいてわかる範囲で記入してください。

（お願い）太文字の欄は、記入漏れがないように記入してください。

本人の障害の程度及び状態に無関係な欄には記入する必要はありません。（無関係な欄は、斜線により抹消してください。）

（診断書（腎疾患・肝疾患・糖尿病の障害用）②）

障　害　の　状　態

⑬ 肝 疾 患　（平成　　年　　月　　日現症）

（糖尿病又は腎臓障害を合併する例では、糖尿病（⑭）、腎疾患（⑫）の欄にも必要事項を記入してください。）

1 臨 床 所 見

(1)自 覚 症 状
- 全 身 倦 怠 感　（無・有・著）
- 発　　　熱　（無・有・著）
- 食 欲 不 振　（無・有・著）
- 悪 心・嘔 吐　（無・有・著）
- 皮 膚 そ う 痒 感　（無・有・著）
- 有 痛 性 筋 痙 攣　（無・有・著）
- 吐 血・下 血　（無・有・著）

(2)他 覚 所 見
- 肝　萎　縮　（無・有・著）
- 脾　腫　大　（無・有・著）
- 浮　　　腫　（無・有・著）
- 腹　　　水　（無・有・有（難治性））
- 黄　　　疸　（無・有・著）
- 腹壁静脈怒張　（無・有・著）
- 肝 性 脳 症　（無・有（　度））
- 出 血 傾 向　（無・有・著）

2 Child－Pughによるgrade
A（5・6）　B（7・8・9）　C（10・11・12以上）

3 肝 生 検　無・有　検査年月日（平成　年　月　日）
所見　グレード（　　　）ステージ（　　　）

4 食道・胃などの静脈瘤
(1) 無・有　検査年月日（平成　年　月　日）
(2) 吐血・下血の既往　無・有（　　回）
(3) 治 療 歴　無・有（　　回）

5 ヘパトーマ治療歴　無・有
・手　術　回　・局所療法　回　・動脈塞栓術　回
・放射線療法　回　・化学療法　回

6 特発性細菌性腹膜炎その他肝硬変症に付随する病態の治療歴
所見

7 治療の内容
(1) 利　尿　剤（無・有）　(4) アルブミン・血漿製剤（無・有）
(2) 特殊アミノ酸製剤（無・有）　(5) 血 小 板 輸 血（無・有）
(3) 抗ウイルス療法（無・有）　(6) そ　の　他
具体的内容

(3)検 査 成 績　（記入上の注意を参照）

検査項目＼検査日	施設基準値	・ ・	・ ・	・ ・
AST(GOT)　IU/ℓ				
ALT(GPT)　IU/ℓ				
γ-GTP　IU/ℓ				
血清総ビリルビン　mg/dℓ				
アルカリホスファターゼ　IU/ℓ				
血清総蛋白　g/dℓ				
血清アルブミン　g/dℓ　BCG法・BCP法・改良型BCP法				
A/G比				
血小板数　×10⁴/μℓ				
プロトロンビン時間　%				
総コレステロール　mg/dℓ				
血中アンモニア　μg/dℓ				
AFP　ng/mℓ				
PIVKA-Ⅱ　mAU/mℓ				
アルコール性肝硬変の場合　180日以上アルコールを摂取していない。		（○・×）	（○・×）	（○・×）
アルコール性肝硬変の場合　継続して必要な治療を実施している。		（○・×）	（○・×）	（○・×）

8 その他の所見
(1) 肝移植　無・有（有の場合は移植年月日（平成　年　月　日））
経過
(2) その他（超音波・CT・MRI検査等）（平成　年　月　日）

⑭ 糖 尿 病　（平成　　年　　月　　日現症）（腎合併症を認める例では、腎疾患（⑫）の欄に必要事項を記入してください。）

1 病　型　（いずれかの病型に○を付してください。）
(1) 1型糖尿病　(2) 2型糖尿病
(3) その他の型（病名　　　）

2 検査成績　（記入上の注意を参照）

検査項目＼検査日	・ ・	・ ・	・ ・
HbA1c(NGSP)　(%)			
空腹時又は食後血糖値（mg/dL）	空腹・食後　時間	空腹・食後　時間	空腹・食後　時間
各検査日より前に90日以上継続して必要なインスリン治療を実施している	（○・×）	（○・×）	（○・×）

空腹時又は随時血清Cペプチド値(ng/mL)　空腹・随時　　（検査日　・　・　）

3 治療状況
(1)インスリンによる（薬剤名　　）＿単位/日、＿回/日、＿単位/kg（体重）
(2)インスリン以外の治療による（具体的な治療　　）

4 血糖コントロールの困難な状況
(1) 意識障害により自己回復ができない重症低血糖　無・有（　回/年）
(2) 糖尿病ケトアシドーシスによる入院　無・有（入院　回/年）
(3) 高血糖高浸透圧症候群による入院　無・有（入院　回/年）
所見

5 合 併 症　　症状・所見等
(1)眼の障害　無・有（　　）
(2)神経系統の障害　無・有（　　）
(3)肢体の障害　無・有（　　）

⑮ そ の 他 の 代 謝 疾 患　（平成　　年　　月　　日現症）
（自覚症状・他覚所見・検査成績等）

⑯ 現症時の日常生活活動能力及び労働能力（必ず記入してください。）

⑰ 予　後（必ず記入してください。）

⑱ 備　考

上記のとおり、診断します。　平成　年　月　日

病院又は診療所の名称　　　診療担当科名

所　在　地　　　医師氏名　　　印

11 診断書（血液・造血器・その他の障害用）

様式第120号の7

㊶ 国民年金 厚生年金保険 **診断書**（血液・造血器 その他 の障害用）

(フリガナ) 氏名		生年月日	昭和 平成 年 月 日生（ 歳）	性別	男・女
住所	住所地の郵便番号 □□□-□□□□ 都道 府県	郡市 区			
① 障害の原因となった傷病名		② 傷病の発生年月日	昭和 平成 年 月 日	診療録で確認 本人の申立て（ 年 月 日）	
		③ ①のため初めて医師の診療を受けた日	昭和 平成 年 月 日	診療録で確認 本人の申立て（ 年 月 日）	
④傷病の原因又は誘因	初診年月日（昭和・平成 年 月 日）	⑤既存障害		⑥既往症	
⑦ 傷病が治った（症状が固定して治療の効果が期待できない状態を含む。）かどうか。	傷病が治っている場合…………治った日 平成 年 月 日 確認 推定				
	傷病が治っていない場合…………症状のよくなる見込 有・無・不明				
⑧ 診断書作成医療機関における初診時所見 初診年月日（昭和・平成 年 月 日）					
⑨ 現在までの治療の内容、反応、期間、経過、その他の参考となる事項			診療回数 年間 回、月平均 回	手術歴	手術名（ ） 手術年月日（ 年 月 日）
⑩ 現在の症状、その他参考となる事項					

「診療録で確認」または「本人の申立て」のどちらかを○で囲み、本人の申立ての場合は、それを聴取した年月日を記入してください。

⑪ 計測（平成 年 月 日）測定

身長	cm	体重	現在 kg / 健康時 kg	握力	右 kg / 左 kg	視力	右眼 裸眼 矯正 / 左眼 裸眼 矯正
視野		調節機能			聴力レベル / 最良語音明瞭度	血圧	
				右耳	dB / %		最大 mmHg
				左耳	dB / %		最小 mmHg

⑫ **一般状態区分表**（平成 年 月 日）（該当するものを選んでどれか一つを○で囲んでください。）

ア 無症状で社会活動ができ、制限を受けることなく、発病前と同等にふるまえるもの
イ 軽度の症状があり、肉体労働は制限を受けるが歩行、軽労働や座業はできるもの 例えば、軽い家事、事務など
ウ 歩行や身のまわりのことはできるが、時に少し介助が必要なこともあり、軽労働はできないが、日中の50%以上は起居しているもの
エ 身のまわりのある程度のことはできるが、しばしば介助が必要で、日中の50%以上は就床しており、自力では屋外への外出等がほぼ不可能となったもの
オ 身のまわりのこともできず、常に介助を必要とし、終日就床を強いられ、活動の範囲がおおむねベッド周辺に限られるもの

障害の状態

⑬ **血液・造血器**（平成 年 月 日現症）

1 臨床所見

(1) 自覚症状
易疲労感（無・有・著）
動悸（無・有・著）
息切れ（無・有・著）
発熱（無・有・著）
紫斑（無・有・著）
月経過多（無・有・著）
関節症状（無・有・著）

(2) 他覚所見
易感染性（無・有・著）
リンパ節腫張（無・有・著）
出血傾向（無・有・著）
血栓傾向（無・有・著）
肝腫（無・有・著）
脾腫（無・有・著）

(3) 検査成績

ア 末梢血液検査（平成 年 月 日）
※アの欄は、治療を行う前の日付、検査数値を記入してください。
ヘモグロビン濃度（ ）g/dL
血小板（ ）万/μL
網赤血球（ ）万/μL
白血球（ ）/μL
好中球（ ）/μL
リンパ球（ ）/μL
病的細胞（ ）%

イ 凝固系検査（平成 年 月 日）
※イの欄は、最も適切に病状が把握できる検査数値及びその日付を記入してください。
凝固因子活性（(第 因子) ）%
vWF活性（ ）%
インヒビター（ 無・有 ）
APTT（ ）秒（基準値 秒）
PT（ ）秒（基準値 秒）

ウ その他の検査
画像検査（検査名 ）（平成 年 月 日）
所見（ ）
他の検査（検査名 ）（平成 年 月 日）
所見（ ）

2 治療状況
赤血球輸血（月 回） 血小板輸血（月 回）
補充療法（月 回） 新鮮凍結血漿（月 回）

造血幹細胞移植（ 無・有 ）有の場合（平成 年 月 日）
慢性GVHD（ 無・有 ）有の場合（軽症・中等症・重症）
所見

3 その他の所見

（お願い）臨床所見等は、診療録に基づいてわかる範囲で記入してください。

（お願い）太文字の欄は、記入漏れがないように記入してください。

本人の障害の程度及び状態に無関係な欄には記入する必要はありません。（無関係な欄は、斜線により抹消してください。）

（診断書（血液・造血器・その他の障害用）②）

⑭ 免疫機能障害　（平成　　年　　月　　日現症）

1 検査成績

検査項目＼検査日	単位	・　・	・　・	平均値
CD4陽性Tリンパ球数	/μL			

（現症日以前の4週間以上の間隔をおいて実施した連続する直近2回の検査結果を記入し、一番右の欄にはその平均値を記入してください。）

検査項目＼検査日	単位	・　・	・　・
白血球数	/μL		
ヘモグロビン量	g/dL		
血小板数	万/μL		
HIV−RNA量	コピー/mL		

（現症日以前の4週間以上の間隔をおいて実施した連続する直近2回の検査結果を記入してください。）

2 身体症状等

①1日1時間以上の安静臥床を必要とするほどの強い倦怠感及び易疲労感が月に7日以上ある　（有・無）
②病態の進行のため、健常時に比し10%以上の体重減少がある　（有・無）
③月に7日以上の不定の発熱（38℃以上）が2ヶ月以上続く　（有・無）
④1日に3回以上の泥状ないし水様下痢が月に7日以上ある　（有・無）
⑤1日に2回以上の嘔吐あるいは30分以上の嘔気が月に7日以上ある　（有・無）
⑥動悸や息苦しくなる症状が毎日のように出現する　（有・無）
⑦抗HIV療法による日常生活に支障が生じる副作用がある（①〜⑥の症状を除く）（抗HIV療法を実施している場合）　（有・無）
⑧生鮮食料品の摂取禁止等の日常生活活動上の制限が必要である　（有・無）
⑨1年以内に口腔内カンジダ症、帯状疱疹、単純ヘルペスウイルス感染症、伝染性軟属腫、尖圭コンジローム等の日和見感染症の既往がある　（有・無）
⑩医学的な理由により抗HIV療法ができない状態である　（はい・いいえ）

3 現在持続している副作用の状況
□ 代謝異常 □ リポアトロフィー □ 肝障害 □ 腎障害 □ 精神障害 □ 神経障害
□ その他（薬剤名、服薬状況及び副作用の状況）
（　　　　　　）

4 エイズ発症の既往の有無　　有・無

5 回復不能なエイズ合併症のため介助なくしては日常生活がほとんど不可能な状態である　　はい・いいえ

6 肝炎の状況　（□ 薬剤性 ・□ B型 ・□ C型 ・□ その他（　　　））（肝炎を発症している場合は必ず記載してください。）

(1) 検査所見

検査項目＼検査日	単位	・　・	・　・
血清アルブミン	g/dL		
AST（GOT）			
ALT（GPT）			
プロトロンビン時間	% 延長秒		
総ビリルビン（※）	mg/dL		

(2) 臨床所見

食道静脈瘤　無・有　（内視鏡による、X線造影による、その他（　　　））
肝硬変　無・有　（代償性　、　非代償性　）
肝細胞癌　無・有
肝性脳症　無・有　（1年以内に発症したことがある）
腹水　無・有・著
消化管出血　無・有　（1年以内に発症したことがある）
（※ ビリルビン値の上昇をきたす薬剤の使用　無・有　）

⑮ その他の障害　（平成　　年　　月　　日現症）

1 症状
(1) 自覚症状

(2) 他覚所見

2 検査成績
(1) 血液・生化学検査

検査項目＼検査日	単位	施設基準値	・　・	・　・	・　・
赤血球数	万/μL				
ヘモグロビン濃度	g/dL				
ヘマトクリット	%				
血清総蛋白	g/dL				
血清アルブミン	g/dL				

(2) その他の検査成績

3 人工臓器等
(1) 人工肛門造設　無・有　造設年月日：平成　年　月　日　閉鎖年月日：平成　年　月　日
(2) 尿路変更術　無・有　造設年月日：平成　年　月　日　閉鎖年月日：平成　年　月　日
(3) 新膀胱造設　無・有　手術年月日：平成　年　月　日
(4) 自己導尿の常時施行　無・有　開始年月日：平成　年　月　日　終了年月日：平成　年　月　日
(5) 完全尿失禁状態　無・有（カテーテル留置：平成　年　月　日）
(6) その他の手術　無・有（　　　）平成　年　月　日

⑯ 現症時の日常生活活動能力及び労働能力（必ず記入して下さい）	
⑰ 予後（必ず記入して下さい）	
⑱ 備考	

上記のとおり、診断します。　　平成　　年　　月　　日

病院又は診療所の名称　　　　診療担当科名

所在地　　　　医師氏名　　　　印

12　病歴・就労状況等申立書

病歴・就労状況等申立書

No.　　－　　枚中

（請求する病気やけがが複数ある場合は、それぞれ用紙を分けて記入してください。）

病歴状況	傷病名			
発病日	昭和・平成　年　月　日	初診日	昭和・平成　年　月　日	

記入する前にお読みください。

○ 次の欄には障害の原因となった病気やけがについて、発病したときから現在までの経過を年月順に期間をあけずに記入してください。

○ 受診していた期間は、通院期間、受診回数、入院期間、治療経過、医師から指示された事項、転医・受診中止の理由、日常生活状況、就労状況などを記入してください。

○ 受診していなかった期間は、その理由、自覚症状の程度、日常生活状況、就労状況などについて具体的に記入してください。

○ 健康診断などで障害の原因となった病気やけがについて指摘されたことも記入してください。

○ 同一の医療機関を長期間受診していた場合、医療機関を長期間受診していなかった場合、発病から初診までが長期間の場合は、その期間を３年から５年ごとに区切って記入してください。

	期間・医療機関	状況
1	昭和・平成　年　月　日から 昭和・平成　年　月　日まで 受診した　・　受診していない 医療機関名	発病したときの状態と発病から初診までの間の状況（先天性疾患は出生時から初診まで）
2	昭和・平成　年　月　日から 昭和・平成　年　月　日まで 受診した　・　受診していない 医療機関名	左の期間の状況
3	昭和・平成　年　月　日から 昭和・平成　年　月　日まで 受診した　・　受診していない 医療機関名	左の期間の状況
4	昭和・平成　年　月　日から 昭和・平成　年　月　日まで 受診した　・　受診していない 医療機関名	左の期間の状況
5	昭和・平成　年　月　日から 昭和・平成　年　月　日まで 受診した　・　受診していない 医療機関名	左の期間の状況

※裏面も記入してください。

1405 1018 019

（病歴・就労状況等申立書②）

就労・日常生活状況	1．障害認定日（初診日から1年6月目または、それ以前に治った場合は治った日）頃と 2．現在（請求日頃）の就労・日常生活状況等について該当する太枠内に記入してください。

1．障害認定日（昭和・平成　　年　　月　　日）頃の状況を記入してください。

就労状況	就労していた場合	職種（仕事の内容）を記入してください。	
		通勤方法を記入してください。	通勤方法 通勤時間（片道）　　時間　　分
		出勤日数を記入してください。	障害認定日の前月　　日　障害認定日の前々月　　日
		仕事中や仕事が終わった時の身体の調子について記入してください。	
	就労していなかった場合	仕事をしていなかった（休職していた）理由をすべて○で囲んでください。 なお、オを選んだ場合は、具体的な理由を（　）内に記入してください。	ア　体力に自信がなかったから イ　医師から働くことを止められていたから ウ　働く意欲がなかったから エ　働きたかったが適切な職場がなかったから オ　その他（理由　　　　）
日常生活状況	日常生活の制限について、該当する番号を○で囲んでください。 1→自発的にできた 2→自発的にできたが援助が必要だった 3→自発的にできないが援助があればできた 4→できなかった		着替え（1・2・3・4）　洗　面（1・2・3・4） トイレ（1・2・3・4）　入　浴（1・2・3・4） 食　事（1・2・3・4）　散　歩（1・2・3・4） 炊　事（1・2・3・4）　洗　濯（1・2・3・4） 掃　除（1・2・3・4）　買　物（1・2・3・4）
	その他日常生活で不便に感じたことがありましたら記入してください。		

2．現在（請求日頃）の状況を記入してください。

就労状況	就労している場合	職種（仕事の内容）を記入してください。	
		通勤方法を記入してください。	通勤方法 通勤時間（片道）　　時間　　分
		出勤日数を記入してください。	請求日の前月　　日　請求日の前々月　　日
		仕事中や仕事が終わった時の身体の調子について記入してください。	
	就労していない場合	仕事をしていない（休職している）理由をすべて○で囲んでください。 なお、オを選んだ場合は、具体的な理由を（　）内に記入してください。	ア　体力に自信がないから イ　医師から働くことを止められているから ウ　働く意欲がないから エ　働きたいが適切な職場がないから オ　その他（理由　　　　）
日常生活状況	日常生活の制限について、該当する番号を○で囲んでください。 1→自発的にできる 2→自発的にできるが援助が必要である 3→自発的にできないが援助があればできる 4→できない		着替え（1・2・3・4）　洗　面（1・2・3・4） トイレ（1・2・3・4）　入　浴（1・2・3・4） 食　事（1・2・3・4）　散　歩（1・2・3・4） 炊　事（1・2・3・4）　洗　濯（1・2・3・4） 掃　除（1・2・3・4）　買　物（1・2・3・4）
	その他日常生活で不便に感じていることがありましたら記入してください。		
障害者手帳	障害者手帳の交付を受けていますか。		1　受けている　2　受けていない　3　申請中
	交付されている障害者手帳の交付年月日、等級、障害名を記入してください。 その他の手帳の場合は、その名称を（　）内に記入してください。 ※略字の意味 身→身体障害者手帳　療→療育手帳 精→精神障害者保健福祉手帳　他→その他の手帳		①　身・精・療・他（　　） 昭和・平成　年　月　日　（　級） 障害名（　　）
			②　身・精・療・他（　　） 昭和・平成　年　月　日　（　級） 障害名（　　）

上記のとおり相違ないことを申し立てます。　※請求者本人が署名する場合、押印は不要です。

平成　年　月　日　　請求者　現住所

代筆者　氏　名　　　　　　　　　氏　名　　　　㊞
請求者からみた続柄（　　　）　　電話番号　－　－

13　日常生活及び就労に関する状況について（照会）

（別紙2）

日常生活及び就労に関する状況について（照会）

この書類は、障害基礎（厚生）年金の審査にあたって、請求者（受給者）ご本人の日常生活状況や就労に関する状況を詳しく確認させていただく必要があると認められた場合に、お送りしています。（記載していただいた内容は、審査の資料となります。）

＜記入する前にご確認ください＞

○ 請求者（受給者）ご本人またはご本人の日常生活及び就労に関する状況をよく把握している方が記入してください。
○ 今回ご照会する内容は、既にご提出いただいている書類から確認することが困難であったものとなります。日本年金機構が指定した項目以外の欄については、記入していただく必要はありません。
○ 各項目の記入にあたっては、4ページの「記入上の注意」をご確認ください。
○ この書類が提出されない場合は、すでに提出された資料で審査をさせていただく場合があります。

請求者（受給者）氏名	生年月日
年金　太郎　様	(昭和)・平成　55 年　10 月　15日
平成27　年　10　月　頃の状況についてご回答ください。	

1. 生活環境について該当するものを○で囲んでください。⇒		入所 ・ 入院 ・ 在宅 ・ その他（　　　）
「入所（入院）」している場合は、次の①および②についてわかる範囲で記入してください。		
① 入所（入院）した時期		昭和 ・ 平成　　年　　月から
② 入所（入院）時からの日常生活の援助状況		
「在宅」の場合に、同居人の有無について該当する方に○を付けてください。⇒		あり ・ なし
同居者「あり」の場合は下記③を、「なし」の場合は④を記入してください。		
③同居あり	同居者について該当するものを全て○で囲んでください。	配偶者 ・ 子【　人、（　歳）（　歳）（　歳）】・ 父 ・ 母 その他（　　　　）
④同居なし	単身生活になった時期	昭和 ・ 平成　　年　　月から
	単身生活になった理由及び単身生活となってからの日常生活の援助状況	

（日常生活・就労状況照会文書②）

2．日常生活における障害の影響や同居者等周囲の方からの援助について具体的に記入してください

①主に誰から援助をうけていますか	ヘルパー　　親族（続柄：　　　　）　その他（　　　　）

②日常生活の場面	おおむね一人でもできることはどのようなことですか。	一人ではできないために、周囲の方の援助を受けていることがあれば、援助の内容や頻度を具体的に記入してください。
食　事		
入浴や清潔保持		
金銭管理と買い物		
外　出		
通院と服薬	【通院の頻度】（　週　・　月　　回） 【通院のつきそい】（　有　・　無　） 【服薬は自分で管理できていますか？】	
他者とのｺﾐｭﾆｹｰｼｮﾝ		
安全保持及び危機対応		
趣味や興味があるものへの取り組み		
社会での諸手続き（金融機関、行政機関、電話、電気、ガス、水道等）		

その他の援助（たとえば育児、家族の介護等）を受けていることがあれば記入してください。

（日常生活・就労状況照会文書③）

3. 就労（作業）状況について　※就労（作業）している場合にのみ記入してください。

① 勤務先（福祉事業所）について	一般企業　・　福祉事業所　・　その他（　　　　　）
② 雇用形態 （作業所で訓練を受けている場合は、記載不要です。）	一般雇用　・　障害者雇用　・　自営　・　その他（　　　）
③ 就労支援区分（利用者のみ）	就労継続（　A型　・　B型　）・　就労移行
④ いつから勤務（訓練）していますか。	昭和　・　平成　　　年　　　月から
⑤ 1日の勤務（訓練）時間	平均　　　時間　　　分
⑥ 1カ月の勤務（訓練）日数	平均　　　日
⑦ 1カ月の給料	有（　約　　　　　　円）　・　無
⑧ 通勤方法	電車　・　バス　・　車　・　徒歩　・　その他（　　　　　）
⑨ 通勤所要時間	時間　　　分
⑩ 通勤（通所）時の付添人の有無	あり（　本人との関係：　　　　　）　・　なし

⑪ 就労内容（職場における自分の担当する仕事の内容等）を記入してください。

⑫ 仕事場で他の従業員とのコミュニケーションの状況をご記入ください。

⑬ 仕事場で受けている援助の状況をご記入ください。（援助の内容、頻度）

⑭ 就労を継続するために、家族や専門職等から受けている職場外での支援内容等があれば、記入してください。

⑮ その他（欠勤等を含めた勤務状況等）

（日常生活・就労状況照会文書④）

4. その他の事項にかかる下記設問に詳しく記入してください。

平成　　年　　月　　日

請求者（受給者）氏名（　　　　　　　　　　）㊞

記入者氏名（　　　　　　　　　）㊞　請求者（受給者）との関係（　　　）

記入者電話番号（　　　　　　　　　）

注　請求者（受給者）以外の方が記入された場合は、「請求者（受給者）氏名」とあわせて、「記入者氏名」「請求者（受給者）との関係」「記入者電話番号」を記入してください。

日常生活及び就労に関する状況について（照会）の記入上の注意

1. 生活環境について

・「② 入所（入院）時からの日常生活の援助状況」は、施設内での日常生活において、受けている援助の内容や本人の日常生活能力を具体的に記入してください。

・「③同居あり」は、「その他」を選んだ場合は、かっこ内に同居者の続柄または本人との関係を記載してください。同じ続柄の同居者が複数いる場合は、人数も記入してください。

・「④ 同居なし」の「単身生活となってからの日常生活の援助状況」は、単身生活を始めてから日常生活で受けている援助の内容や本人の日常生活能力を具体的に記入してください。

2. 日常生活における障害の影響や同居者等周囲の方からの援助について

・「①主に誰の援助をうけていますか」は、該当するものを○で囲んでください。なお、「親族」を選んだ場合は続柄を、「その他」を選んだ場合は、具体的に誰が援助しているか（たとえばケースワーカーなど）をかっこ内に記入してください。

・「②日常生活の場面」は、本人の日常生活能力を判定するうえで、参考となりますので、できるだけ具体的に記入してください。（各欄の【援助者】は、①の主な援助者と異なる場合のみ、記載して下さい。）

3. 就労（作業）状況について

・「①勤務先（福祉事業所）について」は、就労支援事業所や小規模作業所などに所属している場合は、「福祉事業所」を○で囲んでください。

・「⑤1日の勤務（訓練）時間」は、直近1カ月の平均を記入してください。

・「⑥1カ月の勤務（訓練）日数」は、直近3カ月の平均を記入してください。

・「⑦1カ月の給料」は、直近3カ月の手取額の平均を記入してください。

・「⑨通勤所要時間」は、自宅から勤務先事業所までの移動にかかる時間を記入してください。

・「⑫ 仕事場で他の従業員とのコミュニケーションの状況をご記入ください。」は、仕事の指示はどのような方法で受けているか、他の従業員との意思疎通の状況等を具体的に記入してください。

・「⑬ 仕事場で受けている援助の状況をご記入ください。（援助の内容、頻度）」は、具体的な援助の内容や頻度だけではなく、仕事の内容等で配慮されていることがあれば具体的に記入してください。

・「⑮ その他（欠勤等を含めた勤務状況等）」は、直近1カ月の勤務状況やその他の就労にあたって、不便に感じていることなどを記入してください。

14　認定が困難な疾患にかかる照会様式等

（化学物質過敏症　照会様式）

平成　　年　　月　　日
（照会番号　　　　　　　）

様

障害年金の請求にかかる照会について

化学物質過敏症について障害年金を請求される場合は、次の事項について調査が必要となりますので、診断書の現症日時点の状況を主治医の先生に記入していただき、診断書と一緒に提出してください。

【平成　　年　　月　　日現症】

1　次の項目について、問診していただき該当する□に✓を記入してください。

【　臨床経過と症状　】

①　症状の再現性がある。　　　　　　　　｝症状発症と化学物質暴露との間に明らかな因果関係がある。　□ はい　□ いいえ
②　ごく微量の化学物質に反応する。　　　｝　□ はい　□ いいえ
③　関連性のない多種類の化学物質に反応するようになる。　□ はい　□ いいえ
④　原因物質の除去で、症状が改善するか、治癒する。　□ はい　□ いいえ
⑤　症状は一過性でなく、慢性的に持続し、その再発や再燃（症状が再度悪化）がある。
□ はい　□ いいえ
⑥　症状が多臓器にまたがる。（該当する□に✓を記入してください。）

□　筋肉・関節症状（痛みやこわばり、脱力感）
□　咽頭喉頭粘膜や呼吸器症状（咽頭痛、息切れ、咳）
□　心臓・循環器症状（動悸や胸の不快感、しびれ感）
□　腹部・消化器症状（おなかの痛み、ぼうまん感、吐き気や下痢）
□　精神・神経症状（集中力や思考力の低下、無気力、めまい、立ちくらみ、頭痛、倦怠感、うつ的症状、不眠など）
□　皮膚症状（発疹、蕁麻疹、アトピー）
□　眼科的症状（視力低下、眼がまぶしい、結膜炎様症状）
□　感覚障害（嗅覚、味覚障害など）
□　その他（微熱、月経痛、月経不順）

【　検査成績の異常　】

※検査を行っていない項目を新たに検査して記入する必要はありません。その場合は未施行に✓を記入してください。

①　瞳孔反応の異常　□ あり　□ なし　□ 未施行
②　視覚空間周波数の閾値の低下　□ あり　□ なし　□ 未施行
③　眼球運動の異常　□ あり　□ なし　□ 未施行
④　重心検査での身体のゆれ　□ あり　□ なし　□ 未施行

提出先：日本年金機構

(認定が困難な疾患にかかる照会様式等②)

(化学物質過敏症　照会様式)

⑤　脳循環検査での異常　□ あり　□ なし　□ 未施行

⑥　誘発試験の陽性反応　□ あり　□ なし　□ 未施行

ありの場合、反応する化学物質名をお書きください。

(　　　　)

⑦　免疫系検査（アレルギー検査も含めて）における明らかな異常所見。　□ あり　□ なし　□ 未施行

ありの場合、どのような異常が見られますか。

(　　　　)

⑧　一般的な検査（胸部・腹部X線検査、心電図、血液検査、検尿など）における異常所見。　□ あり　□ なし　□ 未施行

異常が見られる検査結果について記入いただくか検査データを添付してください。

(　　　　)

2　次の項目について問診していただき、該当する数字を○で囲んでください。

※それぞれの化学物質に反応して、例えば、頭痛、呼吸が苦しくなる、咳き込む、ふらつくなどについて確認するために必要となります。症状の強さを０から１０の点数で各項目１カ所に○をつけてください。

（０＝まったく反応なし　　５＝中等度の反応　　１０＝動けなくなるほどの症状）

【　化学物質暴露による反応　】

1．車の排気ガス	(0　1　2　3　4　5　6　7　8　9　10)
2．たばこの煙	(0　1　2　3　4　5　6　7　8　9　10)
3．殺虫剤、除草剤	(0　1　2　3　4　5　6　7　8　9　10)
4．ガソリン臭	(0　1　2　3　4　5　6　7　8　9　10)
5．ペンキ、シンナー	(0　1　2　3　4　5　6　7　8　9　10)
6．消臭剤、漂白剤、洗剤、床ワックスなど	(0　1　2　3　4　5　6　7　8　9　10)
7．特定の香水、芳香剤、制涼剤	(0　1　2　3　4　5　6　7　8　9　10)
8．コールタール、アスファルト臭	(0　1　2　3　4　5　6　7　8　9　10)
9．マニュキュア、除光液、ヘアスプレー、オーデコロン	(0　1　2　3　4　5　6　7　8　9　10)
10．新しいじゅうたん、カーテン、新車の臭い	(0　1　2　3　4　5　6　7　8　9　10)

提出先：日本年金機構

（認定が困難な疾患にかかる照会様式等③）

（化学物質過敏症　照会様式）

【 症 状 】

症状	評価
1．頭痛、頭の圧迫感、一杯に詰まった感じなどの頭部症状 頭部	（0 1 2 3 4 5 6 7 8 9 10）
2．眼の刺激、やける感じ、しみる感じ、息切れ、咳のような気管や呼吸症状、たん、鼻汁がのどの奥の方へ流れる感じ、風邪にかかりやすい 粘膜・呼吸器	（0 1 2 3 4 5 6 7 8 9 10）
3．動悸、脈のけったい（不整脈）、胸の不安感などの心臓や胸の症状 心・循環	（0 1 2 3 4 5 6 7 8 9 10）
4．お腹の痛み、胃けいれん、膨満感、吐き気、下痢、便秘のような消化器症状 胃腸	（0 1 2 3 4 5 6 7 8 9 10）
5．陰部のかゆみ、または痛み、トイレが近い、尿失禁、排尿困難 泌尿器・生殖器（女性の場合には生理時の不快感、苦痛などの症状）	（0 1 2 3 4 5 6 7 8 9 10）
6．発疹、じんましん、アトピー、皮膚の乾燥感 皮膚	（0 1 2 3 4 5 6 7 8 9 10）
7．筋肉、関節の痛み、けいれん、こわばり、力が抜ける 筋・関節・骨	（0 1 2 3 4 5 6 7 8 9 10）
8．めまい、立ちくらみなどの平衡感覚の不調、手足の協調運動の不調、手足のしびれ、手足のチクチク感、目のピントが合わない 神経・抹消神経	（0 1 2 3 4 5 6 7 8 9 10）
9．緊張しすぎ、あがりやすい、刺激されやすい、うつ、泣きたくなったり激情的になったりする。以前興味があったものに興味が持てないなどの気分の変調 情緒	（0 1 2 3 4 5 6 7 8 9 10）
10．集中力、記憶力、決断力の低下、無気力なども含めた思考力の低下 認識	（0 1 2 3 4 5 6 7 8 9 10）

提出先：日本年金機構

（認定が困難な疾患にかかる照会様式等④）

（線維筋痛症　照会様式）

平成　　年　　月　　日

（照会番号　　　　）

様

障害年金の請求にかかる照会について

あなた様より請求のありました障害年金につきまして審査したところ、次の事項について調査が必要となりましたので、　　病院　　　科　　　先生に記載してもらい提出してください。

◎　線維筋痛症の重症度分類について該当するステージに○をつけてください。

図　米国リウマチ学会の診断基準と特徴的な圧痛点

1　3カ月以上続く上半身、下半身を含めた対側性の広範囲の疼痛と頸部、前胸部、胸椎のいずれかの疼痛、いわゆる axial skeletal pain が存在。
2　全身 18 カ所の圧痛点のうち 11 カ所以上に圧痛が存在する。

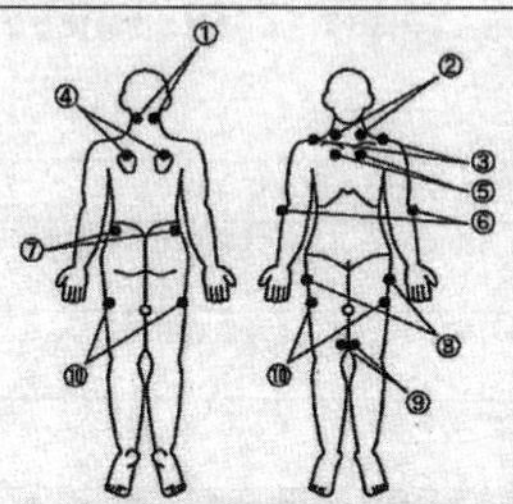

①～⑨は米国リウマチ学会の診断基準の圧痛点

① 後頭部	両側後頭下筋の腱付着部
② 下部頸椎	第5～7頸椎間の前方
③ 僧帽筋	上縁の中央部
④ 棘上筋	起始部、内縁に近いところで肩甲骨棘部の上
⑤ 第二肋骨	第二肋骨－肋軟骨結合部、結合部のすぐ外側
⑥ 外側上顆	上顆から7～8cm遠位、3～4cm内側
⑦ 臀部	臀部の4半上外側部
⑧ 大転子	転子突起の後部
⑨ 膝	内側や上部のふっくらした部分
⑩ 大腿四頭筋外側部	ほとんど全例で圧痛を認める（西岡ら）

【平成　　　年　　　月　　　日現症】

表１　線維筋痛症の重症度分類試案（厚生労働省研究班）

ステージⅠ	米国リウマチ学会診断基準の 18 カ所の圧痛点のうち 11 カ所以上で痛みがあるが、日常生活に重大な影響を及ぼさない。
ステージⅡ	手足の指など末端部に痛みが広がり、不眠、不安感、うつ状態が続く。日常生活が困難。
ステージⅢ	激しい痛みが持続し、爪や髪への刺激、温度・湿度変化など軽微な刺激で激しい痛みが全身に広がる。自力での生活は困難。
ステージⅣ	痛みのため自力で体を動かせず、ほとんど寝たきりの状態に陥る。自分の体重による痛みで、長時間同じ姿勢で寝たり座ったりできない。
ステージⅤ	激しい全身の痛みとともに、膀胱や直腸の障害、口の渇き、目の乾燥、尿路感染など全身に症状が出る。普通の日常生活は不可能。

下記に署名と捺印も併せてお願いします。

平成　　年　　月　　日
医療機関名・住所
医 師 の 氏 名　　　　　　　　　　　　　　　　　　　　㊞

提出先：日本年金機構

（認定が困難な疾患にかかる照会様式等⑤）

別紙４

～慢性疲労症候群の障害状態について診断書を作成されるお医者様へ～

日頃より公的年金事業の運営にあたりましては、格別のご協力を賜り厚くお礼申し上げます。
慢性疲労症候群の障害状態について診断書（血液・造血器・その他の障害用　様式第１２０号の７）を作成する際には、診断書⑨「現在までの治療の内容、期間、経過、その他参考となる事項」欄に、次の旧厚生省研究班の重症度分類ＰＳ（＝Performance status（パフォーマンス・ステータス））のいずれに該当しているか記載いただくようお願いいたします。

【参考】

Performance status による疲労/倦怠の程度
（厚生省特別研究事業、本邦による Chronic Fatigue Syndrome＝慢性疲労症候群の実態調査ならびに病因、病態に関する研究＝平成３年度研究実績報告書）

ＰＳ０	倦怠感がなく平常の社会（学校）生活ができ、制限を受けることなく行動できる。
ＰＳ１	通常の社会（学校）生活ができ、労働（勉強）も可能であるが、疲労感を感ずるときがしばしばある。
ＰＳ２	通常の社会（学校）生活ができ、労働（勉強）も可能であるが、全身倦怠感のため、しばしば休息が必要である。
ＰＳ３	全身倦怠感のため、月に数日は社会（学校）生活や労働（勉強）ができず、自宅にて休養が必要である。
ＰＳ４	全身倦怠感のため、週に数日は社会（学校）生活や労働（勉強）ができず、自宅にて休養が必要である。
ＰＳ５	通常の社会（学校）生活や労働（勉強）は困難である。軽作業は可能であるが、週のうち数日は自宅にて休息が必要である。
ＰＳ６	調子のよい日には軽作業は可能であるが週のうち５０％以上は自宅にて休息が必要である。
ＰＳ７	身の回りのことはでき、介助も不要であるが、通常の社会（学校）生活や軽労働（勉強）は不可能である。
ＰＳ８	身の回りのある程度のことはできるが、しばしば介助がいり、日中の５０％以上は就床している。
ＰＳ９	身の回りのこともできず、常に介助がいり、終日就床を必要としている。

作成者：日本年金機構

（認定が困難な疾患にかかる照会様式等⑥）

別紙５

～脳脊髄液減少症（脳脊髄液漏出症）の障害状態

について診断書を作成されるお医者さまへ～

日頃より公的年金事業の運営にあたりましては、格別のご協力を賜り厚くお礼申し上げます。

脳脊髄液減少症（脳脊髄液漏出症）の障害状態について診断書（肢体の障害用　様式第１２０号の３）を作成する際には、診断書㉑「その他の精神・身体の障害の状態」欄に日中（起床から就床まで）の臥位（臥床）（横になること）時間を記載いただくようお願いいたします。

記載例

日中の　○時間　臥位をとっている状況である。

作成者：日本年金機構

15　障害給付　請求事由確認書

別添１

障害給付　請求事由確認書

私は、下記の請求事由を確認し、傷病名（　　　　　　　　　　　　　　　　　　　　）で「障害認定日による請求」を請求事由として、障害給付を請求します。

ただし、「障害認定日による請求」で受給権が発生しない場合は、「事後重症による請求」を請求事由として障害給付を請求します。

【請求事由について】

１．障害認定日による請求

障害給付は、病気またはケガによって初めて医師の診療を受けた日（初診日）から１年６月を経過した日（その期間内に治ったときはその日）に、一定の障害の状態にあるときに受けられます。（ただし、一定の資格期間が必要です。）この場合、年金請求書に添付する診断書は、初診日から１年６月を経過した日の障害状態がわかるものが必要です。

なお、請求する日が、１年６月を経過した日より１年以上過ぎているときには、治ったことにより請求するときを除き、初診日から１年６月を経過した日の診断書と請求時点の診断書の両方が必要となります。（ただし、障害状態の確認を行う際に、他の時点の障害の状態がわかる診断書を求めることがあります。）

２．事後重症による請求

「１．障害認定日による請求」で受給権が発生しなかった場合でも、その後、病状が悪化し、６５歳に達する日の前日までの間において、一定の障害の状態となったときには本人の請求により障害給付が受けられます。ただし、請求は６５歳に達する日の前日までに行わなければなりません。この場合、年金請求書に添付する診断書は、請求時における障害の状態がわかるものが必要です。

平成　　年　　月　　日

（請求者本人）

氏　名：　　　　　　　　　　　　　　㊞

住　所：

連絡先：（　　　　　）　　　　－

（代　理　人）

氏　名：　　　　　　　　　　　　　　㊞

請求者との関係：

住　所：

連絡先：（　　　　　）　　　　－

※請求者、代理人ともに本人自署の場合、押印は不要です。

16　年金裁定請求の遅延に関する申立書

年金裁定請求の遅延に関する申立書

私は、＿＿＿＿＿＿＿＿年金について、下記の理由により請求を行っていなかったことを申し立てます。

また、年金の支払を受ける権利について、５年の時効が完成している分については、支給がない旨を理解しています。

(遅延理由)　✓を付けてください。

□　年金を請求することができると知らなかった。

□　年金制度について、よく理解していなかった。

□　＿＿＿＿＿＿＿＿＿＿＿＿＿＿＿＿＿＿＿＿＿＿＿＿

平成　　年　　月　　日

厚生労働大臣　　　　　　　　　様

住　所　＿＿＿＿＿＿＿＿＿＿＿＿＿＿＿＿＿＿＿

氏　名　＿＿＿＿＿＿＿＿＿＿＿＿＿＿＿＿＿＿＿㊞

索　引

さ

た

な

は

ま

や

ら

英数字

【執筆者略歴】

加賀　佳子　（かが よしこ）

特定社会保険労務士・産業カウンセラー
平成10年に行政書士、12年に社労士資格を取得。平成16年より社労士事務所で実務経験を積むかたわら産業カウンセラー資格を取得し、心理療法や精神疾患を学ぶ。平成21年に社会保険労務士よつばサポートオフィスを開業し、障害年金請求代理に力を入れてきた。著書に『障害年金相談標準ハンドブック』『障害年金　審査請求・再審査請求事例集』（ともに共著、日本法令）がある。

●社会保険労務士よつばサポートオフィス
〒194-0021　東京都町田市中町1-5-9　M's SQUARE 中町 2F
ＴＥＬ　042-860-0134
ＨＰ　https://www.yotsuba-support.net
ブログ　http://blog.yotsuba-support.net

医療・福祉・年金相談の
現場で役立つ！
障害年金実務必携

平成30年9月20日　初版発行

日本法令®

〒101-0032
東京都千代田区岩本町1丁目2番19号
http://www.horei.co.jp/

検印省略

著　者　加　賀　佳　子
発行者　青　木　健　次
編集者　岩　倉　春　光
印刷所　神　谷　印　刷
製本所　国　　宝　　社

（営 業）　TEL　03-6858-6967　　Eメール　syuppan@horei.co.jp
（通 販）　TEL　03-6858-6966　　Eメール　book.order@horei.co.jp
（編 集）　FAX　03-6858-6957　　Eメール　tankoubon@horei.co.jp

（バーチャルショップ）　http://www.horei.co.jp/shop
（お 詫 び と 訂 正）　http://www.horei.co.jp/book/owabi.shtml

※万一、本書の内容に誤記等が判明した場合には、上記「お詫びと訂正」に最新情報を掲載しております。ホームページに掲載されていない内容につきましては、FAXまたはEメールで編集までお問合せください。

ISBN 978-4-539-72615-0